新世纪高职高专
物业管理类课程规划教材

新世纪

U0685277

房地产法规

FANGDICHAN FAGUI

新世纪高职高专教材编审委员会 组编

主编 黄 忠 王迎光

副主编 彭玲云 赵雪洁 孙 磊

主审 韩建芬

大连理工大学出版社
DALIAN UNIVERSITY OF TECHNOLOGY PRESS

图书在版编目(CIP)数据

房地产法规 / 黄忠，王迎光主编. — 大连 ：大连
理工大学出版社，2010.10(2013.1 重印)
新世纪高职高专物业管理类课程规划教材
ISBN 978-7-5611-5745-9

Ⅰ. ①房… Ⅱ. ①黄… ②王… Ⅲ. ①房地产业—法
规—中国—高等学校：技术学校—教材 Ⅳ. ①D922.181

中国版本图书馆 CIP 数据核字(2010)第 162241 号

大连理工大学出版社出版
地址:大连市软件园路 80 号　邮政编码:116023
发行:0411-84708842　邮购:0411-84703636　传真:0411-84701466
E-mail:dutp@dutp.cn　URL:http://www.dutp.cn
大连业发印刷有限公司印刷　大连理工大学出版社发行

幅面尺寸:185mm×260mm　　印张:11.5　　字数:266 千字
印数:3001～5000
2010 年 10 月第 1 版　　　　2013 年 1 月第 2 次印刷

责任编辑:孔泳滔　　　　　　　责任校对:张　强
封面设计:张　莹

ISBN 978-7-5611-5745-9　　　　定　价:22.00 元

总 序

我们已经进入了一个新的充满机遇与挑战的时代,我们已经跨入了21世纪的门槛。

20世纪与21世纪之交的中国,高等教育体制正经历着一场缓慢而深刻的革命,我们正在对传统的普通高等教育的培养目标与社会发展的现实需要不相适应的现状作历史性的反思与变革的尝试。

20世纪最后的几年里,高等职业教育的迅速崛起,是影响高等教育体制变革的一件大事。在短短的几年时间里,普通中专教育、普通高专教育全面转轨,以高等职业教育为主导的各种形式的培养应用型人才的教育发展到与普通高等教育等量齐观的地步,其来势之迅猛,发人深思。

无论是正在缓慢变革着的普通高等教育,还是迅速推进着的培养应用型人才的高职教育,都向我们提出了一个同样的严肃问题:中国的高等教育为谁服务,是为教育发展自身,还是为包括教育在内的大千社会? 答案肯定而且唯一,那就是教育也置身其中的现实社会。

由此又引发出高等教育的目的问题。既然教育必须服务于社会,它就必须按照不同领域的社会需要来完成自己的教育过程。换言之,教育资源必须按照社会划分的各个专业(行业)领域(岗位群)的需要实施配置,这就是我们长期以来明乎其理而疏于力行的学以致用问题,这就是我们长期以来未能给予足够关注的教育目的问题。

如所周知,整个社会由其发展所需要的不同部门构成,包括公共管理部门如国家机构、基础建设部门如教育研究机构和各种实业部门如工业部门、商业部门,等等。每一个部门又可作更为具体的划分,直至同它所需要的各种专门人才相对应。教育如果不能按照实际需要完成各种专门人才培养的目标,就不能很好地完成社会分工所赋予它的使命,而教育作为社会分工的一种独立存在就应受到质疑(在市场经济条件下尤其如此)。可以断言,按照社会的各种不同需要培养各种直接有用人才,是教育体制变革的终极目的。

随着教育体制变革的进一步深入,高等院校的设置是否会同社会对人才类型的不同需要一一对应,我们姑且不论。但高等教育走应用型人才培养的道路和走研究型(也是一种特殊应用)人才培养的道路,学生们根据自己的偏好各取所需,始终是一个理性运行的社会状态下高等教育正常发展的途径。

高等职业教育的崛起,既是高等教育体制变革的结果,也是高等教育体制变革的一个阶段性表征。它的进一步发展,必将极大地推进中国教育体制变革的进程。作为一种应用型人才培养的教育,它从专科层次起步,进而应用本科教育、应用硕士教育、应用博士教育……当应用型人才培养的渠道贯通之时,也许就是我们迎接中国教育体制变革的成功之日。从这一意义上说,高等职业教育的崛起,正是在为必然会取得最后成功的教育体制变革奠基。

高等职业教育还刚刚开始自己发展道路的探索过程,它要全面达到应用型人才培养的正常理性发展状态,直至可以和现存的(同时也正处在变革分化过程中的)研究型人才培养的教育并驾齐驱,还需要假以时日;还需要政府教育主管部门的大力推进,需要人才需求市场的进一步完善发育,尤其需要高职教学单位及其直接相关部门肯于做长期的坚忍不拔的努力。新世纪高职高专教材编审委员会就是由全国 100 余所高职高专院校和出版单位组成的旨在以推动高职高专教材建设来推进高等职业教育这一变革过程的联盟共同体。

在宏观层面上,这个联盟始终会以推动高职高专教材的特色建设为己任,始终会从高职高专教学单位实际教学需要出发,以其对高职教育发展的前瞻性的总体把握,以其纵览全国高职高专教材市场需求的广阔视野,以其创新的理念与创新的运作模式,通过不断深化的教材建设过程,总结高职高专教学成果,探索高职高专教材建设规律。

在微观层面上,我们将充分依托众多高职高专院校联盟的互补优势和丰裕的人才资源优势,从每一个专业领域、每一种教材入手,突破传统的片面追求理论体系严整性的意识限制,努力凸现高职教育职业能力培养的本质特征,在不断构建特色教材建设体系的过程中,逐步形成自己的品牌优势。

新世纪高职高专教材编审委员会在推进高职高专教材建设事业的过程中,始终得到了各级教育主管部门以及各相关院校相关部门的热忱支持和积极参与,对此我们谨致深深谢意,也希望一切关注、参与高职教育发展的同道朋友,在共同推动高职教育发展、进而推动高等教育体制变革的进程中,和我们携手并肩,共同担负起这一具有开拓性挑战意义的历史重任。

新世纪高职高专教材编审委员会

2001 年 8 月 18 日

前 言

《房地产法规》是新世纪高职高专教材编审委员会组编的物业管理类课程规划教材之一。

改革开放以来,我国的房地产业得了空前的发展,房地产业的从业人员越来越多。房地产业是发展国民经济和改善人民生活的基础性产业,其作用可归纳为:为国民经济的发展提供重要的物质条件;改善人们的居住和生活条件;改善投资环境,加快改革开放的步伐;有利于城市规划的实施;为城市建设筹集资金;带动建筑、建材、化工等相关产业的发展;有利于产业结构的合理调整;有利于住房制度的改革;有利于调整消费结构;有利于吸引外资;有利于增加就业岗位。为了规范房地产业的市场行为和管理行为,保障和促进房地产业的健康发展,国家和地方先后出台了有关房地产业的法律、法规和规章制度。

本教材的编写目的是为了适应高等职业教育改革的需要,重点突出"理论通俗易懂、实用为主、够用为度、对证施教"等特点。本教材的编写人员都是多年从事房地产专业一线教学的教师,对相关专业具有较强的驾驭能力。面对数量庞大的法律、法规,能恰当地选择其适用部分,采用通俗易懂的语言来表述。同时,为了配合学生考取房地产估价师、房地产经纪人、物业管理师执业资格证书的需要,本教材的体系与上述考证内容高度相关,真正做到了"对证施教"。

本教材由黄冈职业技术学院黄忠、吉林经济职业技术学院王迎光任主编,由鄂州职业大学彭玲云、石家庄职业技术学院赵雪洁、吉林建筑工程学院孙磊任副主编。本教材共分十一章,具体编写分工是:黄忠编写第二章、第三章、第八章和第九章;王迎光编写第一章和第十一章;彭玲云编写第五章、第六章和第七章;赵雪洁编写第四章;孙磊编写第十章。济南铁道职业技术学院韩建芬审阅了本教材并提出了许多宝贵建议。本教材的编写大纲由黄忠、韩建芬共同拟定,由黄忠进行总撰定稿。

在本教材的编写过程中,编者参考了许多资料,在此对相关作者一并表示感谢!

限于编者水平,本教材中不可避免地存在疏漏之处,敬请广大读者批评指正,以便及时修订完善。

所有意见和建议请发往:gzjckfb@163.com

欢迎访问我们的网站:http://www.dutpgz.cn

联系电话:0411-84707492 84706104

编 者

2010 年 10 月

目　录

第一章

房地产法律概述

● 案例导入

【案情】

原告:陈××

被告:JH房地产公司

2008年5月,JH房地产公司通过出让方式得到一块土地,开始建造商品房。陈××订购了其中的3套,并向该公司支付了6万元人民币定金。随后双方签订了商品房预售合同。按合同规定,陈××在工程施工期间向该公司支付了2次房款,共计30万元人民币。按合同约定,房价余款20万元人民币应在陈××入住前付清。房屋建成后,JH房地产公司因经营不善,无法支付TL建筑装饰公司的工程款,提出将其中12套房屋转让给TL建筑装饰公司,其中包括陈××已订购的3套(TL建筑装饰公司不知情)。双方签订了房屋转让协议,TL建筑装饰公司在扣除工程款后,向JH房地产公司支付了82万元人民币。当陈××到JH房地产公司交纳房屋余款并准备办理产权手续时,却发现其所购房屋已被TL建筑装饰公司占用,遂要求JH房地产公司作出解释。JH房地产公司提出陈××可在尚未售出的10套房屋中任意选购3套,价格方面可以给予更多优惠。但陈××坚持购买原来订购的房屋。双方协议未果,陈××诉诸法院,要求获得原订购房屋的产权。

【评析】

本案例中,JH房地产公司与陈××签订了商品房预售合同,而且陈××履行了合同约定,因而JH房地产公司无权将这3套房屋转让给TL建筑装饰公司,它们签订的转让协议中涉及这3套房屋的部分属于无效合同。JH房地产公司应将这3套房屋返还给陈××,并办理相关产权手续;同时,JH房地产公司对由此造成的TL建筑装饰公司的损失承担全部责任,并给予赔偿。

第一节　房地产法律涉及的基本概念

一、房地产

(一)房地产的概念

房地产是房产和地产的总称。本教材所称房产是指在地上、地表与地下建筑的各种房屋及其附属设施,包括住宅、厂房、仓库和商业、服务、文化、教育、卫生、体育以及办公用房等;地产主要是指土地及其上、下一定的空间,包括地上、地表与地下。房地产有广义与狭义之分。广义的房地产是指土地、建筑物及固着在土地、建筑物上不可分离的部分。广义的房地产的物质形态包括土地与房屋等建筑物、构筑物及与土地、房屋不可分离的部分,如房屋的配套设施等自然资源。狭义的房地产仅指城市房地产,不包括农村房地产。

(二)房地产的特征

土地在房地产中占据核心地位,是建筑物、构筑物的基础。土地的不可移动性、不可再生性和永久性等特性,决定了房地产具有如下特性:

1.固定性

固定性是房地产与其他商品的最大区别。由于土地是不能移动的,所以建筑在土地之上或之下的房屋及其附属设施也不能移动。房地产所有人无法改变土地的区位及建筑物的坐落位置以适应市场的变化。在房地产交易中,流转的不是房屋和土地,而是房地产的权利。

2.异质性

不同地表处于地球的不同经纬度,不同经纬度上的建筑物不可能完全一样,即使在同一经纬度上的房屋,其楼层的高低也不一样。世界上没有两宗完全相同的房地产,每宗房地产必然是特定的,具有唯一性和不可复制性。

3.稀缺性

房地产的稀缺性是由土地的稀缺性决定的。土地是不可再生资源,无法通过扩大开发规模而扩大土地的面积范围,从而导致房地产具有稀缺性。

4.耐久性

房屋和土地皆为耐耗、持久的资产。房屋一经建造完成,只要不被拆毁或破坏,使用期限一般可长达几十年乃至数百年,相对于其他物品而言,它具有耐久性。

5.保值性或增值性

房地产投资项目耗资多、成本高、期限长、风险高,但从长远的角度讲,房地产一般均具有保值、增值的特性。因为随着社会生产力的发展、人口的不断增加、生活水平的不断提高以及产业的兴旺,人们对房地产的需求与日俱增,而由于土地的不可再生性,其面积基本恒定,特别是位于良好位置的土地资源永远是稀缺的。因此,房地产的价格会不断上涨。

二、房地产业

(一)房地产业的概念和内容

房地产业是指从事房地产开发、经营、管理和服务的综合性产业。它在内容结构上包括以下四个方面：

1.房地产开发

房地产开发是指在依法取得使用权的土地上进行基础设施、房屋建设的行为。房地产开发反映了房地产商品的使用价值和价值的形成过程，是房地产业的生产环节。

2.房地产经营

房地产经营是指房地产财产权利的交易活动。房地产经营包括土地使用权出让和房地产转让、抵押、租赁等，反映了房地产商品的价值实现过程，属于房地产业的流通环节。

3.房地产管理

房地产管理是指对房地产的开发、经营、服务等行为所进行的管理活动。房地产管理涉及房地产开发用地管理、房地产市场管理、房地产产权产籍管理、房地产税费管理及物业管理等，对房地产市场的健康发展具有重要意义。

4.房地产服务

房地产服务是指围绕房地产的开发、经营和消费所提供的一系列服务性活动。房地产服务涉及房地产咨询、经纪、评估、金融、保险、法律服务、物业管理服务等多方面内容。

(二)房地产业的性质

房地产业是从事房地产开发、经营、管理和服务的行业。房地产业和建筑业具有兼容性，既有建筑商兼营房地产业，也有房地产商兼营建筑业。但是，房地产业并不等同于建筑业。建筑业是指从事建造工业用、民用建筑物的行业，是建筑产品的生产部门，属于国民经济的第二产业；房地产业则是指从事房地产开发、经营、管理和服务的行业，主要存在于流通领域，属于第三产业。

三、法律

(一)法律的本质

法律是统治阶级意志的体现，具有阶级性。统治阶级之所以能够把自己的意志表现为法律，是因为它掌握了国家政权。并不是所有统治阶级的意志都是法律，只有那些上升为国家意志的统治阶级意志，才是法律；同时，它必须是统治阶级的整体意志或共同意志，而不是某些个人的意志。

(二)法律的特征

1.法律是由国家制定或认可的社会规范，具有国家意志性

法首先是一种社会规范，但与其他社会规范，例如道德规范、宗教规范、风俗礼仪、政党政策等又有所不同，主要表现在法律是由国家制定或认可的。

2.法律是由国家强制力保证实施的，具有国家强制性

应当看到，任何社会规范都具有一定的强制性。例如：道德依靠社会舆论、个人内心的信念和良心来约束；党章依靠纪律、规范、信仰来约束；宗教依靠清规戒律、信仰来约束。

与此不同,法律则依靠国家强制力来保证实施。

3. 法律是一种特殊的社会规范

社会规范是调整人与人、人与社会之间关系的规范。而法律的特殊性表现在:具有固定性、规范性、概括性及可预测性。在一国领土范围之内,法律不分阶级、民族、性别、年龄、身份、职业、地位的差别,对所有的人发生法律效力。

4. 法律的内容规定了人们的基本权利和义务

法律是普遍的、明确的、肯定的社会规范,它规定了人们相互间的法律权利和义务。法律通过这种内容规定来调整一定的社会关系,维护一定的社会秩序。其他社会规范的内容不得采取法律规定权利与义务的形式,否则就混淆了不同社会规范的性质和效力之间的界限。

(三)法律的概念

法律是由一定的物质生活条件所决定的国家意志的体现,是由国家制定或认可的、由国家强制力保证实施的、具有普遍效力的人们行为规范的总称。

四、房地产法律

(一)房地产法律的概念

房地产法律有广义和狭义之分。广义的房地产法律是指国家调整房地产财产权和房地产开发、经营、管理、服务及与房地产相关的各种经济关系的法律规范的总称。狭义的房地产法律在中国专指 1994 年 7 月 5 日由第八届全国人大常委会第八次会议通过的《中华人民共和国城市房地产管理法》(简称《城市房地产管理法》),该法自 1995 年 1 月 1 日起施行,2007 年 8 月 30 日通过了其修改决定。

(二)房地产法律的特征

1. 房地产法律调整不动产领域,它所调整的社会关系比较稳固

不动产是指土地和地上附着物,即不能移动或移动后会丧失其经济价值或经济用途的物。一方面,不动产的使用期限比较长,一般也不轻易改变用途。例如,中国有关房地产法律规定,商品房用地期限可长达 70 年,期满后还可以再续期;另一方面,不动产的转移并非实际物体发生位移,而是权利主体发生变动。房地产交易实际上是权利的交易。

2. 房地产社会关系被严密置于国家的控制之下

房地产社会关系可以分为两大类:一类是当事人之间平等的社会关系;另一类是管理和被管理的社会关系。房地产对国家、企事业单位和公民来说,都是一笔很重要的财富,它关系到经济的发展和社会的稳定。因此,国家对这一领域的行政干预十分显著。在中国,从土地的无偿划拨到有偿出让、转让,从土地的利用规划到工程施工管理,从商品房的开发到售后服务,从房地产产权产籍登记过户管理到土地联营登记、房地产抵押登记等,几乎无处不体现国家有关职能部门行使监督和管理的权利。

3. 房地产法律关系的确定一般都要采用书面形式

房地产法律关系的相对稳定性在客观上要求它必须采用书面形式,即要求房地产法律关系的参加者将其相互间的权利、义务关系用文字记录下来,并由有关机关签证、批准,有的甚至还要经过公证部门公证,以确保这种法律关系的稳定性和严肃性。仅以合同为

例,房地产方面的合同内容比较完整,条文比较复杂,有些合同还是标准格式合同,许多合同还必须报送有关部门批准或备案或公证。此外,土地所有权证、房屋所有权证、土地使用权证、房屋他项权利证、房屋租赁许可证等,都通过书面形式表现出来。

4. 以登记公示为权利变动的成立要件

动产的权利变动以标的物的转移占有为原则,而不动产的权利变动则以当事人在政府有关管理部门办理变动登记为公示原则,未经政府管理机关办理权利变动登记的行为不具有法律效力,这是动产权利变动与不动产权利变动的显著区别。《城市房地产管理法》第六十条规定:"国家实行土地使用权和房屋所有权登记发证制度。"第六十一条规定:"以出让或者划拨方式取得土地使用权,应当向县级以上地方人民政府土地管理部门申请登记,经县级以上地方人民政府土地管理部门核实,由同级人民政府颁发土地使用权证书。在依法取得的房地产开发用地上建成房屋的,应当凭土地使用权证书向县级以上地方人民政府房产管理部门申请登记,由县级以上地方人民政府房产管理部门核实并颁发房屋所有权证书。"

(三)房地产法律的调整对象

房地产法律的调整对象涉及房地产用地、房地产开发、房地产交易、房地产管理等法律关系。

1. 房地产用地法律关系

中国土地属于国家所有和集体所有。房地产用地只能通过土地划拨和出让两种方式取得。房地产用地法律关系就是土地所有权人与土地使用权人之间因使用土地而产生的各种法律关系。

2. 房地产开发法律关系

房地产开发是指在依法取得国有土地使用权的土地上进行基础设施、房屋建设的行为。房地产开发法律关系就是房地产开发人与土地权利人、房屋权利人之间以及在房地产开发建设中所发生的各种关系。

3. 房地产交易法律关系

房地产交易是指房地产所有权、使用权及其他项权利在房地产交易主体之间的流通,包括房地产转让、房地产抵押和房屋租赁。房地产交易法律关系是指房地产权利人与其他平等主体之间在房地产转让、抵押、租赁过程中发生的各种法律关系。

4. 房地产管理法律关系

房地产管理是指政府房产管理部门、土地管理部门依照国务院规定的职权划分,为维护房地产市场秩序,保障房地产权利人的合法权益,促进房地产业的健康发展而进行的房地产管理工作。房地产管理法律关系是房地产管理部门与法人、公民或其他社会组织在房地产管理过程中发生的法律关系。

(四)房地产法律的作用

房地产业是国民经济的支柱产业之一,房地产业的发展在客观上要求用房地产法律来加以规范、引导、推动和保障。

1. 房地产法律有利于维护房地产市场秩序

中国房地产市场起步晚、机制不健全、市场管理不完善、房地产交易行为不规范,房地产法律对于中国房地产市场的发展有着重要的指导和促进作用。

2. 房地产法律有利于房地产管理

建立健全房地产法律规范有利于房地产产权制度的建立,有利于加强对城市房地产的管理,有利于保障国家的土地收益。

3. 房地产法律有利于保障房地产权利人的合法权益

房地产权利人的合法权益是进行房地产交易和维持正常生产、生活的前提和基础,通过房地产法律确认并保护这种权益,有利于维护房地产权利人的利益和维护社会稳定。

4. 房地产法律有利于促进房地产业健康发展

中国房地产业属于新兴产业,处于改革和发展的起步阶段,房地产法律的实施有利于房地产业的健康发展。

第二节　房地产法律的基本原则

房地产法律的基本原则是社会主义市场经济体制下房地产法律本质的集中体现,是房地产经济规律在法律上的反映,是房地产立法、执法、司法、守法全过程的基本指导思想和行动准则。

一、坚持社会主义土地公有制的原则

社会主义土地公有制是中国土地制度的核心,是确定其他基本原则的基础。中国目前的土地所有形态表现为两种,即国家所有和集体所有。在土地所有权上的表现也分为国家土地所有权和集体土地所有权。《中华人民共和国宪法》(简称《宪法》)第十条规定:"城市的土地属于国家所有。农村和城市郊区的土地,除法律规定属于国家所有的以外,属于集体所有;宅基地和自留地、自留山,也属于集体所有。国家为了公共利益的需要,可以依照法律规定对土地实行征收或者征用并给予补偿。"坚持社会主义土地公有制的原则,一方面可以保障由国家来出让土地,使国家垄断土地一级市场;另一方面可保障国家土地的所有权在经济利益上的实现,即可以直接通过土地所有权获得收入。

二、坚持土地有偿、有期限使用的原则

20世纪90年代前,我国利用行政手段,采取无偿、无限期、无流动方式划拨土地,排除了市场机制的作用,土地使用价值的商品化未能得到发挥;同时,使得土地利用率低,使用效益差,土地浪费严重;且非法占地和违章建设、非法买卖土地、非法出租或变相买卖土地等现象层出不穷。《宪法》规定,城市的土地属于国家所有,这种所有权只有在经济上得到体现时,才能予以确保。用经济手段管理土地,就是要变土地无偿使用为有偿使用。国有土地实行有偿、有期限使用制度,实质上是符合马克思主义的地租理论的。国家可以通过土地使用权的出让获得收入,用这部分收入去发展经济,进行城市基础设施建设,改善和提高人民生活水平。土地使用权出让是指县级以上人民政府依法批准,在土地使用者缴纳补偿、安置等费用后将该幅土地交付其使用,或者将土地使用权无偿交付给土地使用

者使用的行为。土地使用权的出让是中国城市房地产开发用地权取得的主要方式。

三、符合城市规划的原则

城市规划是城市发展的纲领,也是房地产开发和城市各项建设的依据。城市规划的任务是:根据国家城市发展和建设方针、经济技术政策、国民经济和社会发展长远规划、区域规划以及城市所在地区的自然条件、历史情况、现状特点和建设条件,布置城镇体系,合理地确定城市在规划期内经济和社会发展的目标,确定城市的性质、规模和布局,统一规划、合理利用城市土地,综合部署城市经济、文化、公用事业等各项建设,保证城市有秩序地协调发展。

各级人民政府要根据国民经济与社会发展规划、国家产业政策和土地利用总体规划的要求,按照国民经济和社会发展计划的编报程序,制订包括耕地保护、各类建设用地征用、土地使用权出让、耕地开发复垦等项指标在内的年度土地利用计划,加强土地利用的总量控制。城市的建设和发展要严格按照经批准的城市总体规划,从实际出发,量力而行,分步实施。城市建设总体规划要与土地利用总体规划相衔接,用地规模不得突破土地利用总体规划。要加强对用地的集中统一管理,不得下放规划管理权和用地审批权。

四、合理节约用地的原则

中国的城市数量已超过 600 个,比建国初期翻了好几倍。新中国成立以来,中国耗用耕地的总数量已达 8.5 亿亩,平均每年损失耕地 2 100 万亩。例如:北京市的建设占用了 270 万亩耕地,使耕地减少了 30%,最近十年来每年占用耕地的数量仍保持在 2 万亩左右;天津市的耕地减少了 157 万亩,平均每年减少 6 万亩;上海人均耕地仅约为 0.35 亩;四川省平均每年减少耕地 74 万亩左右。随着城市化、工业化的进展,这种势头越来越盛。因此,节约用地、合理利用耕地日益重要。

《宪法》第十条明确规定:"一切使用土地的组织和个人必须合理地利用土地。"《中华人民共和国土地管理法》(简称《土地管理法》)也明确规定:"国家建设和乡(镇)村建设必须节约使用土地。"党中央、国务院于 1997 年 5 月 8 日发布了《关于进一步加强土地管理切实保护耕地的通知》,该通知指出:必须认真贯彻"十分珍惜和合理利用每寸土地,切实保护耕地"的基本国策。

五、坚持经济效益、社会效益和环境效益统一的原则

经济效益是指在房地产投资领域讲求经济核算,强调投入产出比,为投资者带来可观的经济效果。房地产投资的特点就是按照商品经济的要求运作,采取灵活的经营手段和方式,积极融通建设资金,生产出最好的产品,以期获得最优的经济效果。因此,经济效益是房地产开发赖以存在和发展的必要条件。

社会效益是指房地产开发对全社会所产生的良好效果和影响。房地产投资项目并不仅仅局限于项目本身,而是与整个社会有着千丝万缕的联系。一个项目如果只重视自身,根本不考虑社会的乃至公众的利益,就不可能成功。因此,提高社会效益同样是房地产开发得以生存和发展的重要条件,只有取得明显的社会效益,才能得到社会各界的广泛支持

和承认。

环境效益是指在房地产开发过程中,必须注重环境优化,使房地产项目与周围环境融为一体,达到房地产项目与周围环境协调的最佳状态。环境效益不仅包括自然环境,而且包括社会环境。环境效益的最大目标是:造福群众,造福社会,造福后代,改善城市形象。

经济效益、社会效益和环境效益三者是一个有机整体。三者是矛盾的,但从最终结果来看,三者又是统一的,管理者的最大任务就是寻求三者结合的最佳点。在实践中,经常会出现开发商只重视经济效益而忽视社会效益和环境效益的情况,而在此时,政府的职责就应该对这种行为进行合理引导,使得房地产开发商在取得必要的经济效益时不损害社会效益和环境效益。

六、维护当事人合法权益的原则

维护房地产权利人的合法权益不受侵犯,是房地产法律的基本任务。《宪法》第十三条规定:"国家依照法律保护公民的私有财产和继承权。"《城市房地产管理法》对房地产主体的权益进行了更充分、具体的保护:

一是规定房地产权利人的合法权益受法律保护,任何单位和个人不得侵犯。

二是国家对土地使用者依法取得的土地使用权,在出让合同约定的使用年限届满前不收回;如遇特殊情况需要提前收回,应予以相应的补偿;土地使用权出让合同约定的使用期限届满,可以申请续期。

三是依法取得的土地使用权,可以作价入股、合资、合作开发经营房地产;依法取得的房屋所有权连同该房屋占用范围内的土地使用权均可设定抵押权。

四是为了更好地保障商品房预购人的合法权益,规定了商品房预售应当具备的条件。

五是规定国家实行土地使用权和房屋所有权登记发证制度等。

上述规定与《中华人民共和国民法通则》(简称《民法通则》)和其他有关法律的规定相配合,使中国法律对房地产权利人合法权益的保障进一步得到完善和落实。

第三节　房地产法律体系

一、法律规范及其逻辑结构

法律规范是由国家制定或认可的、反映统治阶级意志的、并以国家强制力保证实施的社会行为规则。一个完整的法律规范的结构应包括假定、处理和制裁三部分:

假定是指该规范使用的范围,即对什么人有效、对什么事有效、在什么地域有效、在什么时间有效。

处理是指主体在什么条件下可以从事什么行为(授权性规范)、禁止从事什么行为(禁止性规范)、必须从事什么行为(义务性规范)。

制裁包括两类:一类是肯定后果,例如法律的承认、受理、保护、赞许、奖励;另一类是否定后果,例如制裁、撤销、废除、不予承认等。

二、法律规范的表现形式

法律规范的表现形式即法律形式(又称为法律渊源),是指享有不同立法权限的国家机关依据法定程序创制的具有不同法律效力的法律规范的表现形式。

法律形式是法律规范的表现形式;法律规范是法律形式的内容。

中国社会主义法律的渊源是由有立法权的国家机关按照一定程序制定和颁布的。根据制定的机关和效力层级及范围的不同,中国的法律渊源有以下几种:

（一）《宪法》

《宪法》是国家的根本大法,它规定了中国的各项基本制度、公民的基本权利和义务、国家机关的组成及其活动的基本原则等。《宪法》由全国人民代表大会按特殊程序制定和修改,具有最高的法律效力,是其他一切法律、法规制定的依据。

（二）法律

法律由全国人民代表大会和全国人民代表大会常务委员会制定。其中刑事、民事以及有关国家机构等基本法律由全国人民代表大会制定,基本法律以外的其他法律由全国人民代表大会常务委员会制定。

（三）行政法规

行政法规是由国务院根据《宪法》和法律的规定,在其职权范围内制定的有关国家行政管理活动的规范性文件。行政法规不得与《宪法》和法律相抵触。

（四）行政规章

行政规章是由有关行政机关依法制定的事关行政管理的规范性文件的总称。它可分为部门规章和地方政府规章两种。

部门规章是指由国务院各部、委员会、中国人民银行、审计署和具有管理职能的直属机构,根据法律和国务院的行政法规、决定、命令,在本部门的权限范围内制定的规范性文件。部门规章一般在全国范围内有效,但不得与《宪法》和法律、行政法规相抵触。

地方政府规章是由省、自治区、直辖市和较大的市的人民政府根据法律、行政法规和地方性法规,按法定程序制定的规范性文件。地方政府规章除不得与《宪法》、法律、行政法规相抵触外,还不得与上级和同级地方性法规相抵触,地方政府规章仅在本地区内有效。

（五）地方性法规

地方性法规是由各省、自治区、直辖市和较大的市的人民代表大会及其常务委员会,根据本行政区域的具体情况和实际需要制定的规范性文件的总称。地方性法规不得与宪法、法律、行政法规和部门规章相抵触,且仅在本地区内有效。

（六）自治条例和单行条例

自治条例和单行条例是由民族自治区、自治州、县的人民代表大会依照当地民族的政治、经济和文化特点制定的规范性文件的总称。自治条例和单行条例可以依照当地民族特点,对法律和行政法规的规定作出变通规定,但不得违背法律或者行政法规的基本原则,不得对《宪法》和民族区域自治法的规定以及其他有关法律、行政法规专门就民族自治地方所作的规定作出变通规定。

（七）特别行政区的法律

特别行政区的法律是由特别行政区的国家机关在《宪法》和法律赋予的职权范围内制定或认可,在特别行政区内具有普遍约束力的成文法律和不成文法律。中国实行"一国两制",因此特别行政区的法律渊源具有一定特殊性。对此,《中华人民共和国香港特别行政区基本法》《中华人民共和国澳门特别行政区基本法》均作出了具体规定。

（八）国际条约

国际条约是指两个或两个以上国家之间缔结的关于政治、经济、贸易、法律、文化、军事等方面的相互间权利和义务的法律条文。凡是中国与外国签订的具有规范性内容的国际协定以及中国批准加入的国际条约,均属于中国的法律渊源。

三、法律规范的适用范围

法律规范的适用范围也称法律的效力范围,它由法律的空间效力、时间效力和对人的效力三个部分组成。

（一）法律的空间效力

法律的空间效力即法律适用的地域范围。

全国人大及其常委会、国务院及其各部委制定的法律、行政法规、行政规章,其效力自然及于中华人民共和国的全部领域。

由有立法权的各级地方人大及其常委会、各级政府制定的地方性行政法规、地方性行政规章,只能在该行政区划内适用,并不得与国家法律规定相抵触。

（二）法律的时间效力

法律的时间效力即法律从什么时候开始发生效力和什么时候失去效力以及对生效前发生的行为有无溯及力。法律的时间效力由国家立法机关根据实施国家管理的需要,通过立法决定。

1. 法律生效时间的规定

（1）规定自法律公布之日起生效,并且通常在该法律中明文规定"本法自公布之日起施行"。

（2）规定自法律公布后,经过一段法定的期间生效,通常在该法律中明文规定"本法自某年某月某日起施行"。这种规定的目的是为了在该法律生效之前,可以有充分时间进行法制教育,并且为该法律的实施做好准备工作。

（3）以另一部法律的实施为本法生效的前提。

2. 终止法律效力的规定

（1）由法律规定自新法生效之日起旧法废止。

（2）由国家立法机关决定批准公布失效的法律目录。

3. 法律的溯及力

法律的溯及力是指新的法律颁布后,对其生效前发生的法律事实、法律事件和法律行为是否适用,如果适用,该法就有溯及力;如果不适用,该法就没有溯及力。

（三）法律的对人的效力

法律的对人的效力即法律对什么人适用,对此,各国的法律确定的原则不同,不同的

法律采用的原则也不同。概括起来,主要有以下几种做法:

一是采用属地原则。即以地域为标准,不管当事人是本国人还是外国人,只要其行为发生在本国领域内,均适用本国法律。

二是采用属人原则。即以当事人的国籍为标准,凡属本国人,不论其行为发生在国内还是国外,均适用本国法律。

三是采用保护主义。即以国家利益为标准,不论当事人是本国人还是外国人,也不论当事人的行为发生在国内还是国外,只要其行为损害了本国利益,均适用本国法律。

四是折中主义(现行)。凡是在本国地域内,不管当事人是本国人还是外国人,均适用本国法律;本国人或外国人在本国地域外涉及本国或本国公民利益的行为,在一定情况下,也适用本国法律。

四、房地产法律体系

房地产法律体系是指由调整房地产关系的法律规范共同构成的有机整体。本章从房地产法律的渊源及内容两个不同的角度对房地产法律体系加以介绍。

(一)房地产法律的渊源体系

1.《宪法》

《宪法》是国家的根本大法,对于房地产法律,《宪法》也作出了原则性规定。《宪法》第九条、第十条、第十二条、第十三条分别作出了与房地产有关的规定。

2.房地产法律

《民法通则》《中华人民共和国物权法》(简称《物权法》)是调整房地产关系的重要法律,尤其在"财产所有权和与财产所有权有关的财产权"部分对包括房地产在内的财产的占有、使用、收益、处分权利及相邻关系的规定;在"债权"部分关于包括房地产在内的财产的抵押、留置的规定等,都是重要的房地产民事法律规范。

《中华人民共和国土地管理法》(简称《土地管理法》)和《城市房地产管理法》也是两个重要法律。前者对土地管理原则、土地的所有权和使用权、土地利用总体规划、耕地保护、建设用地、监督检查及法律责任等方面作了系统的规定;后者对城市房地产管理原则、房地产开发用地、房地产开发、房地产交易、房地产权属登记管理及法律责任等作了系统的规定。此外,还有《中华人民共和国城市规划法》(简称《城市规划法》)《中华人民共和国建筑法》(简称《建筑法》)《中华人民共和国招标投标法》(简称《招标投标法》)《中华人民共和国合同法》(简称《合同法》)《中华人民共和国担保法》(简称《担保法》)等。

3.房地产行政法规

房地产行政法规主要是指国务院制定及颁布的关于房地产领域的条例和规定。其法律效力低于《宪法》和法律,属于第三层次的法律规范,包括《中华人民共和国土地管理法实施条例》(简称《土地管理法实施条例》)《城镇国有土地使用权出让和转让暂行条例》《城市房地产开发经营管理条例》《城市私有房屋管理条例》《城市房屋拆迁管理条例》《建设工程勘察设计管理条例》《建设工程质量管理条例》《物业管理条例》《住房公积金管理条例》等。

4. 地方性房地产法规

地方性房地产法规是指在不与《宪法》、房地产法律、房地产行政法规相抵触的前提下，由省、自治区、直辖市人大及其常委会和政府制定及颁布的调整房地产领域的法律、法规。中国幅员辽阔，地域广大，各地情况千差万别，法律允许各省、自治区、直辖市有立法权限的机构从本地的实际情况出发，制定效力及于本地的地方性法规。例如浙江省人大常委会制定、颁布了《浙江省房地产开发管理条例》《浙江省房屋租赁管理条例》《浙江省城市房屋产权产籍管理条例》等地方性房地产法规。

5. 房地产行政规章

房地产行政规章是指房地产主管部门（如住房和城乡建设部、国土资源部）根据国务院规定的职责范围，依法制定并颁布的房地产方面的各项规章，或由房地产主管部门与国务院其他有关部门联合制定并发布的规章。房地产规章不能与《宪法》、法律、国务院的行政法规相抵触。例如建设部颁布的《商品房销售管理办法》《城市房屋权属登记管理办法》《公有住房售后维修养护管理暂行办法》《城市住宅小区竣工综合验收管理办法》等。

6. 地方性房地产规章

地方性房地产规章是指省、自治区、直辖市以及省会（自治区首府）城市和经国务院批准的较大的市的人民政府，根据法律和国务院的行政法规，制定并颁布的房地产方面的规章。行政规章的法律效力低于同级权力机关制定的地方性法规。例如北京市人民政府颁布的《北京市居住小区物业管理办法》、深圳市人民政府颁布的《深圳市住宅小区物业管理条例》等。

7. 其他规范性文件

其他规范性文件通常是指那些无权制定行政规章的行政机关（如省、自治区、直辖市人民政府及其下属的委、局），在其法定职权范围内制定的、在一定区域范围内具有约束力的文件。其他规范性文件的法律效力低于法律、法规和规章，但可作为行政机关制定具体行政行为的依据。例如深圳市民政局关于《对业主委员会进行社团登记管理有关问题的通知》。

8. 最高人民法院的司法解释

最高人民法院在审理房地产案件中，会对房地产法律的有关问题进行解释，或者对疑难问题进行研究并就此发布指导性的文件。例如《最高人民法院关于审理商品房买卖合同纠纷案件适用法律若干问题的解释》《最高人民法院关于审理建设工程施工合同纠纷案件适用法律问题的解释》等，它们也是中国房地产法律体系的组成部分。

（二）房地产法律的内容体系

房地产法律的内容非常广泛，主要包括以下内容：

1. 房地产权属法律规范

房地产权属法律规范是指有关房地产权利及其归属的法律规范，其中包括土地权属法律规范、房屋权属法律规范、房地产相邻关系法律规范以及房地产权属登记法律规范。例如《宪法》《城市房地产管理法》等。

2. 房地产开发用地法律规范

房地产开发用地法律规范是指有关建设用地的法律规范，其中包括建设用地使用权出让法律规范、建设用地使用权划拨法律规范、建设用地使用权转让规范、建设用地租赁制度以及国家征收法律规范。例如《城镇国有土地使用权出让和转让暂行条例》《土地管理法》《土地管理法实施条例》《外商投资开发经营成片土地暂行管理办法》《城市房屋拆迁管理条例》等。

3.房地产开发法律规范

房地产开发法律规范是指有关基础设施和房屋建设的法律规范,其中包括房地产开发规划管理法律规范、房地产开发企业法律规范、建设工程项目招投标法律规范、建设工程施工管理与监理法律规范。例如《城市规划法》《建筑法》《城市房地产开发经营条例》《建筑工程设计招标投标管理办法》《建筑工程施工许可管理办法》《工程建设监理规定》《建设工程质量管理办法》《建设项目(工程)竣工验收办法》等。

4.房地产交易法律规范

房地产交易法律规范是指有关房地产转让、抵押、租赁等各种经营活动的法律规范,其中包括房地产转让法律规范、商品房预售法律规范、房地产抵押法律规范、房屋租赁法律规范。例如《民法通则》《合同法》《担保法》相关部分、《城市房地产管理法》相关部分、《城市房地产开发经营管理条例》相关部分、《城市房地产转让管理规定》《划拨土地使用权管理暂行办法》《商品房销售管理办法》《城市商品房预售管理办法》《城市房地产抵押管理办法》《城市房屋租赁管理办法》《城镇廉租住房管理办法》《商品住宅价格管理暂行办法》等。

5.房地产管理法律规范

房地产管理法律规范是指有关房地产管理方面的法律规范,其中包括房产管理法律规范和地产管理法律规范。例如《城市私有房屋管理条例》《城市公有房屋管理规定》《城市异产毗连房屋管理规定》《城市危险房屋管理规定》《城市房屋修缮管理规定》《公有住宅售后维修养护管理暂行办法》《城市房屋权属登记管理办法》《城市房地产权属档案管理办法》《城市房地产中介服务管理规定》等。

6.物业管理法律规范

物业管理法律规范是指有关物业管理和服务的法律规范,其中包括物业管理业务、物业管理合同规约、物业管理收费等法律规范。例如《物业管理条例》。

7.房地产税费法律规范

房地产税费法律规范是指有关房地产市场活动中产生的各种税收与费用的法律规范,其中包括房地产税收法律规范与房地产费用法律规范。例如《城镇土地使用税暂行条例》《耕地占用税暂行条例》《土地增值税暂行条例》《契税暂行条例》《房产税暂行条例》等。

第四节　房地产法律关系

房地产法律关系是指房地产法律规范在调整房地产管理、开发、经营以及服务过程中形成的权利和义务关系。房地产法律关系的产生是市场经济的需求,也是房地产开发、房地产交易、房地产管理的必然产物。

一、房地产法律关系的特征

(一)房地产法律关系的客体具有特殊性

房地产法律关系的客体是房产、地产以及围绕它们所实施的行为。房产、地产这一客体与其他法律关系客体有着明显的区别,主要表现在:第一,房产和地产都是不动产,在空间上不能移动位置;第二,地产和房产是融合在一起的,必须同时交易;第三,房地产法律关系的客体是一种有限的资源。

(二)房地产法律关系中居于主导地位的主体是国家

房地产资源的有限性以及它们在国民经济中的特殊地位和作用,决定了任何国家都直接或者间接地对房地产资源进行管理和限制。国家在房地产法律关系中居于主导地位,首先表现在国家是土地所有权的主要主体。《宪法》第十条对此有明确的规定。其次表现在国有土地使用权的出让法律关系中,国家是唯一的出让方。最后表现在国家在房地产管理关系中处于支配地位。房地产管理法律关系的主体是国家和从事房地产开发、经营和服务的单位和个人,其中国家居于支配地位。只有法律授权的国家行政机关才有权对房地产开发、经营和服务活动进行管理。

(三)房地产法律关系具有相对稳定性

房地产法律关系客体的重要组成部分是房产和地产。房产和地产均是不动产,不能在空间上移动位置或者一经移动就会损坏其价值和使用价值。因此,在房地产转让法律关系的发生、变更和消灭中,只有主体的变化,没有客体的变化,即没有物质实体的转移。房地产的不动产性质以及开发经营周期长、使用寿命长等特点,决定了房地产的产权和使用权变动较少。

(四)房地产法律关系一般通过书面形式确立

房地产法律关系的相对稳定性决定了房地产法律关系必须采用书面形式进行确认。只有用文字将房地产法律关系主体的权利、义务记载下来,并经过有关机构的批准,才能确保房地产法律关系的严肃性和稳定性。相当部分房地产法律关系的确立,不仅要采用书面协议的方式,还必须按照法律的规定,制作专门的证书,例如土地使用证、房屋所有权证等。

(五)房地产法律关系具有综合性

房地产法律关系的综合性是从房地产法律关系的主体和其使用的调整方法上来说的。在房地产法律关系中,涉及房地产开发、交易、中介服务、管理等活动中的各种主体,包括房地产管理机关、房地产开发公司、房地产经营公司、房地产交易所、房地产咨询服务公司、房地产评估事务所以及其他法人和公民。其中,既有民事法律关系的主体,也有行政法律关系的主体,甚至在某些情况下,一个主体可能同时具有两种主体资格。例如在国有土地使用权出让法律关系中,国家作为土地的所有者既是合同关系的民事主体,同时又是土地资源的管理者和房地产业的管理者。因此,房地产法律调整的社会关系包括房地产开发关系、房地产流转关系、物业管理关系以及房地产管理关系等。这些多重的法律关系必然具有复杂性,也必然需要建立一个系统而完整的法律体系,由多部不同效力、不同层次的法律规范对其进行全方位调整。

二、房地产法律关系的构成要素

房地产法律关系同样包括三个要素:主体、客体和内容。三者在房地产法律关系中是缺一不可的,任何一个要素的变更和消灭都会引起房地产法律关系的变更和消灭。

(一)房地产法律关系的主体

房地产法律关系的主体又称为房地产主体,是指参加房地产法律关系、享有房地产权利和承担房地产义务的当事人。其中享受权利的称为权利主体,承担义务的称为义务主体。在多数情况下,主体既享有权利,又承担义务。

1.国家

国家是国有土地的所有者、国有土地使用权出让及土地征用等法律关系的直接参加者,是房地产法律关系中一种特殊的主体,主要参与房地产管理法律关系,并居于支配地位。

2.政府机构

根据《土地管理法》的规定,各级人民政府有权在各自的权限范围内审批房地产开发用地的土地使用权出让。此外,在对房地产权属的管理中,也是由各级人民政府的土地管理部门和房产管理部门负责登记、颁发土地使用权证书和房产所有权证书的。

3.劳动群众集体组织

根据《宪法》的规定,农村的劳动群众集体组织是集体土地所有权的主体。同时,劳动群众集体组织也可以成为房地产所有权的主体和国有土地使用权的主体。

4.法人和其他社会组织

中国法律对土地使用权受让方的范围没有作出限制性的规定,这就意味着任何企事业单位、其他经济组织都可以成为土地使用权的主体,包括中外合资企业、中外合作企业和外资企业。在房地产二级市场上,企业和其他社会组织还可以通过转让、出租和抵押房地产等方式获取经济利益。此外,根据有关法律的规定,外商还可以在中国投资开发经营成片土地。

5.自然人

自然人在房地产法律关系中,不仅可以成为房地产的所有权主体,而且还可以成为房地产转让、抵押和租赁法律关系的主体。

(二)房地产法律关系的内容

房地产法律关系的内容是指房地产法律关系的主体依法享有的权利和承担的义务。

1.房地产权利

房地产权利是房地产法律关系的主体可以依法做出一定的行为或者不做出一定的行为,以及依法要求他人做出一定的行为或者不做出一定的行为的资格。其内容主要包括以下几个方面:

（1）房地产管理权

房地产管理权是指国家机关在行使房地产管理职能时依法享有的权利。对房地产行业行使管理权既是房地产管理机关的权利，也是房地产管理机关的义务。其主要权利有：

①决策权　制定有关房地产的法律、法规、规章及规范性文件。

②命令权　有权向管理相对人下达房地产管理方面的命令，禁止它们做出一定的行为或者要求它们做出一定的行为。

③审批权　在权限范围内，对房地产企业有关事项进行审批。

④监督权　在其职权范围内监督管理相对人严格遵守房地产法律、法规。

⑤处罚权　对管理相对人违反房地产有关法律、法规的行为进行行政处罚。

（2）房地产所有权

房地产所有权是指房地产所有者依法对其房地产享有占有、使用、收益和处分的权利。房地产所有权的内容包括以下四个方面：

①占有权　对房地产实际控制的权利。

②使用权　对房地产按照其性能加以利用的权利。

③收益权　通过开发、经营等活动，取得房地产所产生的利益的权利。

④处分权　依法决定房地产在事实上和法律上的命运的权利，处分权是房地产所有权的核心。

房地产所有权可分为地产所有权和房产所有权。地产所有权的权利主体是确定的：《宪法》规定中国的土地除了依法属于农村集体组织的以外，都属于国家所有。因此，国家是国有土地所有权的唯一主体，农村集体组织是农村土地所有权的唯一主体。而房产所有权的权利主体既可以是国家，也可以是法人、其他社会组织或者自然人。

（3）房地产使用权

房地产使用权是指非房地产所有人按照法定的条件和程序取得的使用房地产的权利。房地产使用权的取得是一种要式法律行为，必须采取书面的形式，并且大部分还需经过申请、审批、登记和颁证等程序。房地产使用权的范围也有严格规定，各种使用权主体只能按照法定的用途行使对房地产的使用权。

（4）房地产开发经营权

房地产开发经营权是指房地产所有者或非房地产所有者依法对房地产进行各种资本投入，在地上或地下建造、敷设、修筑各种系统、设施和建筑物的权利。房地产开发经营权由房地产所有者行使，也可以依据法律、行政命令或根据房地产所有者的意志由非房地产所有人行使。

2.房地产义务

房地产义务是指房地产法律关系的主体必须依法做出一定行为或者不做出一定行为的责任。其内容主要包括以下几个方面：

（1）房地产管理机关必须依法履行管理职能，保护国家、集体和公民个人的房地产不受侵犯。

（2）任何法人、社会组织和个人都不得侵占他人的房地产所有权、使用权及房地产的他项权利。

（3）房地产管理相对人必须自觉接受国家对房地产使用、开发和经营等活动的管理。

（4）房地产主体都必须贯彻执行国家关于房地产的方针和政策，自觉遵守房地产法律和法规。

（5）房地产法律关系主体必须按照法律、法规及合同的规定，合理、合法地利用房地产，并按时缴纳使用费和有关税款。

（三）房地产法律关系的客体

房地产法律关系的客体是指房地产法律关系主体享有的权利、行使的职权、履行的义务和承担的职责所共同指向的对象。能够成为房地产法律关系的客体的有物、行为和非物质财富。

1.物

物是指在房地产法律关系中具体表现出的土地与房屋及其附属物。土地依其使用权属的不同可分为：国有土地，包括城市市区的土地，国家依法征收的土地；集体所有土地，包括城市郊区的土地，依法由乡村农民集体所有的自留山、自留地和宅基地等。

房屋根据地理位置的不同可分为农村房屋和城市房屋；按照用途不同可分为住宅用房、商业用房、工业用房、文化娱乐业用房、医疗卫生用房等；按使用权不同可分为国家房产、集体房产、私人房产和共有房产等。

2.行为

行为是指房地产法律关系主体为享受权利、行使职权或承担义务、履行职责所进行的活动。它包括房地产管理机关为了维护房地产行业正常秩序而进行的房地产管理活动和管理相对人进行的房地产开发、经营活动。例如：房地产管理机关审批房地产开发企业成立的行为以及对违反房地产管理法规进行处罚的行为等；管理相对人的房地产开发活动、房地产交易活动、物业管理活动等。

3.非物质财富

非物质财富是指房地产法律关系主体从事智力活动而创造的成果。例如：用于房地产综合开发的各类规划设计方案、设计图纸等；用于房地产投资决策或销售的各种具有竞争优势的信息、数据和商誉等。

三、房地产法律事实

房地产法律事实是指法律、规范所规定的能够引起房地产法律关系产生、变更和消灭的客观情况或现象。任何法律关系的产生、变更和终止都是由一定的客观情况引起的，房地产法律关系也不例外。引起房地产法律关系产生、变更和终止的原因就是房地产法律事实。房地产法律事实根据其是否包含当事人的意志可分为房地产法律行为和房地产法律事件两类。

（一）房地产法律行为

房地产法律行为是指房地产法律、规范规定的以当事人的意志为转移的能够引起房地产法律关系产生、变更和消灭的客观现象或情况。按是否符合法律规定，可将房地产法律行为分为房地产合法行为和房地产违法行为。

1.房地产合法行为

房地产合法行为是指房地产法律关系主体为了产生、变更和消灭一定的房地产法律关系而实施的合法行为。例如房地产的开发行为、房地产的交易行为和房地产行政管理机关的房地产管理行为等。

2.房地产违法行为

房地产违法行为是指房地产法律关系主体不履行法定义务或侵犯其他房地产主体权利的行为。例如不按照房地产的规定用途利用房地产的行为和不按照土地使用权出让合同约定进行房地产开发行为等。房地产违法行为往往会导致房地产法律关系无效，或引起损害赔偿及行为处罚关系的产生。

（二）房地产法律事件

房地产法律事件是指房地产法律规定的不以当事人的意志为转移的能够引起房地产法律关系产生、变更和消灭的客观现象或情况。主要包括：不可抗力，例如地震、海啸、龙卷风、火山爆发、台风等；国家房地产法律、法规的颁布实施或修改废止；战争；罢工等。

四、房地产法律关系的分类

按照所调整的社会关系不同，房地产法律关系可分为房地产民事法律关系、房地产行政法律关系和房地产经济法律关系。

（一）房地产民事法律关系

房地产民事法律关系是指平等主体之间依法形成的权利、义务关系。例如物业服务法律关系、房地产买卖法律关系、房地产抵押法律关系等。

（二）房地产行政法律关系

房地产行政法律关系是指房地产管理部门在依据国家赋予的职权对房地产市场进行监督、管理过程中与管理相对人形成的管理与被管理的法律关系。例如房地产行业管理法律关系、土地征用法律关系、房地产开发项目审批关系等。

（三）房地产经济法律关系

房地产经济法律关系是指房地产管理部门与房地产开发公司、其他社会组织及公民之间因宏观调控而依法形成的权利、义务关系。例如房地产开发的规划和计划法律关系、房地产价格管理法律关系。

上述三种不同性质的房地产法律关系有时各自独立存在，有时又交织在一起而构成综合性的关系。

复习思考题

1. 什么是法？
2. 简述房地产法律及其特征。
3. 简述法律规范及其逻辑结构。
4. 简述中国社会主义法的渊源。
5. 何谓房地产法律规范？中国房地产法律规范的表现形式是什么？
6. 什么是房地产法律关系？其构成要素是什么？试举例说明。
7. 什么是房地产法律事实？它与房地产法律关系有何关系？
8. 试论述房地产法律的基本原则。

第二章

房地产开发用地法律制度

● 案例导入

【案情】

原告:上海市某局

第一被告:上海某县房地产总公司

第二被告:上海某区商业建设有限公司

原告上海市某局系上海某房地产公司的上级单位,其下属公司系本案项目的参与投资方,第一被告上海某县房地产总公司系本案项目的开发商,第二被告上海某区商业建设有限公司与第一被告有债权债务关系。

2003年4月5日,原告由其下属公司出面与第一被告签订一份协议书,协议双方合建××住宅商品房。协议约定:第一被告分两期提供地块给原告下属公司建造两层别墅、多低层公寓等,建筑面积为18万平方米;由原告下属公司负责投入资金,土地开发费由第一被告筹措,计26万元人民币/亩;所建房屋均为商品房,全部归原告下属公司所有;双方还对项目批准计划及土地使用权证的过户、土地开发费支付期限与条件、大市政配套费支付期限及条件、违约责任等内容作了约定。同年4月21日,原告下属公司按约定向第一被告交付背书金额为1 000万元人民币的转账支票,第一被告出具了收款收据。翌日,上述款项的转账支票由第一被告交第二被告作为还债入账。

2009年6月30日,经上海市工商行政管理局核准,同意注销原告下属公司,其债权、债务由原告清理。因第一被告长期未开发该地块,原告在清理其下属公司债权、债务时发现该1 000万元人民币投资款未收回,遂以投资无效向法院起诉,要求第一、第二被告连带清偿原告的投资款及利息共计1 727万元人民币,并承担诉讼费。

【评析】

原告:第一被告未依约办理土地使用权变更手续,其行为违反了国家关于土地管理与房地产开发的法律,属于非法转让土地使用权,故该协议书应无效。因合同无效从行为成立时就无效,故第一被告应返还1 000万元人民币及相应利息;同时,因为该转账支票最终入账第二被告,所以要求其承担返还的连带责任。

第一被告辩称:我方曾收到原告的投资款1 000万元人民币是事实,但原告付款早在7年前,至今并未主张过权利,现早已超过诉讼时效,要求法院驳回原告请求。

第二被告辩称:因第一被告欠款,故收取第一被告还款理所当然,第二被告与原告无任何法律关系,要求驳回原告对第二被告的诉讼请求。

法院认为,第一被告在没有取得土地使用权的情况下,与原告下属公司签订协议书,违反了中国的土地管理法律规定,该协议书应属无效,当事人依据无效合同所取得的财产应当予以返还,判决如下:一、原告和第一被告于 2003 年 4 月 5 日签订的协议书无效;二、第一被告在本判决生效后返还原告人民币 1 000 万元人民币,并支付利息的 50%,按中国人民银行同期同类贷款利率自 2003 年 4 月 22 日起至判决生效之日止计息;三、原告的其他诉讼请求不予支持。

第一节 中国现行土地制度概述

一、对中国现行土地所有制的理解

(1)中国的全部土地都为社会主义公有制。《土地管理法》第二条规定:"中华人民共和国实行土地的社会主义公有制,即全民所有制和劳动群众集体所有制。"

(2)土地的全民所有制具体采取国家所有制形式,这种所有制的土地被称为国家所有土地,简称国有土地。其所有权由国家代表全体人民行使,具体由国务院代表国家行使。

(3)土地的劳动群众集体所有制具体采取农民集体所有制形式,这种所有制的土地被称为农民集体所有土地,简称集体土地。《土地管理法》第十条规定:"农民集体所有的土地依法属于村农民集体所有的,由村集体经济组织或者村民委员会经营、管理;已经分别属于村内两个以上农村集体经济组织的农民集体所有的,由村内各农村集体经济组织或者村民小组经营、管理;已经属于乡(镇)农民集体所有的,由乡(镇)农村集体经济组织经营、管理。"

(4)《土地管理法》第九条规定:"国有土地和农民集体所有的土地,可以依法确定给单位或者个人使用。使用土地的单位和个人,有保护、管理和合理利用土地的义务。"

(5)1998 年 12 月 27 日国务院令第 256 号发布的《土地管理法实施条例》第二条明确了国有土地的范围:城市市区的土地;农村和城市郊区中已经依法没收、征收、征购为国有的土地;国家依法征收的土地;依法不属于集体所有的林地、草地、荒地、滩涂及其他土地;农村集体经济组织全部成员转为城镇居民的,原属于其成员集体所有的土地;因国家组织移民、自然灾害等原因,农民成建制地集体迁移后不再使用的原属于迁移农民集体所有的土地。

(6)农村和城市郊区的土地除法律规定属于国家所有的以外,属于农民集体所有。《宪法》第十条规定:"农村和城市郊区的土地,除法律规定属于国家所有的以外,属于集体所有;宅基地和自留地、自留山,也属于集体所有。"《宪法》第九条规定:"矿藏、水流、森林、山岭、草原、荒地、滩涂等自然资源,都属于国家所有;由法律规定属于集体所有的森林、山岭、草原、荒地、滩涂除外。"

二、中国的现行土地制度

(一)国家建立土地调查制度

《土地管理法》第二十七条规定:"县级以上人民政府土地行政主管部门会同同级有关部门进行土地调查。土地所有者或者使用者应当配合调查,并提供有关资料。"

(二)国家建立土地统计制度

《土地管理法》第二十九条规定:"县级以上人民政府土地行政主管部门和同级统计部门共同制定统计调查方案,依法进行土地统计,定期发布土地统计资料,土地所有者或者使用者应当提供有关资料,不得虚报、瞒报、拒报、迟报。土地行政主管部门和统计部门共同发布的土地面积统计资料是各级人民政府编制土地利用总体规划的依据。"

(三)国家实行土地登记制度

《土地管理法实施条例》第三条规定:"国家依法实行土地登记发证制度。依法登记的土地所有权和土地使用权受法律保护,任何单位和个人不得侵犯。"

由县级以上人民政府对所管辖的土地进行登记造册。属于国有土地的,核发《国有土地使用证》;属于集体土地的,核发《集体土地所有证》;使用集体土地的,核发《集体土地使用证》。

(四)国家实行土地有偿有限期使用制度

除了国家核准的划拨土地以外,凡新增土地和原使用的土地改变用途或使用条件、进行市场交易等,均实行有偿有限期使用制度。

(五)国家实行土地用途管制制度

国家编制土地利用总体规划,规定土地用途,将土地分为农用地、建设用地和未利用地。土地用途的变更须经有批准权的人民政府核准。严格限制农用地转为建设用地,控制建设用地总量,对耕地实行特殊保护。

(六)国家实行耕地保护制度

非农业建设经批准占用耕地的,按照"占多少,垦多少"的原则,由占用耕地的单位负责开垦与所占用耕地的数量和质量相当的耕地;没有条件开垦或者开垦的耕地不符合要求的,应当按照省、自治区、直辖市的规定缴纳耕地开垦费,专款用于开垦新的耕地。

国家保护耕地,严格控制耕地转为非耕地。

(七)国家实行基本农田保护制度

各省、自治区、直辖市划定的基本农田应当占本行政区域内耕地的80%以上。基本农田保护区以乡(镇)为单位进行划区定界,由县级人民政府土地行政主管部门会同同级农业行政主管部门组织实施。下列耕地应当根据土地利用总体规划划入基本农田保护区,严格管理:

(1)经国务院有关主管部门或者县级以上地方人民政府批准确定的粮、棉、油生产基地内的耕地。

(2)有良好的水利与水土保持设施的耕地,正在实施改造计划以及可以改造的中、低产田。

(3)蔬菜生产基地。

（4）农业科研、教学试验田。

（5）国务院规定应当划入基本农田保护区的其他耕地。

三、取得国有土地使用权的途径

按照国家有关规定，取得土地使用权的途径主要有以下几种：

（1）通过行政划拨方式（含征用集体土地）取得。

（2）通过国家出让方式取得。

（3）通过房地产转让方式取得（如买卖、赠与或者其他合法方式）。

（4）通过土地或房地产租赁方式取得。

第二节　集体土地征收

土地征收是 2004 年《宪法》修正后的新词汇。所谓土地征收，是指国家为了社会公共利益的需要，依据法律规定的程序和批准权限，并依法给予农村集体经济组织及农民补偿后，将农民集体所有土地变为国有土地的行为。

在日常生活中，人们常常混淆了"土地征收"和"土地征用"这两个概念，主要原因是在实践中人们还存有模糊认识，认为二者没有实质区别，只是表述不同。实际上，二者既有共同之处，又有不同之处。共同之处在于，二者都是为了公共利益需要，都要经过法定程序，都要依法给予补偿。不同之处在于，征收的法律后果是土地所有权的改变，土地所有权由农民集体所有变为国家所有；征用的法律后果只是使用权的改变，土地所有权仍然属于农民集体，征用条件结束需将土地交还给农民集体。简言之，涉及土地所有权改变的属于征收；不涉及所有权改变的属于征用。

《宪法》第十条规定："国家为了公共利益的需要，可以依照法律规定对土地实行征收或者征用并给予补偿"。征收集体土地有以下三个特点：

（1）征收的强制性

征地是国家的特有行为，被征地单位必须服从，不得提出异议。

（2）经济补偿性

国家要妥善安置被征地单位人员的生产和生活，由用地单位向被征地单位给予经济补偿。

（3）权属变更性

被征收的土地的所有权发生转移，由集体土地变为国有土地。

一、征收集体土地时应遵循的原则

在征收土地时，土地管理部门和用地单位必须严格遵循以下原则：

（一）珍惜耕地，合理利用土地的原则

土地是人类赖以生存、繁衍、发展的基础，它具有有限性和不可再生性，是最珍贵的自然资源，也是最宝贵的物质财富。被马克思称为"英国政治经济学之父"的威廉·配第

(W. Petty,1623～1687)提出:"土地为财富之母,而劳动则为财富之父。"中国是个人口大国,拥有占世界7％的土地,却要养活占世界22％的人口,人均耕地紧缺,而且可开垦的耕地后备资源不足。中国近年来因为各项建设的需要,每年大约要征收350万～750万亩耕地,这使得人地矛盾日益加剧。因此,在征收土地时,必须坚持"十分珍惜每寸土地,合理利用每寸土地"的基本国策,贯彻落实"一要吃饭、二要建设、三要保护环境"的方针。

(二)保证国家建设用地的原则

征收土地特别是耕地,必然会给被征地单位和农民带来一定的影响,但是为了国家的整体利益和长远利益,要求被征地的单位和农民要顾全大局,优先保证国家的建设用地。要反对两个极端:一是以节约为由,拒绝国家征收土地;二是大幅度提高征地费用,限制征收土地。

(三)妥善安置被征地单位和农民的原则

妥善安置主要包括以下五个方面:一是要给征地单位安排生产用地;二是要妥善安置征地范围内的拆迁户;三是要对征收的土地适当补偿;四是要对因征地给农民造成的损失适当补偿;五是要对征地造成的剩余农民劳动力适当安排。中国各地的情况差异较大,补偿、补助标准很难确定,更不能"一刀切",但是补偿、补助要适度,既不能因为征地降低被征地生产单位的生产水平和农民的个人生活水平,也不能因为征地而过大提高农民的生活水平。

(四)有偿使用土地的原则

有偿使用土地是土地使用制度改革的核心,也是管好土地、节约用地、合理用地的经济手段。目前有偿使用土地的形式有:土地使用权出让、土地租赁、土地使用权作价入资、入股等。限于客观原因,目前中国还没有完全实行有偿使用土地,仍在实行双轨制,即土地使用权有偿出让和土地使用权划拨两种制度并存。

(五)依法征地的原则

征地是政府行为,建设单位征用土地必须根据国家的有关规定和要求,持有国家主管部门或者县级以上人民政府批准的证书或文件,并按照征收土地的程序和法定的审批权限,在依法办理了征收手续后,才能合法用地。

二、征收集体土地的政策规定

《土地管理法》对征收集体土地的有关问题作了明确规定,主要包括:

(一)征收土地的范围

国家进行经济、文化、国防建设以及兴办社会公共事业和列入固定资产投资计划用地的,经有批准权的人民政府批准后可以征收集体土地,被征地单位和个人应服从国家需要,不得阻挠。建设单位征收的集体土地,其土地所有权属于国家,用地单位只有土地使用权。

(二)征收土地批准权限的规定

(1)征收土地实行两级审批制度,即国务院审批和省级人民政府审批。

(2)征收农用地的,应先办理农用地转用手续,同时办理征地审批手续。

(3)基本农田、基本农田以外的耕地超过35公顷的、其他土地超过70公顷的,由国务院审批。

（4）其他用地和已经批准农用地转用范围内的具体项目，由省级人民政府审批并报国务院备案。

（三）建设单位申请证地的规定

一个建设项目需要征收的土地，应当根据总体设计一次申请批准，不得化整为零。分期建设的项目，应当分期征地，不得先征待用。铁路、公路和输油、输水等管线建设需要征收的土地，可以分段申请批准，办理征地手续。

（四）证地补偿

征收土地时，由用地单位支付土地补偿费、安置补助费、地上附着物和青苗补偿费，以对被征地单位和农民进行安置、补偿和补助。

（五）临时用地的审批

工程项目施工时，需要材料堆放场地、运输通路和其他临时设施的用地，应尽可能在征收的土地范围内安排，确实需要另行增加临时用地的，由建设单位向批准工程项目用地的机关提出临时用地的数量和期限的申请，经批准后，同土地所有权单位签订临时用地协议后方可用地。临时使用土地的期限最多不得超过 2 年，并不得改变批准的用途，不得从事生产性、营业性或其他经营性活动，不得修建永久性建筑。

（六）联营企业使用的集体土地的审批

全民所有制企业、城镇集体所有制企业同农村集体经济组织共同投资兴办的联营企业所使用的集体土地，必须持县级以上人民政府按照国家基本建设程序批准的设计任务书或者其他批准文件，由联营企业向县级以上人民政府土地管理部门提出申请，按照国家建设用地的批准权限，经有批准权的人民政府批准；经批准使用的土地，可以按照国家建设用地的规定征收，也可以由农村集体经济组织按照协议将土地使用权作为联营条件。农村集体经济组织按协议将土地使用权作为联营条件的，可以不计算土地补偿费和各种补助费。

（七）证地公告

被征收土地所在的市、县人民政府，在收到征收土地方案后 10 日内，应以书面或其他形式进行公告。未进行征地、补偿、安置公告的，被征地单位和个人，有权拒绝办理征地相关手续。

1. 征收土地的公告内容

（1）征收批准机关、文号、时间和用途。

（2）被征收土地的所有权人、位置、地类和面积。

（3）征地补偿标准和农业人口安置途径。

（4）办理征地补偿的期限、地点。

2. 征地补偿安置方案公告的内容

（1）被征收土地的位置、地类、面积、地上附着物和青苗的种类、数量，需要安置的农业人口的数量。

（2）土地补偿费的标准、数量、支付对象和方式。

（3）安置补助费的标准、数量、支付对象和方式。

(4)地上附着物和青苗的补偿标准和方式。

(5)农业人口具体的安置途径。

(6)其他有关征地补偿安置的措施。

(八)证地补偿费的管理和使用

建设用地单位支付的各种劳动力的就业补助和应发的各种补偿及其他费用,应按有关规定管理和使用。各级人民政府和土地管理部门,应严格监督征地费用的管理和使用,任何单位和个人均不得占用或挪作他用。

(1)耕地占用税用于土地开发和农业发展。

(2)菜地基金、土地复垦费、土地荒芜费、防洪费用于菜地开发建设和土地的调整和治理。

(3)征地管理费用于土地管理部门的各种业务开支。

三、征收集体土地补偿的范围和标准

根据《土地管理法》的规定,征用耕地的补偿费用包括土地补偿费、安置补助费以及地上附着物和青苗补偿费。

(一)土地补偿费

土地补偿费是征地费用的主要部分,其标准为:

(1)征收耕地的土地补偿费为该耕地被征收前3年平均年产值的6～10倍。

(2)征收其他土地的补偿费标准由省、自治区、直辖市参照征收耕地的补偿费标准规定。

(二)安置补助费

安置补助费是指为了安置因征地造成的农村剩余劳动力的补助费。安置补助费按照需要安置的农业人口数计算,其数量是被征收的耕地的数量除以征地前被征地单位平均每人占有的耕地数量。每一个需要安置的农业人口的安置补助费标准为该耕地被征收前3年平均年产值的4～6倍。但每公顷被征用耕地的安置补助费最高不得超过被征用前3年平均年产值的15倍。

在人均耕地特别少的地区,按上述标准支付的土地补偿费和安置补助费,尚不能使需要安置的农民保持原有生活水平的,经省级人民政府批准,可以增加安置补助费。但土地补偿费和安置补助费之和不得超过土地被征用前3年平均年产值的30倍。

征收其他土地的安置补助费标准由省、自治区、直辖市参照征收耕地的安置补助费标准规定。

(三)地上附着物和青苗补偿费

地上附着物是指依附于土地上的各类地上、地下建筑物和构筑物,如房屋、树木、水井、各种管线等。青苗是指被征收土地上正处于生长阶段的农作物。

征收城市郊区的菜地时,用地单位还应当按照国家有关规定缴纳新菜地开发建设基金。城市郊区的菜地是指连续3年以上常年种菜或养殖鱼、虾的商品菜地和精养鱼塘。

被征用土地上的附着物和青苗补偿费标准由省、自治区、直辖市规定。

（四）临时用地补偿费

征收经批准的临时用地时，应同农村集体经济组织签订临时用地协议，并按该土地前3年平均年产值逐年给予补偿。但临时用地补偿费最高不得超过按征收该土地标准计算的土地补偿费和安置补助费的总和。

（五）土地补偿费、安置补助费的管理与使用

土地补偿费归农村集体组织所有；地上附着物和青苗补偿费归其所有者所有。由农村集体组织安置的人员，安置补助费由农村集体经济组织管理和使用；由其他单位安置的人员，安置补助费支付给安置单位；不需要统一安置的人员，安置补助费发放给个人。

四、征收集体土地的工作程序

根据《土地管理法实施条例》和《建设用地审查报批管理办法》的有关规定，征收土地的工作程序是：

（一）用地申请

建设单位持经批准的设计任务书或初步设计、年度基本建设计划以及地方政府规定需要提交的相应材料、证明和图件，向土地所在地的县级以上地方人民政府土地管理部门申请建设用地，同时填写建设用地申请表，并附下列材料：

（1）建设单位有关资质证明。

（2）项目可行性研究报告批复或其他有关批准文件。

（3）土地行政主管部门出具的建设项目用地预审报告。

（4）初步设计或者其他有关材料。

（5）建设项目总平面布置图。

（6）占用耕地的，提出补充耕地的方案。

（7）建设项目位于地质灾害地区的，应提供地质灾害危险性评估报告。

（8）提供有效的地价评估报告。

（二）受理申请并审查

县级以上人民政府土地行政管理部门负责建设用地的申请、审查、报批工作，对应受理的建设项目，在30日内拟定农用地转用方案、补充耕地方案、征地方案和供地方案，编制建设项目用地呈报说明书，经同级人民政府审核同意后报上一级土地管理部门审查。

（三）审批用地

有批准权的人民政府土地行政管理部门收到上报土地审批文件后，在按规定征求有关部门意见后，应实行土地管理部门内部会审制度审批土地。

（四）征地实施

经批准的建设用地，由被征收土地所在地的市、县人民政府组织实施。

（1）发布征地公告。征地公告的内容包括：批准征地的机关、文号、土地用途、范围、面积、征地补偿标准、农业人口安置办法和办理补偿的期限等。

（2）支付土地补偿费、地上附着物和青苗补偿费。

（3）安置农业人口。

（4）征收用地单位的税费。

（5）协调征地争议。

（五）签发用地证书

(1)有偿使用土地的,应签订土地使用合同。

(2)以划拨方式使用土地的,向用地单位签发国有土地划拨决定书和建设用地批准书。

(3)用地单位持土地证书办理土地登记。

（六）征地批准后的实施管理

建设用地批准后,在颁发土地使用权证书之前,要进行跟踪和管理,主要任务是:

(1)会同有关部门落实安置措施。

(2)督促被征地单位按期移交土地。

(3)处理征地过程中的各种争议。

(4)填写征地结案报告。

（七）颁发土地使用权证书

建设项目竣工验收后,用地单位应向当地土地管理部门提出土地登记申请,经测绘部门测绘、核定用地面积并确认土地权属界限,地籍管理部门注册登记后,由人民政府颁发土地使用证书,作为使用土地的法律凭证。

（八）建立征收土地的档案

(1)整理和收集征收土地过程中形成的各种文件。

(2)收集存档的文件一律要用原件。

(3)市、县范围内的土地档案应统一格式。

第三节　建设用地

建设用地分为国有建设用地和集体所有建设用地两类。

一、建设用地范围

（一）国有建设用地范围

(1)目前属于国家所有的建设用地包括城市市区内土地、城市规划区外现有铁路、公路、机场、水利设施、军事设施、工矿企业使用的国有土地以及国有农场内的建设用地等。

(2)依法征收的原属于农民集体所有的建设用地和办理了农用地转用和征收的农民集体所有的农用地。

(3)依法办理农用地转用的国有农用地。

（二）可以使用的集体所有建设用地范围

(1)兴办乡镇企业使用本集体经济组织农民集体所有的土地。

(2)农村村民建造住宅使用本集体经济组织农民集体所有的土地。

(3)乡镇村公共设施和公益事业建设使用农民集体所有的土地。

二、建设用地的审批程序

(一)用地预审

在进行建设项目可行性研究论证时,建设单位必须向土地行政主管部门提出建设用地预审申请。在进行可行性研究报告报批时,必须附具土地行政主管部门出具的建设项目用地预审报告。凡应进行预审的建设项目而未申请预审的,市、县人民政府土地行政主管部门不受理建设用地申请。

建设单位提出预审申请时,应当提交的材料有:

(1)申请预审的正式文件。

(2)项目建议书批复文件。

(3)建设项目可行性研究报告,其中应包含规划选址情况、用地总规模和用地类型等。

(4)单独选址的建设项目。拟占用地质灾害防治规划确定的地质灾害易发区内的土地的,还应当提供地质灾害危险性评估报告。

(二)申请用地

建设单位应持建设项目的有关批准文件,向市、县人民政府土地行政主管部门提出建设用地申请,并由其审查。建设单位提出用地申请时,应填写建设用地申请表,并附下列材料:

(1)建设单位有关资质证明。

(2)项目可行性研究报告批复或者其他有关批准文件。

(3)土地行政主管部门出具的建设项目用地预审报告。

(4)初步设计或者其他有关材料。

(5)建设项目总平面布置图。

(6)占用耕地的,必须提出补充耕地方案。

(7)建设项目位于地质灾害地区的,应提供地质灾害危险性评估报告。

(三)上报审批

市、县人民政府土地管理对材料齐全、符合条件的建设用地申请,在收到申请之日起30日内拟定农用地转用方案、补充耕地方案、征收土地方案和供地方案,报市、县人民政府批准;需要上级人民政府批准的,应当报上级人民政府批准。各项方案经批准后,同级土地行政主管部门应当在收到批件后5日内将批复发出。

(四)组织实施

经批准的农用地转用方案、补充耕地方案、征收土地方案和供地方案,由土地所在地的市、县人民政府组织实施。在土地利用总体规划确定的城市建设用地范围内,为实施城市规划占用土地的,经依法批准后,市、县人民政府土地行政主管部门应当公布规划要求与使用条件,确定使用方式,并组织实施。

(五)颁发建设用地批准书

以有偿使用方式取得国有土地使用权的,由市、县人民政府土地管理部门与土地使用者签订土地有偿使用合同,并向建设单位颁发建设用地批准书。土地使用者缴纳土地有偿使用费后,可依照规定办理土地登记。以划拨方式取得国有土地使用权的,市、县人民政府土地管理部门向用地单位颁发《国有土地划拨决定书》和《建设用地批准书》，并依照规定办理土地登记。

通过招标、拍卖、挂牌方式取得国有建设用地使用权的，由市、县人民政府土地管理会同有关部门拟定方案，报人民政府批准后，由市、县人民政府土地管理部门组织实施，并与土地使用者签订土地有偿使用合同。

三、集体所有建设用地的使用规定

(一)使用集体所有建设用地应符合乡镇土地利用总体规划

乡镇土地利用总体规划是村庄、集镇及其他村镇设施建设用地的最高规划，一切乡镇建设都必须服从之。按照《土地管理法》的规定，乡镇土地利用总体规划将划分土地利用区，根据土地使用条件，确定每一块土地的用途，并予以公告。乡镇企业、乡镇村公共设施、公益事业和农村村民建造住宅都应使用土地利用总体规划的规划用地区内的土地，农村道路、水利设施等需要使用规划用地区外的土地的，应符合土地用途的要求，否则将被视为违反土地利用总体规划，是不允许的。

(二)使用集体所有建设用地必须符合土地利用年度计划

国家将每年下达土地利用年度计划，控制建设用地的总量，乡镇企业、乡镇村公共设施、公益事业、农村村民建造住宅也不能突破土地利用年度计划确定的控制指标。

(三)使用集体所有建设用地应符合村庄、集镇规划

根据国务院颁布的《村庄和集镇规划建设管理条例》的规定，在村庄和集镇规划建设区内的建设都应服从村庄和集镇规划，并在取得村庄和集镇规划行政主管部门的同意后方可申请用地。

(四)使用集体所有建设用地的原则

乡镇企业、乡镇村公共设施、公益事业和农村村民建造住宅必须坚持合理布局、综合开发、配套建设的原则，涉及占用农用地时，还必须办理农用地转用审批手续。

四、临时用地

临时用地是指在建设过程中或勘查、勘测过程中一些暂设工程和临时设施所需临时使用的城市内空闲地、农用地和未利用地。临时用地有两类：一类是工程建设施工临时用地，包括工程建设施工中设置的临时加工车间、修配厂、搅拌站、预制场、材料堆场、运输道路和其他临时设施用地以及工程建设过程的取土、弃土用地；另一类是地质勘查过程中的临时用地，包括厂址、坝址、铁路、公路选址等需要对工程地质、水文地质情况进行勘测，探矿、采矿需要对矿藏情况进行勘查、勘探而需临时使用的土地。临时用地必须办理报批手续，由县级以上人民政府土地管理部门批准。

(一)临时用地报批

在城市规划区的临时用地应先经城市规划行政主管部门同意；建设项目施工和地质勘查需要临时使用国有土地或者农民集体所有土地的，报县级以上人民政府土地管理部门批准。

（二）签订临时用地合同

临时用地被批准后,应当签订临时用地合同,并给土地的所有权人和原使用权人的损失予以合理补偿。临时用地合同是约定土地所有权人和临时用地的使用权人的权利、义务的规范文件。

（三）临时用地的使用

临时使用土地者应当按照合同约定的用途使用土地,临时用地只能是临时使用的行为,不能将临时用地改为永久建设用地。不得修建永久性的建筑物及其他设施。使用结束后,应将土地的临时建设的设施全部拆除,恢复土地的原貌,并交还给原土地所有权人或使用权人。临时用地的使用期限一般不超过 2 年。

抢险救灾等急需使用土地的,可以先行使用土地。其中属于临时用地的,灾后应当恢复原状并交还原土地使用者使用,不再办理用地审批手续;属于永久性建设用地的,建设单位应当在灾情结束后 6 个月内补办建设用地审批手续。

第四节 国有土地使用权出让

一、国有土地使用权出让的概念及特征

（一）土地使用权出让的概念

国有土地使用权出让是指国家将国有土地使用权在一定年限内出让给土地使用者,由土地使用者向国家支付土地使用权出让金的行为。国有土地使用权出让金是指通过有偿有限期出让方式取得土地使用权的受让者,按照合同规定的期限,一次或分次提前支付的整个使用期间的地租。

（二）国有土地使用权出让的特征

（1）国有土地使用权出让也称批租或土地一级市场,由国家垄断,任何单位和个人不得出让土地使用权。

（2）经出让取得土地使用权的单位和个人,在土地使用期内没有所有权,只有使用权,在使用土地期限内对土地拥有使用、占有、收益、处分权;土地使用权可以进入市场,可以依法进行转让、出租、抵押等经营活动,但地下埋藏物归国家所有。

（3）土地使用者只有向国家支付了全部土地使用权出让金后才能领取土地使用权证书。

（4）集体土地没有征收成为国有土地的不得出让。

（5）土地使用权出让是国家以土地所有者的身份与土地使用者之间关于权利、义务的经济关系,具有平等、自愿、有偿、有限期等特点。

二、国有土地使用权出让政策

（一）国有土地使用权出让方式

国有土地使用权出让必须符合土地利用总体规划、城市规划和年度建设用地计划,根

据省、市人民政府下达的控制指标,拟定年度出让国有土地总方案,并有计划、有步骤地进行。出让的每幅地块、面积、年限和其他条件,由市、县人民政府土地管理部门会同城市规划、建设、房产管理部门共同拟定,由市、县人民政府土地管理部门实施。

根据 2002 年国土资源部颁发的《招标拍卖挂牌出让国有建设用地使用权规定》,国有土地使用权出让的方式有以下四种:

1. 招标方式

招标方式是指土地所有者向多方土地使用者(投标者)发出投标邀请,通过各投标者设计标书的竞争,来确定土地使用权受让人的方式。其特点是有利于公平竞争,适用于需要优化土地布局及重大工程的较大地块的出让。

2. 拍卖方式

拍卖方式是指按指定时间、地点,在公开场所出让方通过叫价方式将土地使用权拍卖给出价最高者的方式。其特点是有利于公平竞争,适用于区位条件好、交通便利的闹市区以及土地利用上有较大灵活性的地块的出让。

3. 协议方式

协议方式是指政府作为土地所有者与选定的受让方磋商用地条件及价款,达成协议并签订土地使用权出让合同,有偿出让土地使用权的方式。其特点是自由度大,不利于公平竞争。这种方式适用于公共福利事业和非营利性的社会团体、机关单位用地和某些特殊用地。

4. 挂牌方式

挂牌方式是指土地出让人发布挂牌公告,按公告规定的期限,将拟定出让土地的交易条件在指定的土地交易所挂牌公告,接受竞买人的报价并更新挂牌价格,根据挂牌期限截止时的出让结果确定土地使用者行为的方式。

土地使用权出让应有一套完整的工作程序,具体的程序和步骤由省、自治区、直辖市人民政府规定。商业、旅游、娱乐和商品住宅用地必须采取拍卖、招标或挂牌方式出让。

(二)国有土地使用权的出让年限

《城镇国有土地使用权出让和转让暂行条例》规定了各类用途的国有土地使用权出让最高年限:居住用地 70 年;工业用地 50 年;教育、科技、文化卫生、体育用地 50 年;商业、旅游、娱乐用地 40 年;综合用地或其他用地 50 年。

(三)国有土地使用权的收回

国家收回土地使用权的原因主要有以下几种:

1. 土地使用权届满的收回

土地使用权出让合同约定的使用年限届满后,土地使用者未申请续期或申请续期未批准,国家应无偿收回土地使用权。

2. 国家根据社会公共利益的需要

在特殊情况下,国家根据社会公共利益的需要,可以依照法律程序提前收回土地使用权,但在收回时应根据土地使用者使用土地的实际年限开发程度、利用土地的实际情况给予适当补偿。

3. 因土地使用者不履行土地使用权出让合同而收回土地使用权

土地使用者不履行土地使用权出让合同而收回土地使用权有以下两种情况:一是未如期支付地价款的,在签约时应缴纳一定比例的地价款作为定金,60 日内应支付全部地价款,逾期未全部支付地价款的,出让方依照法律和合同约定,收回土地使用权并不退定金;二是土地使用者未按合同约定的期限和条件开发和利用土地的,由县级以上人民政府土地管理部门予以纠正,并根据情节给予警告、罚款,直至无偿收回土地使用权。

4. 司法机关决定收回土地使用权

因为土地使用者触犯国家法律,不能继续履行合同或者司法机关决定没收其全部财产的,收回土地使用权。

(四)国有土地使用权终止

1. 因土地使用权出让合同规定的使用年限届满收回而终止

土地使用权出让合同规定的使用年限届满时,土地使用权及其他地上建筑物、其他附着物所有权由国家无偿取得。土地使用者应当交还土地使用证书,并依照规定办理注销登记。

2. 土地使用权因土地灭失而终止

土地灭失是指由于自然原因造成原土地性质的彻底改变或原土地面貌的彻底改变,诸如地震、水患、塌陷等自然灾害引起的不能使用土地而终止。

3. 因土地使用者的抛弃而终止

由于政治、经济、行政等原因,土地使用者抛弃使用的土地,致使土地使用合同失去意义或无法履行而终止土地使用权。

(五)国有土地使用权续期

土地使用权出让合同约定的使用年限届满后,土地使用者需要继续使用土地的,应当至迟于期限届满前 1 年向土地管理部门提出申请,经批准续期的,应当重新签订土地使用权出让合同,按规定支付地价款并更换土地权属证书。

三、国有土地使用权出让合同

土地使用权出让时,由市、县人民政府土地管理部门与土地使用者签订书面土地使用权出让合同。

(一)土地使用权出让合同的主要内容

1. 合同的正本、副本

合同的正本、副本包含的内容有:签约双方当事人;出让地块的位置、面积、界线等自然情况;地价款数额、定金、支付方式和期限;土地使用期限;动工及开发期限;取得土地使用权的方式及违约责任等。

2. 土地使用权出让合同附件

土地使用权出让合同附件包含的内容有:地块四至平面图、界桩定点、土地利用要求、城市建设管理要求、建设要求、建筑面积、限高、绿化率、建筑比例等。

3. 补充合同

补充合同包含的内容有:双方在土地使用权出让格式合同中尚未包括的未尽事宜,合同文本需要变换的事项等。

（二）土地使用权出让合同的履行

（1）用地单位必须按合同约定开发使用土地，超过出让合同约定的动工开发日满1年未动工开发的，按地价款的20%以下征收土地闲置费；满2年未动工开发的，可无偿收回土地使用权。因不可抗力或者政府行为或者动工开发必需的前期工作造成动工开发迟延的除外。

（2）用地单位改变土地利用条件及用途前，必须取得出让方和市、县人民政府城市规划行政管理部门的同意，变更或重新签订出让合同并相应调整地价款。

（三）土地使用权出让合同的解除

（1）在签订出让合同后，土地使用者应缴纳定金并按约定期限支付地价款，未按出让合同支付地价款的，土地管理部门有权解除合同，并可以请求违约赔偿。

（2）土地管理部门未按出让合同约定的时间提供土地的，土地使用者有权解除合同，由土地管理部门返还地价款并可以请求违约赔偿。

四、国有土地使用权的出让管理

（一）管理权限

国有土地使用权的出让由市、县人民政府负责，有计划、有步骤地进行。土地使用权出让的地块、用途、年限和其他条件，由市、县人民政府土地管理部门会同城市规划和建设管理部门、房地产管理部门共同拟定方案，按照国务院规定的批准后，由土地管理部门实施。

（二）出让缴纳

土地使用者应当在签订土地使用权出让合同后60日内，支付全部土地使用权出让金。逾期未全部支付的，出让方有权解除合同，并可请求违约赔偿。出让方应当按照合同规定，提供出让的土地使用权。未按合同规定提供土地使用权的，土地使用者有权解除合同，并可请求违约赔偿。土地使用者在支付全部土地使用权出让金后，应当按照规定办理登记，领取土地使用权证书，取得土地使用权。

第五节　国有土地使用权划拨

一、土地使用权划拨的含义

土地使用权划拨是指县级以上人民政府依法批准，在用地者缴纳补偿、安置等费用后将该幅土地交其使用，或者将土地使用权无偿交给土地使用者使用的行为。

（1）划拨土地使用权包括土地使用者缴纳拆迁、安置、补偿费用和无偿取得两种形式。

（2）除法律、法规另有规定外，划拨土地没有使用期限的限制，但未经许可不得进行转让、出租、抵押等经营活动。

（3）取得划拨土地使用权时，必须经有批准权的人民政府核准并按法定的工作程序办理手续。

（4）对在城市范围内的土地和城市范围以外的国有土地，除出让土地以外，均按划拨土地进行管理。

二、划拨土地使用权的范围

下列建设用地可由有批准权的人民政府依法划拨土地使用权：

（1）国家机关用地和军事用地。

（2）城市基础设施和公用事业用地。

（3）国家重点扶持的能源、交通、水利等项目用地。

（4）法律、行政法规规定的其他用地。

三、划拨土地的管理

《城市房地产管理法》和《城镇国有土地使用权出让和转让暂行条例》对划拨土地使用权的管理有以下规定：

（一）划拨土地使用权可以依法转让

划拨土地的转让有以下两种规定：

（1）报有批准权的人民政府审批，准予转让的应当由受让方办理土地使用权出让手续，并依照国家有关规定缴纳土地使用权出让金。

（2）可不办理出让手续的，转让方应将所获得的收益中的土地收益上缴国家。

（二）划拨土地使用权可以依法出租

（1）房产所有人以营利为目的，将划拨土地使用权的地上建筑物出租的，应当将租金中所含土地收益上缴国家。

（2）用地单位发生转让、出租、企业改制和改变土地用途等不宜办理土地出让的，可实行租赁。

（3）租赁时间超过6个月的，应签订租赁合同，合同期限不得超过出让年限。

（三）划拨土地使用权可以依法抵押

划拨土地使用权抵押时，其抵押的金额不应包括土地价格，因抵押划拨土地使用权造成土地使用权转移的，应办理土地出让手续并向国家缴纳地价款后才能变更土地权属。

（四）罚则

对未经批准擅自转让、出租、抵押划拨土地使用权的单位和个人，县级以上人民政府土地管理部门应当没收其非法收入，并根据情节处以罚款。

（五）国有企业改革中的划拨土地的处理

1.按土地出让或出租方式处置

（1）国有企业改造或改组为有限责任公司或股份有限公司以及组建企业集团的。

（2）国有企业改组为股份合作制的。

（3）国有企业租赁经营的。

（4）非国有企业兼并国有企业的。

2.继续保留划拨土地使用权

(1)继续作为城市基础设施用地、公益事业用地和国有重点扶持的能源、交通、水利等项目用地,原土地用途不发生改变,但改造或改组为公司制企业的除外。

(2)国有企业兼并国有企业、非国有企业及国有企业合并后的企业是国有企业的。

(3)在国有企业兼并、合并中,一方属于濒临破产企业的。

(4)国有企业改造或改组为国有独资公司的。

上述第(2)~(4)项保留划拨土地方式的期限不超过5年。

(六)划拨土地使用权的收回

国家无偿收回划拨土地使用权的原因有以下几种:

(1)土地使用权者因迁移、解散、撤销、破产或其他原因而停止使用土地。

(2)国家根据城市建设发展的需要和城市规划的要求收回土地使用权。

(3)各级司法部门没收其所有财产而收回土地使用权。

(4)土地使用者自动放弃土地使用权。

(5)未经原批准机关同意,连续2年未使用。

(6)不按批准用途使用土地。

(7)铁路、公路、机场、矿场等核准报废的土地。

国家无偿收回划拨土地使用权时,对其地上建筑物、其他附着物,根据实际情况应给原土地使用权者适当补偿。

第六节　闲置土地的处理

经法定手续,以征收、划拨、出让方式取得土地使用权的单位或个人,未按规定的土地用途利用土地,也未经原批准用地的人民政府同意,超过规定的期限未动工开发的建设用地,视为闲置土地,土地管理部门应对闲置土地及时处置。

一、闲置土地的范围

根据有关规定,下列土地属于闲置土地:

(1)未按建设用地批准书和土地使用权出让合同规定的期限开发利用的。

(2)核准使用的土地,自土地使用权出让合同生效或建设用地批准书颁发之日起满1年未动工开发建设的。

(3)已动工开发,但开发建设面积不足应开发建设面积的1/3,或投资额不足总投资额25%且未经批准中止开发建设连续满1年的。

(4)法律、行政法规有其他规定的。

二、闲置土地的处置方式

(1)延长开发建设期限,但最长不得超过1年。

(2)变更土地用途,办理有关手续后继续开发。

（3）安排临时使用，待原项目具备条件后，重新批准开发，土地增值的，由政府收取增值地价。

（4）政府为土地使用者置换其他闲置土地。

（5）政府采取招标、拍卖、挂牌等方式确定新的土地使用者进行开发建设，对原用地单位给予经济补偿。

（6）政府收回土地，并与土地使用者签订收回土地协议书。

（7）因政府及有关部门行为造成土地闲置的，由政府和用地单位协商处理。

三、征收土地闲置费

在城市规划区范围内，以出让方式取得土地使用权，超过出让合同约定的动工开发日期满1年未动工开发的，可以征收相当于土地使用权出让金20%以下的土地闲置费。

已经办理审批手续的非农业建设占用耕地，1年以上未动工建设的，按省、自治区、直辖市的规定征收土地闲置费。

四、无偿收回土地

未按建设用地批准书和土地使用权出让合同约定的动工开发日期满2年未动工开发的，经原批准机关批准，由县级以上人民政府无偿收回土地使用权并予以公告，下达收回国有土地使用权决定书，终止土地有偿使用合同，撤销国有土地划拨决定书、建设用地批准书，注销土地登记和土地证书。

复习思考题

1. 中国现行的土地制度有哪些？
2. 如何取得国有土地使用权？
3. 征收集体土地时要坚持哪些原则？
4. 征地补偿费主要包括哪几项？其标准如何确定？
5. 国有建设用地的审批程序是什么？
6. 什么是土地使用权出让？土地使用权出让的方式有哪几种？
7. 土地使用权出让的最高年限如何规定？
8. 什么是土地使用权划拨？划拨土地使用权转让、出租、抵押的条件有哪些？
9. 什么是闲置土地？处置闲置土地的方式有哪些？

第三章

城市房屋拆迁管理法律制度

● 案例导入

【案情】

原告:QY 电影公司

被告:杨××

杨××与 QY 电影公司签订了书面租赁合同,合同期限自 2007 年 1 月至 2010 年 10 月。2007 年 2 月,杨××经营的 BLS 影楼开业了,由于杨××既勤劳又善于经营,所以其生意越来越好,到 BLS 影楼拍摄婚纱照的新人络绎不绝,以至于在当地流行这么一句话:"结婚拍照就到 BLS。"杨××每天也忙得乐在其中。2009 年 3 月的一天,杨××突然接到了法院的传票。原来 QY 电影公司为了达到低成本拆迁的目的,向法院提起诉讼并散布该区域即将拆迁的消息,这使得很多原本打算到 BLS 影楼拍摄婚纱照的新人去了其他影楼。BLS 影楼渐渐没有了往日的人气,杨××陷入深深的苦恼之中。他不甘心"人为刀俎,我为鱼肉",于是聘请了专业的拆迁律师宋××,力图挽回损失,取得补偿。

【评析】

宋××了解到法院已经受理了 QY 电影公司的诉讼请求,而且法院的裁决可能对杨××极为不利。因此,当务之急就是找出案件的突破口,促使法院驳回原告的诉讼请求。其入手点是:

(1)宋××分析相关法律、规定后认定,本案应遵循先裁后审的法定程序,故应驳回原告的诉讼请求。

(2)原告所提供的县政府会议纪要不能证明存在拆迁事实,只能证明存在拆迁可能,故应驳回原告的诉讼请求。具体原因包括:其一,拆迁是县政府的原则性意见,最终并没有确定实施该方案;其二,建设项目的立项职权应由发改委行使,县政府已经超越其职权了;其三,该会议纪要只是具体行政行为,不具有法律效力。

因原告所诉不属于法院的受理范围,且无有效证据证明拆迁事实的存在,故法院驳回了原告的诉讼请求。随后,杨××在宋××的协助下向法院提出反诉请求,要求 QY 电影公司赔偿其经济损失 160 万元人民币。

第一节　城市房屋拆迁管理概述

一、城市房屋拆迁的概念

城市房屋拆迁是指取得房屋拆迁许可证的拆迁人,拆迁城市规划区内国有土地上的房屋及其附属物,并对被拆迁房屋的所有人进行补偿或安置的行为。

《城市房屋拆迁管理条例》(国务院令第 305 号,简称《拆迁条例》)规定,城市房屋拆迁是指城市规划区内国有土地上实施房屋拆迁,并需要对被拆迁人补偿、安置的活动。在城市规划区外国有土地上实施房屋拆迁,并需要对被拆迁人补偿、安置的,可参照执行。集体土地上的拆迁行为,按照《土地管理法》及相关法律、法规执行。

拆迁人是指取得房屋拆迁许可证的单位。被拆迁人是指被拆迁房屋的所有人,不包括被拆迁房屋的使用人,但是对使用人的利益要依法保护。拆迁人应当依照规定对被拆迁人给予补偿、安置。被拆迁人应当在搬迁期限内完成搬迁。城市房屋拆迁必须符合城市规划,有利于城市旧区改造和生态环境改善,保护文物古迹。

二、城市房屋拆迁的管理体制

《拆迁条例》规定,城市房屋拆迁管理由国家和地方政府根据事权分级实施。

国家城市房屋拆迁主管机构是指国务院建设行政主管部门,其管理职责是对全国城市房屋拆迁工作实施监督管理。根据国务院批准的"三定"方案的规定,"拟定房屋拆迁的规章制度并监督执行"是其具体职责之一。

地方城市房屋拆迁管理机构是指县级以上地方人民政府负责管理房屋拆迁工作的部门,其管理职责是对本行政区域内的城市房屋拆迁工作实施监督管理。《拆迁条例》规定,房屋拆迁管理部门的监督管理职责包括:房屋拆迁许可证的审批,延期拆迁的审批,拆迁委托合同的备案管理,暂停办理有关手续通知书的发放,延长暂停期限的审批,拆迁裁决,受理强制拆迁的申请,建设项目转让的管理,拆迁补偿安置资金使用的监督,拆迁产权不明房屋的补偿安置方案的审核,对拆迁违法行为的查处以及对接受委托的单位的资格认定等。

县级以上地方人民政府有关部门,例如工商、公安、司法、文化、环境等行政主管部门,在拆迁管理中的职责是依照《拆迁条例》的规定,互相配合,保证房屋拆迁管理工作的顺利进行。

县级以上人民政府土地行政主管部门应当依照有关法律、行政法规的规定,负责与城市房屋拆迁有关的土地管理工作。

三、城市房屋拆迁的工作程序

(一)房屋拆迁申请的提出

《拆迁条例》规定申请领取房屋拆迁许可证的,应当向房屋所在地的市、县人民政府房屋拆迁管理部门提交下列资料:建设项目批准文件;建设用地规划许可证;国有土地使用权批准文件;拆迁计划和拆迁方案;由办理存款业务的金融机构出具的拆迁补偿安置资金证明。

(二)拆迁审批和房屋拆迁许可证的取得

房屋拆迁管理部门收到拆迁申请和规定提交的文件后,应对申请内定进行审查,并对拆迁范围进行现场勘查。审查内容主要包括:申请人提供的文件是否齐全、有效,拆迁范围内是否有受保护不允许拆迁的建筑,拆迁范围内的房屋产权是否明确或有争议,对被拆迁人的补偿、安置是否符合政策规定,补偿、安置方案是否可行,拆迁期限是否合理等。

经审查符合条件的,由房屋拆迁管理部门发给拆迁申请人房屋拆迁许可证,它是房屋拆迁的法律凭证。获得该许可证后,拆迁申请人就成为拆迁人,其拆迁行为受法律保护。

房屋拆迁管理部门在发放房屋拆迁许可证时,应当依照《拆迁条例》的规定向被拆迁人发出房屋拆迁公告。公告要明确建设项目、拆迁人、拆迁范围、拆迁期限等。房屋拆迁管理部门和拆迁人有责任向被拆迁人做好拆迁宣传和政策解释工作。

(三)拆迁协议

《拆迁条例》规定,拆迁人与被拆迁人必须在规定的期限内,就有关问题签订书面协议,以协议的形式确定拆迁当事人双方的权利和义务。拆迁补偿、安置协议是约定拆迁当事人之间民事权利与义务关系的合同,对当事人具有法律约束力。当事人应当按照约定履行自己的义务,不得擅自变更或者解除协议。协议签订后是否公证,由双方当事人自主选择,但是拆迁代管房屋时,必须经公证机关公证。

拆迁补偿、安置协议的主要内定包括补偿方式、补偿金额、安置房面积和安置地点、搬迁期限、搬迁过渡方式和过渡期限、违约责任、解决争议的办法等条款。

(四)拆迁的实施

拆迁的实施方式有两种:自行拆迁和委托拆迁。自行拆迁是指拆迁人自己实施拆迁工作,包括对被拆迁人进行拆迁动员,组织签订和实施补偿、安置协议,组织拆迁房屋及附属物等。委托拆迁是指拆迁人自己不承担拆迁工作,而是把拆迁工作委托给具有拆迁资格的单位承担。这种方式有利于节约人力、物力和财力,可减轻建设单位前期工作的负担。因此,大多数拆迁人通过委托拆迁方式拆迁。拆迁人委托拆迁时,应当同被委托的拆迁单位订立拆迁委托合同,并出具委托书。

(五)拆迁补偿、安置资金的监管

为了避免拆迁人出具虚假证明及抽逃拆迁补偿、安置资金,损害被拆迁人的利益,政府必须加强对拆迁补偿、安置资金的监督管理。《拆迁条例》规定,申请领取房屋拆迁许可证时,应当向房屋所在地的市、县人民政府房屋拆迁管理部门提交由办理存款业务的金融机构出具的拆迁补偿、安置资金证明,并规定"拆迁人实施房屋拆迁的补偿、安置资金应当全部用于房屋拆迁的补偿、安置,不得挪作他用";"县级以上地方人民政府房屋拆迁管理部门应当加强对拆迁补偿、安置资金使用的监督"。

四、城市房屋拆迁应遵循的原则

城市房屋拆迁应遵循的原则包括:符合城市规划、土地利用总体规划原则;有利于改造城市旧区原则;有利于改善生态环境原则;有利于保护文物古迹原则。

第二节　城市房屋拆迁补偿、安置

一、补偿对象

为了保证被拆迁房屋所有人的合法权益,根据《宪法》规定,拆迁人应当对被拆迁房屋所有人给予补偿。补偿对象是被拆迁房屋所有人,而不是使用人,包括公民、法人和其他组织。

二、补偿方式

房屋拆迁补偿有两种方式:货币补偿和房屋产权调换。

(一)货币补偿

货币补偿是指拆迁人将被拆迁房屋的价值以货币结算方式补偿给被拆迁房屋的所有人。货币补偿的金额按照被拆迁房屋的区位、用途、建筑面积等因素,以房地产市场评估价确定。

(二)房屋产权调换

房屋产权调换是指拆迁人用自己建造或购买的房屋与被拆迁房屋进行产权调换,并按拆迁房屋的市场价格与调换房屋的市场评估价进行结算、结清产权调换差价的行为。

但拆迁非公益事业房屋的附属物,不可进行房屋产权调换,而应由拆迁人给予货币补偿。

三、补偿标准

《拆迁条例》规定的拆迁货币补偿的基本原则是等价有偿,采取的办法是根据被拆迁房屋的区位、用途、建筑面积等因素,用房地产市场评估的方式确定。

《拆迁条例》规定以原房屋的房地产市场评估价确定其价值,符合市场经济的客观要求。房地产价格评估是指房地产估价人员根据估价目的,遵循估价原则,选择适当的估价方法,并在综合分析影响房地产价格因素的基础上,对房地产估价时点的客观合理价格或价值进行估算和判定的活动。影响被拆迁房屋的市场评估价的主要因素有:

(一)区位

区位是指某一房屋的地理位置,主要包括在市场或区域中的地位,与其他区域往来的便捷性,与重要场所(如市中心、机场、港口、车站、政府机关、学校、医院等)的距离,周围环境、景观等。区位对房地产价值的决定作用极其重要。两宗实物与权益相同的房地产,若其区位不同,则其价值相差很大。

(二)用途

用途是指被拆迁房屋所有权证书上标明的用途,房屋所有权证书上未标明用途的,以产权档案中记录的用途为准,产权档案也未记录用途的,以实际用途为准。实际用途的界定以是否依法征得规划等部门同意,是否取得合法手续为依据。

（三）其他影响因素

在其他影响因素中，对于区位、用途、建筑面积、成新率、权益状况、建筑结构形式、使用率等，都应在评估时考虑，而对楼层、朝向等可以通过调整系数来确定。

四、产权调换房屋差价的结算

产权调换注重房屋的价值。尽管以实物形式体现，但实质上是按等价交换原则，由拆迁人按被拆迁房屋的市场评估价对被拆迁人进行补偿，再由被拆迁人按市场价购买拆迁人提供的产权调换房屋，被拆迁房屋的市场评估价与产权调换房屋的市场价进行差价结算，多退少补。

不论是实行货币补偿，还是实行房屋产权调换，都必须遵循一个基本原则，即等价原则。

五、拆迁安置

对于拆迁租赁房屋，《拆迁条例》规定了解除租赁协议的处理方式：由拆迁人对房屋所有人进行补偿，由房屋所有人对承租人进行安置。拆迁补偿前已经解除了租赁协议或出租人对承租人进行了安置的，实质上相当于非租赁房屋的补偿、安置，根据《拆迁条例》的规定，对房屋所有人进行补偿、安置；当出租人与承租人对解除租赁关系达不成协议时，为了保障承租人的权益不受损害，《拆迁条例》规定实行房屋产权调换，被拆迁人与原房屋承租人就新调换房屋重新签订租赁协议。

六、安置房屋的质量要求

安置房屋的质量和安全性能直接关系到被拆迁房屋使用人的切身利益。长期以来，部分拆迁人为了节约成本，提供的安置用房在质量、功能、环境等方面都比较差，有的甚至严重违反国家有关设计和工程建设的有关规定，给房屋使用人的生活带来不便。《拆迁条例》明确规定了安置用房的质量安全标准，相关管理部门要按各自的职责，分头把关，确保安置房屋符合城市规划、符合有关勘察设计、建筑施工、建筑材料与构配件等国家、行业标准或规范，应经竣工验收，并取得工程质量合格证书。

七、特殊情况下的补偿、安置

（一）产权不明确房屋的补偿、安置

产权不明确房屋是指无权属证明、产权人下落不明、暂时无法确定产权的合法所有人或因产权关系正在诉讼的房屋。由于房屋产权不确定，所以补偿、安置的主体就不能确定。但是在拆迁的实施过程中不能因为其主体不明确，就降低或不对其进行补偿。《拆迁条例》规定在这种情况下，"由拆迁人提出补偿方案，报房屋拆迁管理部门审核同意后实施拆迁"。

在拆除产权不明确房屋前，拆迁人还应当就拆迁房屋的有关事项向公证机关办理证据保全，并按公证机关规定的程序和要求办理公证。

（二）抵押房屋的补偿、安置

拆迁设有抵押权的房屋时，一是要认定抵押的有效性。按照《担保法》的规定，当事人以房地产进行抵押的，应当办理抵押登记，抵押合同自登记之日起生效。未进行抵押登记的，视为无效抵押，拆迁时不按已设定抵押的房屋进行补偿、安置。二是应当及时通知抵押权人，一般是接受抵押的银行。三是能解除抵押合同的，补偿款付给被拆迁人，付款前必须经抵押人认可；不能解除抵押关系的，按照法律规定的清偿顺序进行清偿，不足以清偿抵押权人的，抵押权人按照《担保法》及有关法律规定，向抵押人进行追偿。

（三）公益事业房屋及其附属物的补偿

公益事业一般是指科教、文化、卫生、社会公共福利性等非生产性事业，公益事业多为非营利性社会福利事业。用于公益事业房屋的认定，一是要考察其服务对象是为大多数老百姓服务的，还是为特定人群服务的，是共享性的，还是排他性的；二是考虑此类房屋是否有经营，是否有收益。例如学校通常应被认定为公益事业，但经营性私立学校则不在此列。

公益事业房屋的数量、位置应由城市规划主管部门根据城市总体发展要求进行总体安排，拆迁此类房屋时，应根据城市规划行政主管部门的要求进行重新建设或者进行补偿。对拆迁公益事业房屋的货币补偿，可通过评估确定其价格，用成本法评估。

（四）临时建筑的补偿

临时建筑是指必须限期拆迁、结构简易的临时性建筑物、构筑物和其他设施，临时建筑都应当有规定的使用期限。超过批准期限的临时建筑在拆迁时，依法不予补偿。未超过批准期限的临时建筑是合法建筑。拆迁未到批准期限的临时建筑，会给临时建筑所有人带来一定的经济损失，因此也应当按其残存价值并参考剩余期限给予适当补偿。

（五）违章建筑的处理

违章建筑是指在城市规划区内，未取得建设工程规划许可证或违反建设工程规划许可证的规定而建设的建筑物和构筑物。违章建筑的认定属于规划行政主管部门的职权范围，判断某一建筑是否属于违章建筑，必须由房屋所在地城市规划行政主管部门出具证明。在拆迁过程中，拆迁严重影响城市规划的违章建筑，不予补偿。对影响城市规划、但可采取改正措施的违章建筑，在房屋所有人依法履行相关义务后，按合法建筑给予补偿。

第三节　城市房屋拆迁纠纷的处理

一、城市房屋拆迁纠纷的类型

按纠纷所处的环节不同，城市房屋拆迁纠纷可分为：拆迁人与被拆迁人、承租人达不成拆迁补偿、安置协议形成的纠纷；拆迁人与被拆迁人、承租人达成拆迁补偿、安置协议后，被拆迁人或者承租人在搬迁期限内拒绝搬迁形成的纠纷。

二、城市房屋拆迁纠纷的处理方式

(一)达不成拆迁补偿、安置协议的拆迁纠纷处理方式

1. 行政裁决

从民事法律的角度看,房屋拆迁补偿、安置协议必须在当事人意思表示一致的前提下才能成立。但是当事人也可能对补偿方式和补偿金额、安置用房面积和安置地点、搬迁期限、搬迁过渡方式和过渡期限等事项持有不同看法,从而使拆迁补偿、安置协议一时无法达成。为了避免有关当事人各执己见,相互扯皮,影响拆迁工作的顺利进行,《拆迁条例》规定了拆迁人与被拆迁人或者拆迁人与被拆迁人、承租人达不成拆迁补偿、安置协议的,经当事人申请,由房屋拆迁管理部门裁决。实施裁决的房屋拆迁管理部门是县级以上地方人民政府房屋拆迁管理部门。房屋拆迁管理部门是被拆迁人的,由同级人民政府裁决。裁决的内容包括补偿方式和补偿金额、安置用房面积和安置地点、搬迁期限、搬迁过渡方式和过渡期限等事项。裁决应当自收到申请之日起 30 日内作出。当事人对裁决不服的,可以自裁决书送达之日起 3 个月内向人民法院起诉。

2. 依法提起行政复议或提起行政诉讼

若拆迁当事人对裁决不服,可以在接到裁决书之日起 60 日内向作出裁决的房屋拆迁管理部门的同级人民政府或上级主管部门提起行政复议,对复议决定不服的,可以向人民法院起诉;也可以在接到裁决书之日起 3 个月内向人民法院起诉。

为了不影响拆迁工作的顺利进行,在复议或诉讼期间,拆迁人已对被拆迁人给予货币补偿或者提供了拆迁安置用房、周转用房的情况下,复议或诉讼期间可以不停止拆迁的执行。

3. 强制拆迁

在实际城市房屋拆迁工作中,有极少数被拆迁人或承租人对补偿、安置提出过高要求,无理拒绝执行房屋拆迁管理部门作出的裁决。《拆迁条例》规定了对在裁决规定的搬迁期限内未搬迁的被拆迁人或者承租人,可以实施强制拆迁。强制拆迁应当注意三个环节:一是实施强制拆迁必须以裁决为前提;二是对在裁决规定的搬迁期限内未搬迁的,可以直接进入强制拆迁程序,而不必经过责令限期拆迁的程序;三是实施行政强制拆迁时,应由房屋所在地的市、县人民政府责成有关部门强制拆迁。

(二)达成拆迁补偿、安置协议后,拆迁纠纷的处理方式

房屋拆迁补偿、安置协议是约定房屋拆迁当事人之间民事权利和义务关系的合同,对当事人具有法律约束力。当事人应当按照约定履行自己的义务,不得擅自变更或者解除协议。因此,拆迁补偿、安置协议签订后,被拆迁人或者承租人在搬迁期限内拒绝搬迁的,应当通过司法或仲裁渠道来解决。如果拆迁当事人之间没有达成仲裁协议,拆迁人可以向人民法院提起诉讼。诉讼期间,拆迁人可以依法申请人民法院先予执行。如采用仲裁方式,拆迁当事人必须达成仲裁协议,包括房屋拆迁补偿、安置协议中订立的仲裁条款和以其他方式在纠纷前或纠纷后达成的请求仲裁的决议。仲裁委员会的选择由当事人协议确定,仲裁实行"一裁终局制"。裁决作出后,当事人就同一纠纷再申请仲裁或者向人民法院起诉的,仲裁委员会或者人民法院不予受理。

三、城市房屋拆迁行政裁决工作规程

为了规范城市房屋拆迁行政裁决行为，维护拆迁当事人的合法权益，根据《拆迁条例》制定了城市房屋拆迁工作规程。因拆迁人与被拆迁人就搬迁期限、补偿方式、补偿标准以及搬迁过渡方式、过渡期限等原因达不成协议的，当事人申请裁决的，都适用该规程。

（一）裁决部门

市、县人民政府房屋拆迁管理部门负责本行政区域内城市房屋拆迁行政裁决工作。房屋拆迁管理部门及其工作人员应按照有关法律、法规规定，依法履行行政裁决职责。行政裁决应以事实为依据，以法律为准绳，坚持公平、公正、及时的原则。

（二）申请裁决时应提交的资料

拆迁人申请行政裁决时应提交的资料包括：

(1)裁决申请书。

(2)法定代表人的身份证明。

(3)被拆迁房屋权属证明材料。

(4)被拆迁房屋的估价报告。

(5)对被申请人的补偿、安置方案。

(6)申请人与被申请人的协商记录。

(7)未达成协议的被拆迁人比例及原因。

(8)其他与裁决有关的资料。

被拆迁人申请行政裁决时应提交的资料包括：

(1)裁决申请书。

(2)申请人的身份证明。

(3)被拆迁房屋的权属证明。

(4)申请裁决的理由及相关证明材料。

(5)房屋拆迁管理部门认定应当提供的与行政裁决有关的其他材料。

（三）听证

当未达成拆迁补偿、安置协议的户数较多或比例较高时，房屋拆迁管理部门在受理裁决申请前，应当进行听证。

房屋拆迁管理部门申请行政强制拆迁前，应邀请有关管理部门、拆迁当事人代表以及具有社会公信力的代表等，对行政强制拆迁的依据、程序、补偿及安置标准的测算依据等内容进行听证。

（四）裁决程序

房屋拆迁管理部门受理房屋拆迁裁决申请后，应按下列程序进行裁决：

(1)向被申请人送达房屋拆迁裁决申请书副本及答辩通知书，并告知被申请人的权利。

(2)审核相关资料、程序的合法性。

(3)组织当事人调解。房屋拆迁管理部门必须听取当事人的意见，对当事人提出的事实、理由和证据进行复核；对当事人提出的合理要求应当采纳。拆迁当事人拒绝调解的，房屋拆迁管理部门应依法作出裁决。

(4)核实补偿安置标准。当事人对评估结果有异议的,且未经房屋所在地房地产专家评估委员会鉴定的,房屋拆迁管理部门应当委托房地产专家评估委员会进行鉴定,并以鉴定后的估价结果作为裁决依据。

(5)经调解达成一致意见的,出具裁决终结书;达不成一致意见的,房屋拆迁管理部门应作出书面裁决。

(五)中止裁决和终结裁决

有下列情形之一的,中止裁决并书面告知当事人:

(1)发现新的需要查证的事实。

(2)裁决需要以相关裁决或法院判决结果为依据,而相关案件未结案的。

(3)作为自然人的申请人死亡,需等待其近亲属表明是否参加裁决的。

(4)因不可抗力或者其他特殊情况需要中止的情况。

中止裁决的因素消除后,恢复裁决,中止时间不计入裁决时限。

有下列情形之一的,终结裁决并书面告知当事人:

(1)受理裁决申请后,当事人自行达成协议的。

(2)发现申请人或者被申请人不是裁决当事人的。

(3)作为自然人的申请人死亡,15日之内没有近亲属或者近亲属未表示参加裁决或放弃参加裁决的。

(4)申请人撤回裁决申请的。

(六)裁决书

行政裁决应当自收到申请之日起30日内作出。房屋拆迁管理部门作出裁决时,应当出具裁决书,其内容包括:

(1)申请人与被申请人的基本情况。

(2)争议的主要事实和理由。

(3)裁决的依据、理由。

(4)根据行政裁决申请需要裁决的补偿方式、补偿金额、安置用房面积和安置地点、搬迁期限、搬迁过渡方式和过渡期限等。

(5)告知当事人行政复议、行政诉讼的权利及申请复议期限、起诉期限。

(6)房屋拆迁管理部门的名称、裁决日期并加盖公章。

复习思考题

1.什么是拆迁人?什么是被拆迁人?

2.拆迁租赁房屋有哪些规定?

3.申请房屋拆迁许可证需要哪些材料?

4.房屋拆迁补偿的方式有何规定?

5.房屋拆迁补偿的标准如何确定?

6.几种特殊情况下房屋拆迁有何规定?

7.简述城市房屋拆迁行政裁决的工作规程。

第四章

房地产开发法律制度

● 案例导入

【案情】

原告:某商品房开发经营公司

被告:某经济贸易公司

2008年3月,被告某经济贸易公司开发某镇住宅小区基地房屋(建筑面积为2 500平方米),定于2008年12月底竣工。同年5月,被告将其2 500平方米预建房屋全部预售给某商品房开发经营公司,双方签订了预售住宅协议书。协议书载明:原告预购被告在某镇住宅小区基地(房屋建筑面积为2 500平方米),预购价格为2 500元人民币/平方米,总价为625万元人民币。该房屋定于1993年12月底竣工并交付使用。事后,原告分三次向被告支付了房屋预购款共计600万元人民币。

同年12月底,被告未能在约定的交房期限内向原告交付房屋。为此,双方经多次协商达成一致意见,先由被告出资另行购买房屋(建筑面积为1 500平方米,售价为2 750元人民币/平方米)交付给原告,但双方对其他事宜未能达成一致意见。

原告因损失巨大,遂向人民法院提起诉讼,要求判令被告按协议向其履行交付房屋的义务,并赔偿经济损失。法院在审理中查明,被告虽然领有企业法人营业执照,但它并无房地产开发企业资格。

原告已将被告交付的1 500平方米用于安排拆迁户及解决其单位的住房困难户。法院在调解不成后,作出如下判决:

(1)原、被告双方签订的预售住宅协议书无效。

(2)被告应在判决生效起10日内,向原告返还187.5万元人民币,并按中国人民银行固定资产投资利率支付该款项银行利息损失。

(3)原告的其他诉讼请求不予支持。

一审判决后,被告提出上诉,二审法院维持原判。

【评析】

本案例中,被告不具备房地产开发经营资格,故不能从事房地产开发经营活动。被告与原告签订的预售住宅协议书,由于该协议书的主体(被告)不具备房地产开发经营资格,所以应当认定该协议书无效。双方当事人应当返还因无效行为而取得的财产,有过错的一方应当承担对方因此所受的损失,双方都有过错,应当各自承担相应的责任。

本案例中,对于合同的无效,被告方负有过错责任。被告出资另行购买的1 500平方米房屋,系双方协议所作的重新约定,即被告为返还其收取的600万元人民币房屋预售款,经与原告协商达成一致意见后将为其另行购买的房屋,作为返还600万元人民币债务中的一部分,并无其他违法行为。故该部分房屋归原告所有,房屋折合款应从600万元人民币房款中扣除,剩余部分187.5万元人民币,应由被告返还原告。

第一节　城市规划管理

简单地说,城市规划是指一个城市在一定时期的发展计划。具体来说,城市规划是指一个城市的政府为了实现一定时期内城市的经济和社会发展目标,确定城市性质、规模和发展方向,合理利用城市土地,改善人居环境,促进城乡经济以及社会全面、协调、可持续发展,所进行的协调城市空间布局和各项建设的综合部署及具体安排。城市规划是城市开发、建设、管理的基本依据,是保护城市土地合理利用和房地产开发等经营活动协调进行的前提和基础,是实现城市经济和社会发展目标的重要手段。

城市规划管理包括城市规划编制管理、城市规划审批管理和城市规划实施管理。城市规划编制管理主要是组织城市规划的编制,征求并综合协调各方面的意见,把好规划成果的质量关。城市规划审批管理主要是对城市规划文件实行分级审批制度。城市规划实施管理主要包括建设用地规划管理、建设工程规划管理和规划实施的监督检查管理等。

一、城市规划的层次体系

城市规划是城市发展的基础,城市中的一切开发建设活动都必须服从城市规划及其管理。城市规划分为总体规划、分区规划和详细规划,而详细规划又具体分为控制性详细规划和修建性详细规划。大、中城市根据需要可以依法在总体规划的基础上组织编制分区规划。

(一)总体规划

总体规划是指在一定时期内,从宏观上控制城市土地合理利用和空间布局,对城市发展进行的综合战略部署和纲领性文件。总体规划的期限一般为20年,同时可以对城市远景发展的空间布局提出设想。

总体规划的主要任务是综合研究和确定城市性质、规模和发展方向,统筹安排城市各项建设用地,合理配置城市各项基础设施,处理好远期发展与近期建设的关系,指导城市建设和合理发展。

总体规划的内容包括:

(1)设市城市应当编制市域城镇体系规划,县(自治县、旗)人民政府所在地的镇应当编制县域城镇体系规划。

(2)确定城市性质的发展方向,划定城市规划区范围。

(3)提出规划期内城市人口及用地发展规模,确定城市建设与发展用地的空间布局、功能分区以及市中心、区中心的位置。

（4）确定城市对外交通系统的布局以及车站、铁路枢纽、港口、机场等主要交通设施的规模、位置，确定城市主、次干道系统的走向、断面、主要交叉道口形式，确定主要广场、停车场的位置、容量。

（5）综合协调并确定城市供水、排水、防洪、供电、通信、燃气、供热、消防、环卫等设施的发展目标和总体布局。

（6）确定城市河湖水系的治理目标和总体布局，分配沿海、沿江岸线。

（7）确定城市园林绿地系统的发展目标及总体布局。

（8）确定城市环境保护目标，提出防治污染措施。

（9）根据城市防灾要求，提出人防建设、消防、防洪、抗震防灾规划目标和总体布局。

（10）确定需要保护的风景名胜、文物古迹、历史文化保护区，划定保护和控制范围，提出保护措施，对历史文化名城要编制专门的保护规划。

（11）确定旧区改建、用地调整的原则、方法和步骤，提出改善旧城区生产生活环境的要求和措施。

（12）综合协调市区与近郊区村庄、集镇的各项建设，统筹安排近郊区村庄、集镇的居住用地、公共服务设施、乡镇企业、基础设施和菜地、园地、牧场地、副食品基地，划定需要保留和控制的绿色空间。

（13）进行综合技术经济论证，提出规划实施步骤、措施和方法的建议。

（14）编制近期建设规划，确定近期建设目标、内容并实施部署。

（二）分区规划

分区规划是指在城市总体规划的基础上，对局部地区的土地利用、人口分布、公共设施、城市基础设施配置等方面所作的进一步安排。

在总体规划完成后，大、中城市可根据需要编制分区规划，分区规划宜在市区范围内同步开展，各分区规划在编制过程中应及时综合协调。编制分区规划时，应综合考虑总体规划确定的城市布局、片区特征、河流道路等自然和人工界限，结合城市行政区划，划定分区的范围界限。

分区规划的主要任务是：在总体规划的基础上，对城市土地利用、人口分布和公共设施、城市基础设施的配置作出进一步的安排，以便与详细规划更好地衔接。具体包括：

（1）确定分区的空间布局、功能分区、土地使用性质和居住人口分布。

（2）确定绿地系统、河湖水面、供电高压线走廊、对外交通设施用地界线和风景名胜区、文物古迹、历史文化街区的保护范围，提出空间形态的保护要求。

（3）确定市、区、居住区级公共服务设施的分布、用地范围和控制原则。

（4）确定主要市政公用设施的位置、控制范围和工程干管的线路位置、管径，进行管线综合。

（5）确定城市干道的红线位置、断面、控制点坐标和标高，确定支路的走向、宽度，确定主要交叉口、广场、公交站场、交通枢纽等交通设施的位置和规模，确定轨道交通线路走向及控制范围，确定主要停车场规模与布局。

(三)控制性详细规划

控制性详细规划是以总体规划或分区规划为依据,确定建设地区的土地使用性质和使用强度的控制指标、道路和工程管线控制性位置以及空间环境控制的规划要求。

控制性详细规划包括以下内容:

(1)确定规划范围内不同性质用地的界线,确定各类用地内适建、不适建或者有条件地允许建设的建筑类型。

(2)确定各地块建筑高度、建筑密度、容积率、绿地率等控制指标;确定公共设施配套要求、交通出入口方位、停车泊位、建筑后退红线距离等要求。

(3)提出各地块的建筑体量、体型、色彩等城市设计指导原则。

(4)根据交通需求分析,确定地块出入口位置、停车泊位、公共交通场站用地范围和站点位置、步行交通以及其他交通设施。规定各级道路的红线、断面、交叉口形式及渠化措施、控制点坐标和标高。

(5)根据规划建设容量,确定市政工程管线位置、管径和工程设施的用地界线,进行管线综合,确定地下空间开发利用具体要求。

(6)制定相应的土地使用与建筑管理规定。

控制性详细规划确定的各地块的主要用途、建筑密度、建筑高度、容积率、绿地率、基础设施和公共服务设施配套规定应作为强制性内容。

(四)修建性详细规划

修建性详细规划是以总体规划、分区规划为依据,确定用以指导各项建筑和工程设施的设计和施工的规划设计。修建性详细规划不是法定规划,可以在市场上解决。

修建性详细规划的任务是:根据建筑、绿化和空间要求布置平面图;进行道路、工程管线规划设计;开展竖向设计和土石方工程设计;编制工程概算。

修建性详细规划应包括以下内容:

(1)建设条件分析及综合技术经济论证。

(2)建筑、道路和绿地等的空间布局和景观规划设计,布置总平面图。

(3)对住宅、医院、学校和托幼等建筑进行日照分析。

(4)根据交通影响分析,提出交通组织方案和设计。

(5)市政工程管线规划设计和管线综合。

(6)竖向规划设计。

(7)估算工程量、拆迁量和总造价,分析投资效益。

二、城市规划与房地产开发的关系

(一)二者之间的联系

《城市房地产管理法》第二十五条规定:"房地产开发必须严格执行城市规划,按照经济效益、社会效益、环境效益相统一的原则,实行全面规划、合理布局、综合开发、配套建设。"城市规划与房地产开发是宏观与微观、整体与局部、长期与短期的关系,是后者应服从前者、前者应兼顾后者的相辅相成的关系。

房地产开发是城市建设的重要组成部分,要接受城市规划的指导并纳入城市统一规划之中。但城市规划是有层次的,各层次城市规划对房地产开发指导作用的力度各不相同。

一般来说,总体规划对房地产开发的指导主要体现在以下三个方面:

(1)指明房地产开发用地的方向和地段。

(2)确定房地产业的开发规模、时序和步骤。

(3)安排房地产项目用地周围的环境和配套设施。

分区规划的指导作用更加具体:

(1)确定居住区、片区、组团的划分,大致框定各居住区、片区、组团的用地范围和人口规模。

(2)指明各居住区、片区、组团的建筑及用地的容量控制指标。

详细规划对房地产开发的指导性、控制性更强:

(1)规定各地块建筑高度、建筑密度、容积率、绿地率等控制指标,规定建筑后退红线距离与建筑间距。

(2)提出各地块的建筑体量、体型、色彩等要求,对房地产开发进行全方位指导。

（二）二者之间的区别

1.性质不同

城市规划是政府行为;房地产开发主要由房地产开发公司承担,是企业行为。

2.本位思想不同

城市规划以人为本,反映城市公众的意愿,保障市民的合法权益,坚持社会、经济和环境的统一协调发展;房地产开发主要追求企业利润最大化。

3.战略高度不同

城市规划侧重于从宏观角度分析城市发展条件,确定城市发展方向;房地产开发多从微观角度考虑企业的发展。

4.空间角度不同

城市规划注重整体的空间结构组织和各类用地功能的配置;房地产开发多从局部考虑项目的区位选择。

5.效益侧重点不同

城市规划注重研究经济效益、社会效益和环境效益的相互统一,重点研究降低社会边际成本,提高整体综合效益;房地产开发更关心开发项目、开发土地或企业的经济效益。

6.信息反馈角度不同

城市规划侧重于听取市民的反馈意见,以满足大多数市民的需要;房地产开发侧重于搜集市场信息,以适应市场的需要。

三、房地产开发过程的规划管理

1.土地使用权出让、转让过程中的规划管理

在城市规划区内城市国有土地使用权出让、转让必须符合城市规划,有利于城市经济、社会的发展。城市国有土地使用权出让的投放量应与城市土地资源、经济社会发展和市场需求相适应。土地使用权出让、转让应与建设项目相结合。

在出让城市国有土地使用权前,应制定控制性详细规划。出让的地块必须附具城市规划行政主管部门提出的规划设计条件及附图。规划设计条件应包括:地块面积,土地使用性质,容积率,建筑密度,建筑高度,停车位,主要出入口,绿地比例,必须配置的公共设施、工程设施,建筑界线,开发期限以及其他要求。附图应当包括:地块区位和现状,地块坐标、标高,道路红线坐标、标高,出入口位置,建筑界线以及地块周围地区环境与基础设施条件。

城市国有土地使用权出让、转让合同必须附具规划设计条件及附图。

出让方和受让方不得擅自变更规划设计条件及附图。在出让、转让过程中确需变更的,必须经城市规划行政主管部门批准。已取得土地出让合同的,受让方应当持出让合同依法向城市规划行政主管部门申请建设用地规划许可证。在取得建设用地规划许可证后,方可办理土地使用权属证明。

2. 开发项目选址的规划管理

房地产开发项目的建设与规划密不可分,必须使建设项目的选址和布局与城市规划密切结合,确保其科学合理,以提高综合效益。城市规划行政主管部门应参与建设项目设计任务书阶段的选址工作,对确定安排在城市规划区内的建设项目从城市规划方面提出选址意见书。设计任务书报请批准时,必须附具城市规划行政主管部门的选址意见书。

选址意见书应包括以下内容:

(1)建设项目的基本情况。主要包括建设项目的名称及性质、用地与建设规模、供水与能源需求量、运输方式与运输量以及废水、废气、废渣的排放方式和排放量。

(2)建设项目规划选址的主要依据。主要包括:经批准的项目建议书;建设项目与城市规划布局的协调;建设项目与城市交通、通信、能源、市政、防灾规划的衔接与协调;建设项目配套的生活设施与城市生活居住及公共设施规划的衔接与协调;建设项目对于城市环境可能造成的污染影响;与城市环境保护规划和风景名胜、文物古迹保护规划的协调。

(3)建设项目选址、用地范围和具体规划要求。

选址意见书应按建设项目计划审批权限实行分级规划管理。

3. 建设用地规划审批管理

在市、镇规划区内以划拨方式提供国有土地使用权的建设项目经有关部门批准、核准、备案后,建设单位应当向市、县人民政府城乡规划主管部门提出建设用地规划许可申请,由市、县人民政府城乡规划主管部门依据控制性详细规划核定建设用地的位置、面积、允许建设的范围,核发建设用地规划许可证。建设单位在取得建设用地规划许可证后,方可向县级以上地方人民政府土地主管部门申请用地,经县级以上人民政府审批后,由土地主管部门划拨土地。

以出让方式取得国有土地使用权的建设项目,在签订国有土地使用权出让合同后,建设单位应当持建设项目的批准、核准、备案文件和国有土地使用权出让合同,向城市、县人民政府城乡规划主管部门领取建设用地规划许可证。城市、县人民政府城乡规划主管部门不得在建设用地规划许可证中,擅自改变作为国有土地使用权出让合同组成部分的规划条件。

4. 建设工程规划许可管理

房地产开发企业在向土地管理部门申请办理完用地手续,经土地管理部门批准后方可用地,并按有关规定申请办理建设工程规划许可证。

在市、镇规划区内进行建筑物、构筑物、道路、管线和其他工程建设的,建设单位或者个人应当向市、县人民政府城乡规划主管部门或者省、自治区、直辖市人民政府确定的镇人民政府申请办理建设工程规划许可证。

申请办理建设工程规划许可证时,应提交使用土地的有关证明文件、建设工程设计方案等材料。需要建设单位编制修建性详细规划的建设项目,还应提交修建性详细规划。对符合控制性详细规划条件的,由市、县人民政府城乡规划主管部门或者省、自治区、直辖市人民政府确定的镇人民政府核发建设工程规划许可证。

5. 建设工程项目建设和竣工验收阶段的规划管理

建设单位和个人在取得建设工程规划许可证后,可以办理工程开工手续,同时申请订立道路红线界桩,办理"定界通知单"。建筑定位放线经申请复验无误,办理验收签证手续后,方可动工。

城市规划行政主管部门在核发建设工程规划许可证之后应对建设工程进行监督、管理工作,以检查建设项目开发过程中的有关规划要求是否得到遵守,配套建设的基础设施和公共服务设施是否已经建设完毕并符合要求。城市规划行政主管部门有权对建设工程是否符合规划要求进行检查,开发、建设单位有义务如实提供相关资料并配合检查。

第二节　建设施工与质量管理

房地产工程建设项目的实施是房地产开发的重要环节,它是否规范、有序直接关系到房地产开发的质量,关系到建筑市场的秩序,故应加强对房地产工程建设项目的施工管理和质量管理,主要包括以下几个方面:

一、建筑施工企业的资质管理

《建筑业企业资质管理规定》规定,建筑业企业是指从事土木工程、建筑工程、线路管道设备安装工程、装修工程的新建、扩建、改建等活动的企业。从事建筑活动的建筑施工企业按照其拥有的注册资本、专业技术人员、技术装备和已完成的建筑工程业绩等资质条件,划分为不同的资质等级,经资质审查合格,取得相应等级的资质证书后,方可在其资质等级许可的范围内从事建筑活动。《建筑业企业资质管理规定》还规定,建筑施工企业应按审定的资质等级和业务范围承接工程,并对所承接工程的施工质量负责。

《建筑法》第十二条规定,从事建筑活动的建筑施工企业应具备下列条件:

(1)有符合国家规定的注册资本。

(2)有与其从事的建筑活动相适应的具有法定执业资格的专业技术人员。

(3)有从事相关建筑活动所应有的技术装备。

（4）法律、行政法规规定的其他条件。

建筑施工企业的资质管理主要包括以下三个方面的内容：

（一）确定资质标准

建筑业企业资质可分为施工总承包、专业承包和劳务分包三个资质序列。

取得施工总承包资质的企业，可以承接施工总承包工程。施工总承包企业可以对所承接的施工总承包工程内各专业工程全部自行施工，也可以将专业工程或劳务作业依法分包给具有相应资质的专业承包企业或劳务分包企业。

取得专业承包资质的企业，可以承接施工总承包企业分包的专业工程和建设单位依法发包的专业工程。专业承包企业可以对所承接的专业工程全部自行施工，也可以将劳务作业依法分包给具有相应资质的劳务分包企业。

取得劳务分包资质的企业，可以承接施工总承包企业或专业承包企业分包的劳务作业。

施工总承包资质、专业承包资质、劳务分包资质序列按照工程性质和技术特点可分别分为若干资质类别。各资质类别可按照规定的条件分为若干资质等级。

《建筑业企业资质等级标准》规定，房屋建筑工程施工总承包企业资质分为特级、一级、二级和三级。

1. 特级资质标准

（1）企业注册资本金在 3 亿元人民币以上；

（2）企业净资产在 3.6 亿元人民币以上；

（3）企业近 3 年年平均工程结算收入在 15 亿元人民币以上。

（4）企业其他条件均达到一级资质标准。

2. 一级资质标准

（1）企业近 5 年承担过下列 6 项中的 4 项以上工程的施工总承包或主体工程承包，且工程质量合格：25 层以上的房屋建筑工程；高度在 100 米以上的构筑物或建筑物；单体建筑面积在 3 万平方米以上的房屋建筑工程；单跨跨度在 30 米以上的房屋建筑工程；建筑面积在 10 万平方米以上的住宅小区或建筑群体；单项建安合同额在 1 亿元人民币以上的房屋建筑工程。

（2）企业经理具有 10 年以上从事工程管理工作经历或具有高级职称；总工程师具有 10 年以上从事建筑施工技术管理工作经历并具有本专业高级职称；总会计师具有高级会计职称；总经济师具有高级职称。企业有职称的工程技术和经济管理人员不少于 300 人，其中工程技术人员不少于 200 人；在工程技术人员中，具有高级职称的人员不少于 10 人，具有中级职称的人员不少于 60 人。企业具有的一级资质项目经理不少于 12 人。

（3）企业注册资本金在 5 000 万元人民币以上，企业净资产在 6 000 万元人民币以上。

（4）企业近 3 年最高年工程结算收入在 2 亿元人民币以上。

（5）企业具有与承包工程范围相适应的施工机械和质量检测设备。

3. 二级资质标准

（1）企业近 5 年承担过下列 6 项中的 4 项以上工程的施工总承包或主体工程承包，且工程质量合格：12 层以上的房屋建筑工程；高度在 50 米以上的构筑物或建筑物；单体建筑面积在 1 万平方米以上的房屋建筑工程;单跨跨度在 21 米以上的房屋建筑工程;建筑面积在 5 万平方米以上的住宅小区或建筑群体;单项建安合同额在 3 000 万元人民币以上的房屋建筑工程。

(2)企业经理具有 8 年以上从事工程管理工作经历或具有中级以上职称;技术负责人具有 8 年以上从事建筑施工技术管理工作经历并具有本专业高级职称;财务负责人具有中级以上会计职称。企业有职称的工程技术和经济管理人员不少于 150 人,其中工程技术人员不少于 100 人;工程技术人员中,具有高级职称的人员不少于 2 人,具有中级职称的人员不少于 20 人。企业具有的二级资质以上项目经理不少于 12 人。

(3)企业注册资本金在 2 000 万元人民币以上,企业净资产在 2 500 万元人民币以上。

(4)企业近 3 年最高年工程结算收入在 8 000 万元人民币以上。

(5)企业具有与承包工程范围相适应的施工机械和质量检测设备。

4.三级资质标准

(1)企业近 5 年承担过下列 5 项中的 3 项以上工程的施工总承包或主体工程承包,工程质量合格:6 层以上的房屋建筑工程;高度在 25 米以上的构筑物或建筑物;单体建筑面积在 5 000 平方米以上的房屋建筑工程;单跨跨度在 15 米以上的房屋建筑工程;单项建安合同额在 500 万元人民币以上的房屋建筑工程。

(2)企业经理具有 5 年以上从事工程管理工作经历;技术负责人具有 5 年以上从事建筑施工技术管理工作经历并具有本专业中级以上职称;财务负责人具有初级以上会计职称。企业有职称的工程技术和经济管理人员不少于 50 人,其中工程技术人员不少于 30 人;工程技术人员中,具有中级以上职称的人员不少于 10 人。企业具有的三级资质以上项目经理不少于 10 人。

(3)企业注册资本金在 600 万元人民币以上,企业净资产在 700 万元人民币以上。

(4)企业近 3 年最高年工程结算收入在 2 400 万元人民币以上。

(5)企业具有与承包工程范围相适应的施工机械和质量检测设备。

(二)认定企业资质等级

认定企业资质等级即由建设行政主管部门根据确定的标准和企业达到标准的实际情况,对建筑企业的资质进行核定。经资质审核合格的,由审批部门向企业颁发《资质等级证书》。非等级施工企业的资质条件和范围,由省、自治区、直辖市建筑行政主管部门或其授权部门审定。

(三)划定企业的经营范围

根据《建筑业企业资质等级标准》,房屋建筑工程施工总承包企业资质分为特级、一级、二级、三级,可承包工程的范围为:

1.特级

特级资质企业可承担各类房屋建筑工程的施工。

2.一级

一级资质企业可承担单项建安合同额不超过企业注册资本金 5 倍的下列房屋建筑工程的施工:

(1)40 层及以下、各类跨度的房屋建筑工程。

(2)高度在 240 米及以下的构筑物。

(3)建筑面积在 20 万平方米及以下的住宅小区或建筑群体。

3.二级

二级企业可承担单项建安合同额不超过企业注册资本金 5 倍的下列房屋建筑工程的施工：

(1)28 层及以下、单跨跨度在 36 米及以下的房屋建筑工程。

(2)高度在 120 米及以下的构筑物。

(3)建筑面积在 12 万平方米及以下的住宅小区或建筑群体。

4.三级

三级企业可承担单项建安合同额不超过企业注册资本金 5 倍的下列房屋建筑工程的施工：

(1)14 层及以下、单跨跨度在 24 米及以下的房屋建筑工程。

(2)高度在 70 米及以下的构筑物。

(3)建筑面积在 6 万平方米及以下的住宅小区或建筑群体。

二、建设工程的施工许可管理

房地产开发建设工程的施工实施许可证制度。根据《建筑法》和《建筑工程施工许可管理办法》规定，建筑工程开工前，建设单位应按照国家有关规定向工程所在地县级以上人民政府建设行政主管部门申请领取施工许可证；但是，在国务院建设行政主管部门确定的限额以下(工程投资额在 30 万元人民币以下或者建筑面积在 300 平方米以下)的小型工程除外。按照国务院规定的权限和程序批准开工报告的建筑工程，不再领取施工许可证。任何单位和个人不得将应申请领取施工许可证的工程项目分解为若干在限额以下的工程项目，以规避申请领取施工许可证。

建设单位申请领取施工许可证时，应具备下列条件，并提交相应的证明文件：

(1)已经办理该建筑工程用地批准手续。

(2)在城市规划区的建筑工程已经取得建设工程规划许可证。

(3)施工场地已经基本具备施工条件，需要拆迁的，其拆迁进度符合施工要求。

(4)已经确定施工企业。按照规定应招标的工程没有招标，应公开招标的工程没有公开招标，或者肢解发包工程以及将工程发包给不具备相应资质条件的，所确定的施工企业无效。

(5)有满足施工需要的施工图纸及技术资料，施工图设计文件已按规定进行了审查。

(6)有保证工程质量和安全的具体措施。施工企业编制的施工组织设计中有根据建筑工程特点制定的相应质量、安全技术措施，专业性较强的工程项目编制了专项质量、安全施工组织设计，并按照规定办理了工程质量、安全监督手续。

(7)按照规定应该委托监理的工程已委托监理。

(8)建设资金已经落实。建设工期不足 1 年的，到位资金原则上不得少于工程合同价的 50%，建设工期超过 1 年的，到位资金原则上不得少于工程合同价的 30%。建设单位应提供由银行出具的到位资金证明，有条件的可以实行银行付款保函或者其他第三方担保。

(9)法律、行政法规规定的其他条件。

申请办理施工许可证时,应按照下列程序进行:

(1)建设单位向发证机关申领建筑工程施工许可证申请表。

(2)建设单位持加盖单位及法定代表人印鉴的建筑工程施工许可证申请表,并附符合相应规定的证明文件,向发证机关提出申请。

(3)发证机关在收到建设单位报送的建筑工程施工许可证申请表和所附证明文件后,对于符合条件的,应自收到申请之日起15日内颁发施工许可证;对于证明文件不齐全或者失效的,应限期要求建设单位补正,审批时间可以自证明文件补正齐全后作相应顺延;对于不符合条件的,应自收到申请之日起15日内书面通知建设单位,并说明理由。

建设单位应当自领取施工许可证之日起3个月内开工。因故不能按期开工的,应在期满前向发证机关申请延期,并说明理由;延期以2次为限,每次不超过3个月。既不开工又不申请延期或者超过延期次数、时限的,施工许可证自行废止。

在建的建筑工程因故中止施工的,建设单位应当自中止施工之日起1个月内向发证机关报告,报告内容包括中止施工的时间、原因、施工部位、维护管理措施等,并按照规定做好建筑工程的维护管理工作。

建筑工程恢复施工时,应当向发证机关报告;中止施工满1年的工程恢复施工前,建设单位应当报发证机关核验施工许可证。

三、建筑工程的质量管理

根据《建筑法》的规定,建筑工程施工的质量必须符合国家有关建筑工程安全标准的要求。

(一)建筑工程质量管理中建筑施工企业的质量责任

建设单位不得以任何理由要求建筑设计单位或者建筑施工企业在工程设计或者施工作业中,违反法律、行政法规和建筑工程质量及安全标准,降低工程质量。建筑设计单位和建筑施工企业对建设单位违反上述规定提出的降低工程质量的要求,应予以拒绝。

建筑工程实行总承包的,工程质量由工程总承包单位负责,总承包单位将建筑工程分包给其他单位的,分包工程的质量由分包单位承担连带责任。分包单位应接受总承包单位的质量管理。

建筑施工企业对工程的施工质量负责。建筑施工企业必须按照工程设计图纸和施工技术标准施工,不得偷工减料。工程设计的修改由原设计单位负责,建筑施工企业不得擅自修改工程设计。

建筑施工企业必须按照工程设计要求、施工技术标准和合同的约定,对建筑材料、建筑构配件和设备进行检验,不合格的不得使用。

(二)建筑工程质量保修

根据《建筑工程质量管理条例》的规定,建设工程实行质量保修制度。在正常使用条件下,建设工程的最低保修期限为:

(1)基础设施工程、房屋建筑的地基基础工程和主体结构工程为设计文件规定的该工程的合理使用年限。

(2)屋面防水工程、有防水要求的卫生间、房间和外墙面的防渗漏为 5 年。

(3)供热与供冷系统为 2 个采暖期、供冷期。

(4)电气管线、给排水管道、设备安装和装修工程为 2 年。

(5)其他项目的保修期限由发包方与承包方约定。

建设工程的保修期限自竣工验收合格之日起计算。建设工程在保修范围和保修期限内发生质量问题的,施工单位应当履行保修义务,并对造成的损失承担赔偿责任。

建设工程在超过合理使用年限后需要继续使用的,产权所有人应委托具有相应资质等级的勘察、设计单位鉴定,并根据鉴定结果采取加固、维修等措施,重新界定使用期限。

四、建筑工程的竣工验收管理

建筑工程的竣工验收是工程建设的重要环节,是由建设单位、施工单位和项目验收委员会根据项目批准的设计任务书和设计文件,以及国家颁发的施工验收规范和质量检验标准为依据,按照一定的程序和手续,在项目建成并试生产合格后,对工程项目进行的总体检查和认证活动。

(一)施工项目竣工验收的条件

(1)完成建设工程设计和合同规定的各项内容。

(2)有完整的技术档案和施工管理资料。

(3)有工程使用的主要建筑材料、建筑构配件和设备的进场试验报告。

(4)有勘察、设计、施工、工程监理等单位分别签署的质量合格文件。

(5)有施工单位签署的工程质量保修书。

(二)竣工验收的依据

(1)批准的设计文件、施工图纸及说明书。

(2)双方签订的施工合同。

(3)设备技术说明书。

(4)设计变更通知书。

(5)施工验收规范及质量验收标准。

(6)外资工程应依据中国有关规定提交竣工验收文件。

(三)竣工验收的标准和要求

1.建筑施工项目的竣工验收标准

(1)生产性或科研性建筑施工项目验收标准是:土建工程、水、暖、电气、卫生、通风工程(包括其室外的管线)和属于该建筑物组成部分的控制室、操作室、设备基础、生活间及至烟囱等均已全部完成,即只有工艺设备尚未安装者,即可视为房屋承包单位的工作达到竣工标准,可进行竣工验收。对这种类型的建筑工程竣工的基本要求是:一旦工艺设备安装完毕,即可试运转乃至投产使用。

(2)民用建筑(非生产科研性建筑)和居住建筑施工项目验收标准是:土建工程、水、暖、电气、通风工程(包括其室外的管线)均已全部完成,电梯等设备亦已完成,达到水到灯亮,具备使用条件,即达到竣工标准,可以组织竣工验收。这种类型的建筑工程竣工的基本要求是:房屋建筑能交付使用,住宅能够住人。

(3)具备下列条件的建筑工程施工项目,亦可按达到竣工标准处理。

①房屋室外或小区内管线已经全部完成,但属于市政工程单位承担的干管干线尚未完成,因而造成房屋尚不能使用的建筑工程,房屋承包单位可办理竣工验收手续。

②房屋工程已经全部完成,只是因电梯尚未到货或晚到货而未安装,或虽已安装但不能与房屋同时使用,房屋承包单位亦可办理竣工验收手续。

③生产性或科研性房屋建筑已经全部完成,只是因主要工艺设计变更或主要设备未到货而剩下设备基础未做的,房屋承包单位亦可办理竣工验收手续。

2.竣工验收的要求

竣工验收的工程必须符合下列规定:

(1)合同约定的工程质量标准。

(2)单项工程质量竣工验收的合格标准。

(3)单项工程达到使用条件或满足生产要求。

(4)建设项目能满足建成投入使用或生产的各项要求。

(四)竣工验收的程序

1.承包人递交竣工报告

承包人确认工程竣工、具备竣工验收各项要求,并经监理单位认可签署意见后,向发包人提交工程验收报告。

2.开发商初步验收

开发商收到工程验收报告后,根据图纸、关键部位施工记录、隐蔽工程验收资料初步检查建设工程的施工质量。

3.共同验收

由开发商组织勘察、设计、施工、监理等单位按照竣工验收程序,对工程质量进行核查,做出验收结论,并形成工程竣工验收报告,参与竣工验收的各方负责人应在竣工验收报告上签字并加盖单位公章。

4.编制工程决算

建设工程竣工后,承包人在向开发商提出有关技术资料和施工图纸的同时,要编制工程决算进行财务结算。工程决算应在竣工验收后1个月内完成。

5.办理工程移交手续

通过竣工验收程序并完成工程决算后,承包人应在规定期限内向发包人办理工程移交手续。

第三节　房地产开发企业

一、房地产开发企业概述

(一)房地产开发企业的概念

《城市房地产管理法》第三十条规定:"房地产开发企业是以营利为目的,从事房地产开发和经营的企业。"《房地产开发企业资质管理规定》第二条规定："本规定所称房地产开发企业是指依法设立、具有企业法人资格的经济实体。"

综上所述,房地产开发企业是指依法成立的,以营利为目的,从事房地产开发和经营的企业(法人)。房地产开发企业作为房地产开发和交易的主体,在房地产开发市场中占有重要地位。

(二)房地产开发企业的法律特征

1.房地产开发企业是具有法人资格的经济组织

房地产开发企业必须依法设立,有自己的名称、组织机构和经营场所,有独立的财产并且对外能够独立地承担法律责任。

2.房地产开发企业是以营利为目的的经济组织

房地产开发企业的经营目的是为了获取经济利益,并且其经营具有连续性。房地产开发企业是营利性法人,是以营利为目的的经济组织。

3.房地产开发企业的业务范围主要是从事房地产开发与经营

从某种意义上说,法人的权利能力就是法人的业务活动范围,而法人的权利能力又是法律赋予其从事某种行为的资格。因此,房地产开发企业必须在工商行政管理部门登记的企业法人营业执照的范围内进行业务活动,超越范围经营的行为无效。

4.房地产开发企业实行行业归口管理

房地产开发企业由建设行政主管部门实行行业归口管理。

(三)房地产开发企业的分类

房地产开发企业按照不同的标准,可以进行不同的分类。

1.按产权关系分类

按产权关系(所有制性质)不同,房地产开发企业可分为国有房地产开发企业、集体所有房地产开发企业、中外合营房地产开发企业、外商独资房地产开发企业、私营房地产开发企业。

国有房地产开发企业是指在房屋统建的基础上发展起来的或由政府各部门组建的房地产开发企业。它在房地产开发企业中占有较大比重,并与政府部门联系紧密。

集体所有房地产开发企业是指由集体出资开办,资产属于集体所有的房地产开发企业。它实行自主经营、自负盈亏、独立核算制度。

中外合营房地产开发企业是指中外双方在约定的期限内,以合资或合作的方式从事房地产开发与经营的企业,它包括中外合资房地产开发企业和中外合作房地产开发企业。

外商独资房地产开发企业是指依照中国法律在中国境内设立的,全部资金由外国投资者出资的房地产开发企业。

私营房地产开发企业是指由个人出资成立的房地产开发企业。

2.按房地产开发企业的组织形式分类

按组织形式不同,房地产开发企业可分为房地产开发有限责任公司和房地产开发股份有限公司。

房地产开发有限责任公司是指依法设立的,股东以其出资额为限对公司承担责任,公司以其全部财产对公司债务承担责任的房地产开发企业。

房地产开发股份有限责任公司是指依法成立的，将全部资本划分成等额股份，股东以其认购的股份为限对公司承担责任，公司以其全部资本对公司债务承担责任的房地产开发企业。

二、房地产开发企业的设立

（一）房地产开发企业的设立条件

房地产开发企业是依法成立的从事房地产开发经营活动的主体，其设立应符合中国有关法律、法规的规定。《城市房地产管理法》第三十条规定，房地产开发企业的设立应当具备以下条件：

（1）有自己的名称和组织机构。

（2）有固定的经营场所。

（3）有符合国务院规定的注册资本。

（4）有足够的专业技术人员。

（5）法律、行政法规规定的其他条件。

设立有限责任公司、股份有限公司，从事房地产开发经营的，还应当执行《中华人民共和国公司法》（简称《公司法》）的有关规定。

同时，《城市房地产开发经营管理条例》规定，设立房地产开发企业，除应当符合有关法律、行政法规规定的企业设立条件外，还应当具备下列条件：

（1）有100万元人民币以上的注册资本。

（2）有4名以上持有相应资格证书的房地产专业、建筑工程专业的专职技术人员，2名以上持有资格证书的专职会计人员。

省、自治区、直辖市人民政府可以根据本地方的实际情况，对设立房地产开发企业的注册资本和专业技术人员的条件作出高于前款的规定。

（二）房地产开发企业的设立程序

《城市房地产管理法》和《城市房地产开发经营管理条例》的规定，房地产开发企业的设立程序主要包括以下三个步骤：

1. 申请登记

《城市房地产开发经营管理条例》第七条规定，设立房地产开发企业，应当向县级以上人民政府工商行政管理部门申请登记。工商行政管理部门对符合本条例第五条规定条件的，应当自收到申请之日起30日内予以登记；对不符合条件不予登记的，应当说明理由。工商行政管理部门在对设立房地产开发企业申请登记进行审查时，应当听取同级房地产开发主管部门的意见。

2. 依法备案

为加强对房地产开发企业的行业管理，《城市房地产管理法》第三十条规定，房地产开发企业在领取营业执照后的1个月内，应当到登记机关所在地的县级以上地方人民政府规定的部门备案。

房地产开发企业应当自领取营业执照之日起，在30日内持下列文件到登记机关所在地的房地产开发主管部门备案：营业执照复印件；企业章程；验资证明；企业法定代表人的身份证明;专业技术人员的资格证书和聘用合同。

3. 核定资质

房地产开发主管部门应当在收到备案申请后 30 日内向符合条件的企业核发暂定资质证书,暂定资质的条件不低于四级资质的条件。

暂定资质证书有效期为 1 年。房地产开发主管部门可以视企业经营情况,延长暂定资质证书有效期,但延长期不得超过 2 年。自领取暂定资质证书之日起 1 年内无开发项目的,暂定资质证书有效期不得延长。

房地产开发企业应当在暂定资质证书有效期满前 1 个月内向房地产开发主管部门申请核定资质等级。房地产开发主管部门应当根据其开发经营业绩核定相应的资质等级,取得相应的资质等级证书,才能按照核定的资质等级,承担相应的房地产开发项目。

申请核定资质等级的房地产开发企业,应当提交下列证明文件:企业资质等级申报表;房地产开发企业资质证书(正、副本);企业资产负债表和验资报告;企业法定代表人和经济、技术、财务负责人的职称证件;已开发经营项目的有关证明材料;房地产开发项目手册及住宅质量保证书、住宅使用说明书的执行情况报告;其他有关文件、证明。

三、房地产开发企业资质管理

对房地产开发企业实行资质等级管理是加强房地产开发企业管理,规范房地产开发企业行为的必然要求。《城市房地产开发经营管理条例》第九条规定:"房地产开发主管部门应当根据房地产开发企业的资产、专业技术人员和开发经营业绩等,对备案的房地产开发企业核定资质等级。房地产开发企业应当按照核定的资质等级,承担相应的房地产开发项目。具体办法由国务院建设行政主管部门制定。"

《房地产开发企业资质管理规定》进一步完善了对房地产开发企业的资质管理。

(一)房地产开发企业的资质管理

《房地产开发企业资质管理规定》规定,将房地产开发企业按照企业条件分为一级、二级、三级、四级四个资质等级。

1. 一级资质

(1)注册资本不低于 5 000 万元人民币。

(2)从事房地产开发经营 5 年以上。

(3)近 3 年房屋建筑面积累计竣工 30 万平方米以上,或者累计完成与此相当的房地产开发投资额。

(4)连续 5 年建筑工程质量合格率达 100%。

(5)上一年房屋建筑施工面积在 15 万平方米以上,或者完成与此相当的房地产开发投资额。

(6)有职称的建筑、结构、财务、房地产及有关经济类的专业管理人员不少于 40 人,其中具有中级以上职称的管理人员不少于 20 人,持有资格证书的专职会计人员不少于 4 人。

(7)工程技术、财务、统计等业务负责人具有相应专业中级以上职称。

(8)具有完善的质量保证体系,商品住宅销售中实行了住宅质量保证书和住宅使用说明书制度。

（9）未发生过重大工程质量事故。

2.二级资质

（1）注册资本不低于 2 000 万元人民币。

（2）从事房地产开发经营 3 年以上。

（3）近 3 年房屋建筑面积累计竣工 15 万平方米以上，或者累计完成与此相当的房地产开发投资额。

（4）连续 3 年建筑工程质量合格率达 100%。

（5）上一年房屋建筑施工面积在 10 万平方米以上，或者完成与此相当的房地产开发投资额。

（6）有职称的建筑、结构、财务、房地产及有关经济类的专业管理人员不少于 20 人，其中具有中级以上职称的管理人员不少于 10 人，持有资格证书的专职会计人员不少于 3 人。

（7）工程技术、财务、统计等业务负责人具有相应专业中级以上职称。

（8）具有完善的质量保证体系，商品住宅销售中实行了住宅质量保证书和住宅使用说明书制度。

（9）未发生过重大工程质量事故。

3.三级资质

（1）注册资本不低于 800 万元人民币。

（2）从事房地产开发经营 2 年以上。

（3）房屋建筑面积累计竣工 5 万平方米以上，或者累计完成与此相当的房地产开发投资额。

（4）连续 2 年建筑工程质量合格率达 100%。

（5）有职称的建筑、结构、财务、房地产及有关经济类的专业管理人员不少于 10 人，其中具有中级以上职称的管理人员不少于 5 人，持有资格证书的专职会计人员不少于 2 人。

（6）工程技术、财务等业务负责人具有相应专业中级以上职称，统计等其他业务负责人具有相应专业初级以上职称。

（7）具有完善的质量保证体系，商品住宅销售中实行了住宅质量保证书和住宅使用说明书制度。

（8）未发生过重大工程质量事故。

4.四级资质

（1）注册资本不低于 100 万元人民币。

（2）从事房地产开发经营 1 年以上。

（3）已竣工的建筑工程质量合格率达 100%。

（4）有职称的建筑、结构、财务、房地产及有关经济类的专业管理人员不少于 5 人，持有资格证书的专职会计人员不少于 2 人。

（5）工程技术负责人具有相应专业中级以上职称，财务负责人具有相应专业初级以上职称，配有专业统计人员。

(6)商品住宅销售中实行了住宅质量保证书和住宅使用说明书制度。

(7)未发生过重大工程质量事故。

(二)各资质等级房地产开发企业的业务范围

一级资质的房地产开发企业承担房地产项目的建设规模不受限制,可以在全国范围承揽房地产开发项目。

二级资质及二级资质以下的房地产开发企业可以承担建筑面积在25万平方米以下的开发建设项目,承担业务的具体范围由省、自治区、直辖市人民政府建设行政主管部门确定。

各资质等级企业应在规定的业务范围内从事房地产开发经营业务,不得越级承担任务。

(三)房地产开发企业资质管理的具体内容

1.资质等级实行分级审批

一级资质企业由省、自治区、直辖市人民政府建设行政主管部门初审,报国务院建设行政主管部门审批。

二级资质及二级资质以下企业的审批办法由省、自治区、直辖市人民政府建设行政主管部门制定。

经资质审查合格的企业,由资质审批部门发给相应等级的资质证书。

2.资质证书管理

资质证书由国务院建设行政主管部门统一制作。资质证书分为正本和副本,资质审批部门可以根据需要核发资质证书副本若干份。

任何单位和个人不得涂改、出租、出借、转让、出卖资质证书。企业遗失资质证书,必须在新闻媒体上声明作废后,方可补领。

企业发生分立、合并的,应当在向工商行政管理部门办理变更手续后的30日内,到原资质审批部门申请办理资质证书注销手续,并重新申请资质等级;企业变更名称、法定代表人和主要管理、技术负责人,应当在变更30日内,向原资质审批部门办理变更手续。

企业破产、歇业或者因其他原因终止业务时,应在向工商行政管理部门办理注销营业执照后的15日内,到原资质审批部门注销资质证书。

3.资质实行年检制度

对于不符合原定资质条件或者有不良经营行为的企业,由原资质审批部门予以降级或者注销资质证书。

一级资质房地产开发企业的资质年检由国务院建设行政主管部门或者其委托的机构负责;二级资质及二级资质以下房地产开发企业的资质年检由省、自治区、直辖市人民政府建设行政主管部门负责。

房地产开发企业无正当理由不参加资质年检的,视为年检不合格,由原资质审批部门注销资质证书。

房地产开发主管部门应将房地产开发企业资质年检结果向社会公布。

第四节　房地产开发项目管理

房地产开发项目管理是工程项目管理的一个分支,是以高效率地实现项目目标为最终目的,以项目经理负责制为基础,运用系统工程的观点、理论和方法,对房地产开发项目建设的全过程按其内在运行规律进行有效计划、组织、协调、监督和控制的管理系统。

房地产开发建设是一项复杂而系统的工程,其目标主要包括成果性目标和约束性目标。成果性目标是指投资回报率、销售利税率、自有资金利润率等投资效益指标以及项目的内、外部功能性要求;约束性目标是指建设工期、投资限额、质量标准等。除此之外,房地产开发项目还受城市规划、土地利用规划等条件的制约。房地产开发涉及投资方、监理方、勘察、规划、设计、施工、建材、设备、市政、交通、供电、通信、银行、文教、卫生、消防、商业、服务、环境等部门以及最终用户(消费者)等多个主体,涉及安全生产、施工质量等重大问题。因此,房地产项目开发建设必须要有一套完整、规范和科学的管理保证体系,来统筹和协调其全过程和确保总目标的实现。

一、房地产开发项目管理的意义

房地产开发项目管理的意义主要体现在计划管理、组织管理、协调管理和控制管理四个方面。

1.计划管理

对房地产开发项目进行计划管理,能使项目的开发建设有计划、按顺序、有条不紊地展开。这就是说,通过使用一个动态计划管理,将房地产开发项目全过程和全部开发活动纳入计划轨道,确保项目有序地达到预期总目标。

2.组织管理

组织管理指通过职责划分、授权、合同的签订与执行以及根据有关法律、法规,建立各种规章制度,形成一个高效率的组织保障体系,使房地产开发项目的各项目标得以最终实现。

3.协调管理

协调管理可为房地产开发项目提供协调、和谐的公共环境,保证房地产开发项目建设顺利进行。协调管理的主要任务是对房地产开发项目与外部环境、项目各子系统之间以及不同阶段、不同部门、不同层次之间的关系进行沟通与协调。这种沟通与协调更有利于改善睦邻间公共关系,吸纳和融通资金,寻找材料、设备供货渠道,广揽优秀设计和施工队伍,获得市场竞争优势,促进产品销售。其中,人际关系协调最为重要,项目经理在人际关系协调过程中处于核心地位。

4.控制管理

控制管理有利于对房地产开发项目的质量、工期和成本进行控制,并获得最大的综合效益。控制管理主要通过计划、决策、反馈和调整等手段,采用项目分解方式优化各种指标、定额、阶段性目标的贯彻执行与检验等措施,对房地产开发项目的工程质量、施工工期、资金使用、成本造价等进行有效控制,以确保用最少的投入获得最大的经济效益、社会效益和环境效益。

二、房地产开发项目管理系统

房地产开发项目管理在各个内容之间严密逻辑性的作用下,共同构成一个完整的系统。

(一)按工程管理工作流程描述

按工程管理工作流程可将项目管理系统地描述为:"预测—决策—计划—控制—反馈—修正决策—计划"的结合体。这一系统结构主要通过其内部的逻辑关系,不断地对目标系统进行修正,营造一种良好的环境系统,使所有参与者能高效地完成既定的项目任务,实现项目的总目标。

(二)按项目实施过程描述

按项目实施过程项目管理系统可描述为下列几个阶段:

(1)项目的定义、目标设计和可行性研究。

(2)项目的系统分析(包括项目的外部系统调查分析和内部系统分析等)。

(3)项目的计划管理(包括项目的实施方案及总体计划、工期计划、成本计划、资源计划以及优化)。

(4)项目的组织管理(包括项目的组织机构设置、人员组成、各方面工作与职责的分配、项目管理规程的制定)。

(5)项目的信息管理(包括项目信息系统的建立、文档管理等)。

(6)项目的实施控制(包括项目的进度控制、成本控制、质量控制、风险控制、变更管理等)。

(7)项目的后期管理(包括项目的验收、移交、运行准备、项目完成后评价与总结、项目使用管理以及目标实现的程度、存在的问题分析等)。

(三)按照项目管理的工作任务描述

按照项目管理的工作任务项目管理系统可描述为成本管理、工期管理、质量控制、安全管理、信息管理、合同管理和风险管理。

三、房地产开发项目的工程项目管理

房地产开发项目的工程项目管理贯穿于项目的整个运营周期之中,按开发过程顺序可将其内容分为规划设计管理、开发管理、施工管理和物业管理四个部分。这也是广义的房地产开发项目的工程项目管理。而本节所介绍的房地产开发项目的工程项目管理仅仅是指房地产开发项目在完成规划设计、征地拆迁并进入开发建设项目施工阶段的管理。

房地产开发项目的工程项目管理的目标是在计划工期内和预算成本范围内,保质保量地完成开发项目的施工任务,其内容主要包括工程进度控制、工程成本控制、工程质量控制、安全管理、信息管理、合同管理等。

(一)工程进度控制

工程进度控制是指对工程建设项目各阶段的工作内容、工作程序、持续时间和衔接关系编制并实施计划,在实施的过程中检查实际进度是否按计划进行,并对出现的偏差分析产生的原因和对工程进度的影响程度,采取补救或调整措施,修改原计划,直至工程竣工验收的一系列活动的总称。工程进度控制的总目标是确保施工项目的既定目标工期的实现,或者在保证施工质量和不因此而增加施工实际成本的条件下,适当缩短施工工期。

1. 工程进度计划的编制

工程进度计划是指表示各项工程的施工顺序、开始和结束时间以及相互衔接关系的计划。编制工程进度计划时,应重点考虑以下内容:

(1)所动用的人力和施工设备是否能满足完成计划工程量的需要。

(2)基本工作程序是否合理、实用。

(3)施工设备是否配套,规模和技术状态是否良好。

(4)如何规划运输通道。

(5)工人的工作能力如何。

(6)工作空间分析。

(7)预留足够的清理现场时间,材料、劳动力的供应计划是否符合进度计划的要求。

(8)分包工程计划。

(9)临时工程计划。

(10)竣工、验收计划。

(11)可能影响进度的施工环境和技术问题。

工程进度计划的编制程序是:

(1)确定工程进度总目标及目标体系。

(2)根据工程的规模、复杂程度及控制需要,将全部工程内容分解和归纳为单项工程和需求。

(3)按照工作或活动定义、设计文件及有关计算规则,确定工程各项工作或活动的工作量。

(4)确定实施方案和分配资源。

(5)确定各工作或活动的先后顺序。

(6)确定各工作或活动的持续时间。

(7)编制工程进度计划。

2. 工程进度计划的监测与调整

通过定期检查设计、施工及材料、设备等采购进度的执行情况,与原工程进度计划对比、检查,找出实际进度与计划存在偏差的原因,采取有效措施调整工程进度计划,修正偏差,保证实现目标工期。

3. 工程进度控制的方法

工程进度控制的方法有横道图法和网络图法。

(1)横道图法

横道图法是指在坐标系中用直线条表示出各项工程内容和进度的方法,通常用横坐标表示工作时间,纵坐标表示工作内容。横道图法具有直观、简单、绘制简便等优点。在图上能清楚反映各项工作的起、止时间,适于不太复杂的建设工程。由于它不能反映各项工作之间相互依赖和相互制约关系,看不出某项工作的提前或落后对整个工期的影响程度,看不出哪些工作属于关键工作,并且不能利用计算机进行调整和优化,所以在应用上存在一定的局限性。

(2)网络图法

网络图法是指以网络图的形式来表达工程进度计划的方法。其基本原理是:首先应用网络形式来表示计划中各项工作的先后顺序和相互关系;然后通过参数计算确定计划中的关键工作和关键路线,在计划执行过程中进行有效控制和监督,以便合理安排和使用人力、物力和财力,完成目标任务。网络计划可以进行调整和优化,从而求得各种优化方案。

(二)工程成本控制

工程成本控制是指在不影响工程进度、质量、安全施工的前提下,将工程的实际成本控制在预算范围内的方法。在工程项目的投资决策、设计和施工阶段,都要进行成本控制,把工程造价控制在计划限额以内,随时纠正偏差,保证目标的实现。这里主要介绍房地产开发项目施工阶段的工程成本控制,其主要内容包括:

(1)编制成本计划,确定成本控制目标。

(2)审查施工组织设计和施工方案。

(3)控制工程款的结算方式。

(4)减少和控制工程变更数量,避免成本超出预算。

可以通过强化成本控制意识,加强全面管理(施工管理、技术管理、费用管理、劳资管理、机械设备管理、材料管理等),完善相关成本控制制度等方式,来实现有效控制投资。

(三)工程质量控制

工程质量控制是指房地产开发项目管理机构以合同规定的质量目标或以国家标准、规范为目标所进行的监督和管理活动,包括决策阶段、设计阶段、施工阶段的质量控制。工程质量控制的任务主要是在施工过程中及时发现施工工艺是否满足设计要求和合同规定,对所选用的材料和设备进行质量评价,对整个施工工程中的工作质量水平进行评估,并将取得的质量数据和承包商履行职责的程度,根据国家有关规范、技术标准、规定进行比较,作出评判。

工程质量控制的主要内容有:

(1)对材料的检验

为保证材料质量,应当在订货阶段就向供货商提出检验的技术标准,并将这些标准列入订购合同。对于重要材料应当在签订购货合同前取得样品,材料到货后再与样品对照检查。对砂、石、水泥、钢筋等材料必须严格送检,并出具相关的检验报告。未经检验或检验不合格的材料禁止使用。

(2)对工程中的配套设备进行检验

各种设备安装后应进行检测和测试,应确立设备检查和试验的标准、手段、程序、记录、检验报告等制度;主要设备可由政府指定的相关部门进行检查和验收,并出具相应的检验报告。

(3)确立施工中控制质量的具体措施

检查各项施工设备、仪器,保证在测量、计量方面不出现严重误差;严格执行对以下材料的质量控制:对于混凝土、砂浆、防水材料等,应进行试配,并应检查、监督施工单位按试验要求严格控制配比;对于钢筋混凝土构件及预应力混凝土构件,应按有关规定进行抽样检验;对于预制加工厂生产的成品、半成品,应由生产厂家提供出厂合格证明,必要时还应进行抽样检验;对于高压电缆、电绝缘材料,应组织进行耐压试验后才能使用;应制定有效的质量检查和评定方法,以保证砌筑工程、装饰工程和水电安装工程质量符合合同规定的技术标准要求。

(4)建立有关质量文件的档案制度

对工程质量应经常进行检查,做好中间过程的质量验收工作,对检查或验收的结果形成文字记录,并归类存档。

（四）安全管理

安全管理影响着工程建设的进度、成本和质量,是企业生产管理的重要内容。安全管理应贯彻"安全第一,预防为主"的方针。在工程项目的不同阶段,安全管理的内容不同:在规划设计阶段,要求工程设计符合国家有关建筑安全规程和技术规范、标准;在施工阶段,要求建筑商编制施工组织计划时,制定安全技术措施;在施工现场管理上,采取安全维护、火灾预防、防范风险等措施,落实安全责任制;遵守有关安全生产的法律、法规。

（五）信息管理

信息管理包括信息系统的建立、信息流的确定、信息处理过程的控制以及信息形式、内容、传递方式、存档时间的确定等内容。

（六）合同管理

合同是双方当事人在协商一致的基础上订立的用来规范双方权利、义务关系的具有法律效力的协议。工程项目管理中的合同管理包括建设工程合同的总体策划、招标投标阶段的合同管理、合同的审查分析和解释、合同实施的控制、合同变更的管理、索赔管理等。

复习思考题

1. 城市规划的层次体系是什么?
2. 城市总体规划和分区规划的任务分别是什么?
3. 简述城市规划与房地产开发的关系。
4. 建设项目选址意见书包含哪些内容?
5. 建筑施工企业资质标准及业务范围分别是什么?
6. 根据《建筑工程质量管理条例》的规定,在正常使用条件下,建设工程的最低保修期限是多少?
7. 房地产开发企业的法律特征有哪些?
8. 房地产开发企业的资质等级标准有哪些?
9. 房地产开发工程项目管理的内容有哪些?
10. 工程进度控制的方法有哪些?

第五章

房地产交易法律制度

● 案例导入

【案情】

某外商到某市投资开发房地产,在依法成立甲公司并取得外商独资企业法人营业执照后,同该市土地管理局签订了国有土地使用权出让合同。合同规定:甲公司受让国有土地使用权 30 亩,出让金为 10 万元人民币/亩,共计 300 万元人民币,在出让合同签订后 2 个月内交清。该出让合同经政府批准。在该出让合同规定的期限内,甲公司仅交付出让金 50 万元人民币,即向该市土地管理局申领国有土地使用证。该局未认真审核,在甲公司的出让金未完全缴纳,不具备法定发证条件的情况下,报经市政府批准,给甲公司颁发了国有土地使用证。甲公司随后在该地块上投入 30 万元人民币用于平整地面,并将国有土地使用权作价 600 万元人民币转让给乙公司。试分析这一事件中的违法行为。

【评析】

本案例中,甲公司转让国有土地使用权的行为违反了以出让方式取得土地使用权的转让条件,属于非法转让。甲公司没有按照出让合同的约定在合同签订后 2 个月内支付全部土地使用权出让金,它虽然取得了国有土地使用证,但该国有土地使用证属于违法颁发,是无效的。甲公司没有按照出让合同的约定进行投资开发,没有完成开发投资总额的 25% 以上,不具备转让土地使用权的条件。甲公司存在非法转让土地的主观故意,且实际获取了转让土地的非法所得,应由县级以上人民政府土地主管部门没收其违法所得,可以并处罚款。

第一节　房地产交易概述

一、房地产交易的概念和特征

(一)房地产交易的概念

1988 年建设部、国家物价局、国家工商行政管理总局发布的《关于加强房地产交易市场管理的通知》明确规定:"城镇房地产交易,包括各种所有制房屋的买卖、租赁、转让、抵押,城市土地使用权的转让以及其他在房地产流通过程中的各种经营活动,均属房地产交易活动管理的范围,其交易活动应通过交易所进行。"《城市房地产管理法》规定,房地产交易是指以房地产为特殊商品而进行的各种经营活动,包括房地产转让、房地产抵押和房屋租赁三种形式。

（二）房地产交易的特征

1.房地产交易对象的特殊性

房地产交易对象是作为特殊商品的房地产,包括土地使用权、土地上的房屋以及其他建筑物的所有权。

2.房地产交易形式的确定性

房地产交易形式仅包括房地产转让、房地产抵押和房屋租赁,不包括房地产开发。尽管在房地产开发中也发生一些以建筑行为或劳务作为对象的交易,但这些交易不是以房地产作为对象的。此外,房地产继承等因不以支付代价为前提,故不属于房地产交易。

3.房地产交易是一种民事法律行为

房地产交易主要通过各种交易合同形式来实现,由此引发的房地产权属的变动必须办理登记手续,方能完成房地产权属的转移。

二、房地产交易管理机构

房地产交易的管理机构主要是指由国家设立的从事房地产交易管理的职能部门及其授权的机构,具体包括国务院建设行政管理部门（建设部）、省级建设行政管理部门（各省、自治区建设厅和直辖市房地产管理局,各市、县房地产管理部门以及房地产管理部门授权的房地产交易管理所,如房地产市场产权管理处、房地产交易中心等）。

房地产交易管理机构的基本任务是:

（1）对房地产交易、经营等活动进行指挥和监督,查处违法行为,维护当事人的合法权益。

（2）办理房地产交易登记、签证及权属转移初审手续。

（3）协助财政、税务部门征收与房地产交易有关的税费。

（4）为房地产交易提供洽谈协议、交流信息、展示行情等各种服务。

（5）为建设房地产市场预警预报体系,为政府或其授权的部门公布各类房屋的房地产市场价格,为政府宏观决策和正确引导市场发展服务。

第二节　房地产转让

一、房地产转让的概念

《城市房地产管理法》规定:"房地产转让,是指房地产权利通过买卖、赠与或者其他合法方式将其房地产转移给其他人的行为。"其中,买卖行为是最典型、最重要的形式。《城市房地产转让管理规定》对上述定义中的其他方法合法方式进行了进一步的细化,规定其他合法方式主要包括下列行为：

（1）以房地产作价入股与他人成立企业法人，房地产权属发生变更的。

（2）一方提供土地使用权，另一方或者多方提供资金，合资、合作开发经营房地产，而使房地产权属发生变更的。

（3）因企业被收购、兼并或合并，房地产权属随之转移的。

（4）以房地产抵债的。

（5）法律、法规规定的其他情形。

房地产转让的实质是房地产权属发生转移，即房屋所有权以及土地使用权的转移。《城市房地产管理法》规定，房地产转让是指房屋的所有权和该房屋占用范围的土地使用权同时转让。

二、房地产转让的条件

房地产转让的条件具体包括：

1. 主体符合法律规定

自然人和企事业单位、机关团体都可以成为房地产转入主体。自然人必须具备民事权利能力和完全民事行为能力。企事业单位、机关团体必须具有法人资格，否则行为无效。

2. 客体符合法律规定

（1）属于禁止转让的房地产

《城市房地产管理法》及《城市房地产转让管理规定》都明确规定了房地产转让应符合的条件，规定了以下房地产不得转让：

①以出让方式取得的土地使用权不符合下列条件不得转让：以出让方式取得土地使用权用于投资开发的，按照土地使用权出让合同约定进行投资开发，属于房屋建设工程的，完成开发投资总额的25%以上；属于成片开发土地的，形成工业用地或者其他建设用地条件。同时，还规定应按照出让合同约定已经支付全部土地使用权出让金，并取得土地使用权证书。做出此项规定的目的，就是严格限制通过炒卖地皮牟取暴利，并切实保障建设项目总额的实施。

②以划拨方式取得土地使用权总额的，转让房地产时须经有批准权的人民政府审批，否则不得转让。

③司法机关和行政机关依法裁定、决定查封或者以其他形式限制房地产权利的。司法机关和行政机关可以根据合法请求人的申请或社会公共利益的需要，依法裁定，决定限制房地产权利，如查封、限制转移等。在权利受到限制期间，房地产权利人不得转让该项房地产。

④依法收回土地使用权批准权的。根据国家利益或社会公共利益的需要，国家有权决定收回出让或划拨给他人使用的土地，任何单位和个人应服从国家的决定，在国家依法做出收回土地使用权决定之后，原土地使用权人不得再行转让土地使用权。

⑤共有房地产，未经其他共有人书面统一批准权的。共有房地产是指房屋的所有权、土地使用权为2个或2个以上权利人所共同拥有的房地产。共有房地产权利批准权的行

使须经全体共有人同意,不能因某一个或部分权利人批准权的请求而转让。

⑥权属有争议的。权属有争议的房地产是指有关当事人对房屋所有权和土地使用权、批准权的归属发生争议,致使该项房地产权属难以确定的房地产。在真正权利人未确定的情况下擅自转让房地产权属,有可能损害真正权利人的利益。

⑦未依法登记领取权属证书的。产权登记是国家依法确认房地产权属的法定手续,未履行该项法律手续,房地产权利人的权利不具有法律效力,因此也不得转让该项房地产。

⑧法律、行政法规规定禁止转让的其他情形。

(2)属于受到买卖限制的房地产

①机关、团体、部队、企事业单位不得购买或变相购买城市私有房屋,如因特殊需要必须购买,须经县级以上人民政府批准。

②以享受国家或企事业单位补贴廉价购买或者建造的城市私有房屋,需要出卖时只准卖给原补贴单位或房管机关。

③房地产开发商开发的商品房,属于内销商品房的只准许卖给境内组织或个人;属于外销商品房的,应卖给境外的组织或个人。

④房屋所有人出卖租出的城市私有房屋的,须在合理期限之前通知承租人,在同等条件下,承租人有优先购买权。

⑤城市私房出卖共有房屋的,在同等条件下,共有人有优先购买权。

3. 订立书面合同

房地产的转让必须签订书面合同,且当事人必须到房地产管理部门办理权属登记手续,领取房地产权属登记证书之后,其行为才有效。

4. 双方意思表示真实

房地产转让双方必须在自愿平等、等价有偿的基础上进行,意思表示必须真实,否则转让行为无效。

5. 合法转让

房地产转让不得违反政策、法律和社会公德。

第三节　商品房销售

商品房销售是指房地产开发企业在国有出让土地上开发建造并出售房屋的行为。因此,非房地产开发企业开发建造的房屋不能作为商品房买卖。

商品房销售的形式包括商品房预售和商品房现房出售,以前者居多。

一、商品房预售

(一)商品房预售的概念

商品房预售是指房地产开发企业将正在建设中的房屋预先出售给承购人,由承购人支付定金或房屋价款的行为。

（二）商品房预售的条件

商品房预售应当符合下列条件：

（1）交付全部土地使用权出让金，取得土地使用权证书。

（2）持有建设工程规划许可证和施工许可证。

（3）按提供预售的商品房计算，投入开发建设的资金达到工程建设总投资的 25％以上，并已经确定施工进度和竣工交付日期。

（4）商品房预售实行许可证制度。开发企业进行商品房预售，应向市、县房地产管理部门办理预售登记，取得商品房预售许可证。

【案例 5-1】

2002 年 4 月 2 日，张某向某房地产开发公司预交了 2 万元人民币的房屋定金，并与该房地产公司签订了商品房买卖合同。合同规定张某向房地产公司购买某地段的三居室楼房一套，建筑面积为 100 平方米，单价为 4 500 元人民币/平方米，合计 45 万元人民币，交付期限为 2003 年 9 月 30 日～2003 年 10 月 30 日。合同签订后张某预付房款 18 万元人民币。2003 年 6 月 21 日，该房地产开发公司的商品房无法验收交付，双方协商未果，张某诉诸人民法院，要求该房地产公司双倍返还定金并赔偿损失。

经查，该房地产公司所销售的商品房不具备销售条件，没有办理商品房预售许可证。同时，在诉讼期间，该商品房售价已上涨。

请思考：张某与该房地产公司签订的商品房预售合同是否有效？此案应如何处理？

（三）商品房预售合同

房地产开发企业取得了商品房预售许可证后，就可以向社会预售其商品房，开发企业应与承购人签订书面商品房预售合同。商品房预售合同的内容主要有：

（1）双方的名称、地址，法人组织必须由法定代表人签名或盖章。

（2）标的，即预售商品的位置、编号。

（3）数量，即预售商品房的数量，面积一般以平方米来计算，并明确是建筑面积还是使用面积或套数。

（4）价款，即房屋的价格。不仅应标明单价，还应标明总价。《房地产管理法》虽然对商品房预售的条件和程序进行了规定，但对预售款征收的数额和期限却没有统一规定，当事人应在合同中明确。根据一般做法，商品房的预收款在房屋开工建设时不得超过总房款的 40％，待建房工作量完成一半时可收至 60％，到房屋封顶时可收至 95％，到房屋交付使用时再全部收取。

（5）交付方式和期限，包括预售款的支付方式、期限以及房屋的交付方式、期限。

（6）房屋使用性质，明确是住宅用房、办公用房还是经营用房或其他用房。

（7）房屋产权转移的方式、期限。

（8）违约责任。

（9）双方约定的其他条款。

【案例 5-2】

2003 年 7 月，张某与某销售代理商签订了商品房认购意向书，打算购买一套房屋，价格为人民币 35 万元人民币。规定张某在签订认购意向书后立即支付认购定金 3 万元人民币,并在其后 10 个工作日内签署预售商品房买卖合同,逾期未签视为张某自动放弃购买该套房屋,定金不退。张某支付了 3 万元人民币定金,但没有在规定期限内与该代理商达成购买意向,遂要求退还定金,但被拒绝。

请思考:该代理商是否应退还张某的定金?

(四)商品房预售程序

房地产开发企业取得商品房预售许可证后,方可按照以下程序进行商品房预售。

1. 订立预售合同

房地产开发企业预售商品房时,应当向预购人出示商品房预售许可证,与预购人订立预售合同。

2. 预售合同的登记备案

商品房预售人应当在签约之日起 30 日内持商品房预售合同向县级以上人民政府房地产管理部门和土地管理部门办理登记备案手续。

3. 预售款的收取

房地产开发企业应根据商品房建设工程的进度,分期收取商品房预售款。但预售合同另有约定的,从其约定。房地产开发企业收取的商品房预收款,应专项用于所预售的商品房建设。

4. 办理预售的商品房过户手续

自预售的商品房交付使用之日起 90 日内,承购人应持有关凭证到县级以上人民政府房地产管理部门和土地管理部门办理权属登记手续。

在预售期间,当事人就预售合同约定的事项有变更的,如建筑设计变更、建筑面积变更等,应签订补充合同。补充合同是预售合同的组成部分,办理交易过户手续时应一并向房地产交易管理机构提供。

(五)预售商品房的再转让

预售商品房的再转让是指商品房预购人将购买的未竣工的预售商品房再行转让他人的行为。通俗地说,就是"炒楼花"。不可否认,"炒楼花"具有有利于及时筹集建房资金,促进房地产发展的作用。但是,我们也必须看到,在中国目前房地产市场尚未充分发育完成,许多制度仍未健全的情况下,这种做法可能会助长投机行为。

从合同法角度来看,预售商品房再转让实际上是权利的转让。只要不违反其他规定,权利的转让就是合法有效的。具体包括以下两种情形:

(1)在预售商品房购买人支付了全部的价款之后,将该预售商品房再转让给其他人。这种情况属于债权的转让,对于债权人,也就是预售商品房购买人来说,只需要将转让行为告知房地产开发商即可,无须取得开发商同意。

(2)在预售商品房购买人支付全部价款之前,将该预售商品房再转让给其他人。在这种情况下,由于该预售商品房的价款尚未付清,所以预售商品房购买人的付款义务尚未履行完毕,其转让预售商品房的行为,实际上是属于债权、债务的概括转让。在这种情况下,转让行为必须取得开发商的同意,否则不能转让。

中国对于预售商品房再转让的态度,经历了一个从有条件地支持再到完全支持到反对的历程。

在1994年版《城市房地产管理法》颁布之前，中国保护正常的再转让行为，但是对于非法"炒楼花"的行为持否定态度。1994年版《城市房地产管理法》颁布之后，国家完全肯定预售商品房再转让行为，其中第四十五条规定："商品房预售的，商品房预购人将购买的未竣工的预售商品房再行转让的问题，由国务院规定。"这一肯定态度也使得房地产开发市场上预售房再转让行为正当化、公开化，大大地刺激了房地产市场的发展。但是，与此同时大量的炒房行为导致房价被虚抬，大大地增加了房地产市场的泡沫，逐步引起了国家的警惕。

2005年4月30日，建设部、发展改革委、财政部、国土资源部、人民银行、税务总局及银监会联合发布了《关于做好稳定住房价格工作的意见》（以下简称《意见》），其中第七条规定："根据《中华人民共和国城市房地产管理法》的有关规定，国务院决定，禁止商品房预购人将购买的未竣工的预售商品房再行转让。在预售商品房竣工交付、预购人取得房屋所有权证之前，房地产主管部门不得为其办理转让等手续。"该意见明确反对预售商品房再转让行为，禁止房地产主管部门办理相关手续。

由此我们可以看出，国家目前对预售商品房再转让行为的态度是否定的。

二、商品房现房出售

（一）商品房现房出售的概念
商品房现房出售是指房地产开发企业将竣工验收合格的商品房出售给买受人，并由买受人支付房价款的行为。

（二）商品房现房出售的条件
商品房现房出售应符合以下条件：

（1）现售商品房的房地产开发企业应具有企事业法人营业执照和房地产开发企业的资质证书。

（2）取得土地使用权证或者使用土地的批准文件。

（3）持有建设工程规划许可证和施工许可证。

（4）已通过竣工验收。

（5）拆迁安置已落实。

（6）供水、供电、供热、燃气、通信等配套基础设施具备交付使用条件，其他配套基础设施和公共设施具备交付使用条件或者已确定施工进度和交付日期。

（7）物业管理方案已落实。

【案例5-3】
李某在某楼盘售楼处选中了一套两居室的户型，该户型样板间作了高档装修，非常漂亮，正是该样板间使李某坚定了购买该房产的决心。于是，李某很快在该售楼处签订了购房合同，但合同中并未就装修问题作出特别规定。但李某询问了售楼处的工作人员，该工作人员保证交房时会与样板间完全一致。到了交房时，李某吃惊地发现，室内装修与样板间相差甚远。李某要求开发商按样板间装修质量交房，开发商却说合同中没有规定提供高档装修。

请思考：李某是否有权要求开发商提供与样板间一样的商品房？为什么？

(三)商品房现房出售合同

根据《城市房地产管理法》《城市房地产开发经营管理条例》及《商品房销售管理办法》的规定,商品房销售时,房地产开发企业和买受人应当订立书面买卖合同。

1.商品房买卖合同应当明确的主要内容

(1)当事人名称或者姓名和住所。

(2)商品房基本状况。

(3)商品房销售方式。

(4)商品房价款的确定方式及总价款、付款方式、付款时间。

(5)交付使用条件及日期。

(6)装饰、设备标准承诺。

(7)供水、供电、供热、燃气、通信、道路、绿化等配套基础设施和公共设施的交付承诺和有关权益、责任。

(8)公共配套建筑的产权归属。

(9)面积差异的处理方式。

(10)办理产权登记有关事宜。

(11)解决争议的方法。

(12)违约责任。

(13)双方约定的其他事项。

【案例5-4】

吴某选中了一套120平方米的住房,总价款为50万元人民币。吴某准备采用按揭贷款的方式付款,在如约交付了2万元人民币定金后,又先后支付了预付款18万元人民币,但开发商在买卖合同中把其支付的预付款写成了定金,而合同的条款中注明"购房者如退房,将扣除所有定金"。后吴某向开发商要求解除合同并退还其所交的定金与购房款,被开发商拒绝。

请思考:吴某的定金是否可以退还?其交付的预付款是否应予退还?

2.计价方式

商品房销售可以按套(单元)计价,也可以按套内建筑面积或者建筑面积计价。

商品房建筑面积由套内建筑面积和分摊的共有建筑面积组成。套内建筑面积部分为独立产权,分摊的共有建筑面积部分为共有产权,买受人按照法律、法规的规定对其享有权利、承担责任。按套(单元)计价或者按套内建筑面积计价的,商品房买卖合同中应当注明套内建筑面积和分摊的共有建筑面积。

3.误差的处理方式

按套内建筑面积或者建筑面积计价的,当事人应当在合同中载明合同约定面积与产权登记面积发生误差时的处理方式,面积误差比是指产权登记面积与合同约定面积之差占合同约定面积的百分比,即

$$面积误差比=\frac{产权登记面积-合同约定面积}{合同约定面积}\times100\%$$

合同未作约定的,按以下原则处理:

(1)面积误差比的绝对值在3%以内(含3%)的,据实结算房价款。

(2)面积误差比的绝对值超出3%时,买受人有权退房。买受人退房的,房地产开发企业应当在买受人提出退房之日起30日内将买受人已付房价款退还给买受人,同时支付已付房价款利息。买受人不退房的,产权登记面积大于合同约定面积时,面积误差比的在3%以内(含3%)部分的房价款由买受人补足;超出3%部分的房价款由房地产开发企业承担,产权归买受人。产权登记面积小于合同约定面积时,面积误差比的绝对值在3%以内(含3%)部分的房价款由房地产开发企业返还买受人;绝对值超出3%部分的房价款由房地产开发企业双倍返还买受人。

按建筑面积计价的,当事人应当在合同中约定套内建筑面积和分摊的共有建筑面积,并约定建筑面积不变而套内建筑面积发生误差以及建筑面积与套内建筑面积均发生误差时的处理方式。

4.中途变更规划、设计

房地产开发企业应按照批准的规划、设计建设商品房。商品房销售后,房地产开发企业不得擅自变更规划、设计。经规划部门批准的规划变更、设计单位同意的设计变更导致商品房的结构形式、户型、空间尺寸、朝向变化,以及出现合同当事人约定的其他影响商品房质量或者使用功能的情形,房地产开发企业应在变更确立之日起10日内,书面通知买受人。买受人有权在该通知到达之日起15日内作出是否退房的书面答复。买受人在该通知到达之日起15日内未作书面答复的,视同接受规划、设计变更以及由此引起的房价款的变更。房地产开发企业未在规定时限内通知买受人的,买受人有权退房;买受人退房的,由房地产开发企业承担违约责任。

5.保修责任

当事人应在合同中就保修、保修期限、保修责任等内容作出约定,保修期从交付之日起计算。

(四)商品房现房出售包销

商品房现房出售包销是指出卖人与包销人签订商品房包销合同,约定在包销期内,出卖人将已竣工并符合现售条件的房屋确定包销基价,交由包销人以出卖人的名义与买受人签订商品房买卖合同,包销期限届满时包销人以约定的包销价格买入未出售的剩余商品房的行为。

(1)出卖人与包销人订立商品房包销合同,约定出卖人将其开发建设的房屋交由包销人以出卖人的名义销售的,包销期满未销售的房屋由包销人按照合同约定的包销价格购买,但当事人另有约定的除外。

(2)出卖人自行销售已经约定由包销人包销的房屋,包销人请求出卖人赔偿损失的应予支持,但当事人另有约定的除外。

(3)对于买受人因商品房买卖合同与出卖人发生的纠纷,人民法院应通知包销人参加诉讼;出卖人、包销人和买受人对各自的权利、义务有明确约定的,按照约定的内容确定各方的诉讼地位。

第四节　房屋租赁

一、房屋租赁的概念及分类

1.房屋租赁的概念

房屋租赁是实现房地产价值的另一种形式,虽然也是一种物质形态与货币交换的关系,但是与买卖一次性实现房地产价值不同,它以租金的形式逐渐实现房地产价值。《城市房屋租赁管理办法》规定,房屋租赁是指房屋所有权人作为出租人将其房屋出租给承租人使用,由承租人向出租人支付租金的行为。《城市房屋租赁管理办法》对此概念作了细化,规定房屋所有权人将房屋租给承担人居住或提供给他人从事经营活动及以合作方式与他人从事经营活动的行为也应按照房屋租赁关系进行管理。

2.房屋租赁的分类

根据不同的标准,可以对房屋租赁进行不同的分类,主要包括:

(1)按房屋的使用用途不同,房屋租赁分为住宅租赁和非住宅租赁。

(2)按房屋所有权的性质不同,房屋租赁可分为公房租赁和私房租赁。

(3)按租赁期限不同,房屋租赁可分为定期房屋租赁和不定期房屋租赁。

3.出租房屋应具备的条件

《城市房屋租赁管理办法》采用禁止性方式,规定下列房屋不得出租:

(1)未依法取得房屋所有权证的。

(2)司法机关和行政机关依法裁定、决定查封或者以其他形式限制房地产权利的。

(3)共有房屋未取得共有人同意的。

(4)权属有争议的。

(5)属于违法建筑的。

(6)不符合安全标准的。

(7)已抵押,未经抵押权人同意的。

(8)不符合公安、环保、卫生等主管部门有关规定的。

(9)有关法律、法规规定禁止出租的其他情形。

【案例 5-5】

甲、乙、丙三人为同胞兄弟。三人的父母共同拥有一幢私有楼房,这幢楼房于 2000 年出租给张某夫妇居住,租期为 5 年,每年租金为 2 万元人民币,年底支付。

2005 年年初,三人的父母相继去世,没有留下遗嘱。于是楼房由三人依法继承,甲、乙均有房屋居住,而丙暂无自有房屋,办理遗产继承时,三人约定由丙管理该房屋。2005 年 10 月 5 日,丙将房屋作价给丁,价款为 30 万元人民币,丁以为丙就是房屋的产权所有人,于是二人签订了合同,丙将房屋产权证书交由丁,二人一并到房产部门办理了房屋过户手续。

同年 11 月 1 日,丙告知张某夫妇其已将房屋卖与丁的事实,并要求张某夫妇搬出房屋。张某夫妇不允,要求购买该幢楼房。后甲、乙得知丙卖房一事,向丁提出异议,遂起纠纷。张某夫妇诉诸法院,要求确认丙、丁之间的行为无效,并主张购买此房。

请思考:丙、丁之间签订的合同有无法律效力?张某夫妇有哪些权利可以主张?丙应对丁承担什么责任?为什么?

二、房屋租赁合同

1.房屋租赁合同的概念及内容

房屋租赁合同是指由出租人与承租人签订的、用于明确租赁双方权利、义务关系的协议。《城市房地产管理法》规定:"房屋租赁,出租人和承担人应签订书面租赁合同,约定租赁期限、租赁用途、租赁价格、修缮责任等条款,以及双方的其他权利和义务,并向房产管理部门登记备案。"《城市房屋租赁管理办法》对租赁合同的内容作了进一步的规定,规定租赁合同应具备以下条款:

(1)当事人姓名或者名称及住所。

(2)房屋的坐落、面积、装修及设施状况。

(3)租赁的用途。

(4)租赁期限。

(5)租金及交付方式。

(6)房屋修缮责任。

(7)转租的约定。

(8)变更和解约合同的条件。

(9)违约责任。

(10)当事人约定的其他条款。

2.租赁合同的变更、解除和终止

租赁合同一经签订,租赁双方必须严格遵守。当事人协商一致,可以变更租赁合同。有下列情况之一的,当事人可解除租赁合同:

(1)符合法律规定或者合同约定可以变更或解除合同条款的。

(2)因不可抗力致使租赁合同不能继续履行的。

(3)当事人协商一致的。

终止租赁合同的情形主要有:

(1)房屋租赁期限届满,租赁合同终止。承租人需要继续租用的,应当在租赁期限届满前 3 个月提出,并经出租人同意,重新签订租赁合同。

(2)将承租的房屋擅自转租的。

(3)将承租的房屋擅自转让、转借他人或私自调换使用的。

(4)将承租的房屋擅自拆改结构或改变承租房屋使用用途的。

(5)无正当理由、拖欠房租 6 个月以上的。

(6)公有住宅用房无正当理由闲置 6 个月以上的。

(7)承租人利用承租的房屋从事非法活动的。

（8）故意损坏房屋的。

（9）法律、法规规定其他可以收回的。

发生上述行为，出租人除终止租赁合同、收回房屋外，还可索赔由此造成的损失。

【案例5-6】

李某将其一套三居室住房出租给王某，双方签订了租赁协议，协议规定租赁期为3年，月租金为500元人民币。半年后，王某将其中一室租给叶某，并告知李某，李某同意。后来李某发现王某是将该套住房全部转租给叶某，月租金为800元人民币，并已转租了4个月。李某提出：解除与王某的房屋租赁合同，叶某搬出，王某收取的4个月租金3 200元人民币归自己所有。三方发生争执。

请思考：王某与叶某的转租协议是否生效？王某所收租金3 200元人民币应如何处理？

三、房屋租赁管理

1. 房屋租赁登记备案

房屋租赁实行登记备案制度，房屋租赁当事人应当在租赁合同签订后30日内，持规定的文件到直辖市、市、县人民政府房地产管理部门办理登记备案手续。房屋租赁申请经直辖市、市、县人民政府房地产管理部门审查合格后，颁发房屋租赁证。

2. 房屋租赁

房屋租金是指承租人为取得一定期限内房屋的使用权而付给房屋所有权人的经济补偿。目前，中国未售公有住房的租金标准是由人民政府根据当地政治、经济发展的需要和职工的承受能力等因素确定的，仍具有较浓厚的福利色彩。其他经营性的房屋和私有房屋的租金标准由租赁双方协商确定。

《城市房地产管理法》规定："以营利为目的，房屋所有权人将以划拨方式取得使用权的国有土地上建成的房屋出租的，应当将租金中所含土地收益上缴国家。具体办法由国务院规定。"《城市房屋租赁管理办法》规定："土地收益的上缴办法，应当按照财政部《关于国有土地使用权有偿收入征收管理的暂行办法》和《关于国有土地使用权有偿使用收入若干财政问题的暂行规定》的规定，由直辖市、市、县人民政府房地产管理部门代收代缴。国务院颁布新的规定时，从其规定。"

3. 房屋转租

房屋转租是指房屋承租人将承租的房屋再出租的行为。《城市房屋租赁管理办法》规定："承租人在租赁期限内，征得出租人同意，可以将承租房屋的部分或全部转租给他人。出租人可以从转租中获得收益。"房屋转租应订立转租合同。转租合同必须经原出租人书面同意，并按照规定办理登记备案手续。转租合同的终止日期不得超过原租赁合同规定的终止日期，但出租人与转租人双方协商约定的除外。转租合同生效后，转租人享有并承担转租合同规定的出租人的权利和义务，并且应履行原租赁合同规定的承租人的义务，但出租人与转租双方另有约定的除外。

转租期间，原租赁合同变更、解除或终止，转租合同也随之相应变更、解除或者终止。

第五节　房地产抵押

一、房地产抵押概述

1.房地产抵押的概念

房地产抵押是指抵押人将其合法的房地产以不转移占有的方式向抵押权人提供债务履行担保的行为。债务人不履行债务时,债权人有权依法以抵押的房地产拍卖所得的价款优先受偿,抵押人是指将依法取得的房地产提供给抵押权人,作为本人或者第三人履行债务担保的公民、法人或者其他组织。抵押权人是指接受房地产抵押作为债务人履行担保的公民、法人或者其他组织。

2.房地产抵押的法律特征

(1)房地产抵押的标的具有复杂性

房地产抵押的标的不仅包括不动产,也包括权利,如土地使用权。

(2)房地产抵押是要式抵押

抵押当事人应签订书面合同,并办理抵押登记。

(3)房地产抵押有时间限制

无论是以房屋还是以土地使用权设定抵押,都应在土地使用权的期限内设定抵押权。

二、房地产抵押权的设定

1.设定抵押的原则

(1)房地合一原则

房屋抵押权是指将该房屋占用范围内的土地使用权同时设定抵押权。不存在只设定房屋抵押权而土地使用权分离在外的情形。如果以出让取得的土地使用权为抵押,则地上建筑物也同时设定抵押;如果以房屋所有权为抵押,则占用范围内的土地使用权也同时抵押。

(2)依法登记原则

房地产设立抵押虽是当事人双方意思自愿的行为。但行为的最终生效都受到中国法律、规范的制约。《城市房地产管理法》第六十二条对此作了明文规定:"房地产抵押时,应当向县级以上地方人民政府规定的部门办理抵押登记。"《担保法》第四十一条规定:"抵押合同自登记之日起生效。""当事人未办理抵押物登记的,不得对抗第三人。"

2.设定抵押权的物的范围

《物权法》第一百八十条规定,下列财产可以抵押:建筑物和其他土地附着物;建设用地使用权以招标、拍卖、公开协商等方式取得荒地等土地承包经营权;正在建造的建筑物等。具体而言,可以设定抵押权的物的范围包括:

(1)房地产本身

房地产抵押可分为土地使用权抵押和房屋所有权抵押。在抵押时,应遵循房地合一原则。

（2）新增房屋

城市房地产抵押合同签订以后，土地上新增的房屋不属于抵押物。

（3）在建房屋

如果在建房屋是永久性建筑，房地产抵押效力及于在建房屋；如果是临时性建筑，房地产抵押效力应由抵押合同约定。如果抵押合同没有约定，房地产抵押效力不及于在建房屋。

（4）附属物

如果法律或抵押合同没有特别规定，抵押权的效力及于抵押物的附属物。

（5）孳息

房地产抵押的效力及于抵押权开始进入实现阶段后到抵押标的处分为止房地产所产生的孳息。

（6）从权利

房地产抵押的效力及于房地产的从权利，如相邻权。

《城市房地产抵押管理办法》规定下列房地产不得设定抵押权：权属有争议的房地产；用于教育、医疗、市政功能的公共福利事业的房地产；列入文物保护的建筑物和有重要纪念意义的其他建筑物；已依法公告列入拆迁范围的房地产；被依法查封、扣押、监管或者以其他形式限制的房地产；依法不得抵押的其他房地产。

3.设定抵押权的注意事项

（1）同一房地产设定两个以上抵押的。抵押人首先应将已经设定的抵押情况告知抵押权人，这种告知应是书面的，并应在抵押合同中的体现出来。其次，抵押人所担保的债权不得超出其抵押物的价值，也就是说，抵押物的价值必须大于债权的金额，该金额以包括处分抵押物所应能预见的各种费用为妥。若同一抵押物上设有两个抵押权，则后一个抵押权担保债务的履行期限不得早于前一个抵押权担保债务的履行期限。再次，如果设定抵押之后还有余额，还可以再次抵押，但不得超出余额部分。

（2）两宗以上房地产设定同一抵押权的（两宗以上包括两宗，可以多宗，没有上限），在法律上视为同一抵押房地产，承担连带的担保责任。其承担的共同担保义务不可分割。如果在抵押合同中有清偿债务先后顺序的约定，则另当别论。

（3）以在建工程已完工部分抵押的，已完工建筑物所占面积的土地使用权随之抵押。抵押必须持有建设工程的立项批准文件、建设用地规划许可证、建设工程规划许可证以及依法生效的建筑工程承包合同。

（4）以享受国家优惠政策购买的房地产抵押的（以成本价购买的公有居住房屋），其抵押额以房地产权利人可以处分和收益的份额比例为限。

（5）国有企业、事业单位法人以国家授予其经营管理的房地产抵押的，应符合国有资产管理的有关规定。

（6）以集体所有制企业的房地产抵押的，必须经集体所有制企业职工（代表）大会通过，并报其上级主管机关备案。

（7）以中外合资企业、合作经营企业和外商独资企业的房地产抵押的，必须经董事会通过,但企业章程另有规定的除外。

(8)以有限责任公司、股份有限公司的房地产抵押的,必须经董事会或者股东大会通过,但企业章程另有规定的除外。

(9)有经营期限的企业以其所有的房地产抵押的,其设定的抵押期限不应超过该企业的经营期限。

(10)以具有土地使用年限的房地产抵押的,其抵押期限不得超过土地使用权出让合同规定的使用年限减已经使用年限后的剩余年限。不得违反国家有关土地使用权出让、转让的规定和出让合同的约定。

(11)以共有的房地产抵押的,抵押人应当事先征得其他共同人的书面同意。

(12)以预购商品房贷款抵押的,商品房开发项目必须符合房地产转让条件并取得商品房预售许可证以及依法生效的预售合同。

(13)以已出租的房地产抵押的,抵押人应当将租赁情况告知抵押权人,并将抵押情况告知承租人。原租赁合同继续有效。

(14)设定房地产抵押时,对抵押房地产的价值可以由抵押当事人协商议定,也可以由房地产评估机构评估确定。法律、法规另有规定的除外。

(15)抵押当事人约定对抵押房地产保险的,由抵押人为抵押房地产投保,保险费由抵押人负担。抵押房地产投保的,抵押人应当将保险单移送抵押权人保管。在抵押期间,抵押权人要作为保险赔偿的第一受益人。

(16)企业、事业单位法人分立或者合并后,原抵押合同继续有效,其权利和义务由变更后的法人享有和承担。抵押人死亡、依法被宣告死亡或者被宣告失踪时,其房地产继承人或者代管人应当继续履行原抵押合同。

三、房地产抵押权的效力

在抵押期间,抵押人转让已办理登记的抵押物的,应当通知抵押权人并告知受让人转让物已经抵押的情况;抵押人未通知抵押权人或者未告知受让人的,转让行为无效。转让抵押物的价款明显低于其价值,抵押权人可以要求抵押人提供相应的担保;抵押人不提供的,不得转让抵押物。经抵押权人同意,抵押人转让抵押物时,转让所得价款应向抵押权人提存所担保的债权或者向与抵押权人约定的第三人提存。超过债权数额的部分,归抵押人所有,不足部分由债务人清偿。

在房地产抵押关系存续期间,房地产抵押人应当维护抵押房地产的安全完好,抵押权人发现抵押人的行为足以使抵押物价值减少的,有权要求抵押人停止其行为。抵押物价值减少时抵押权人有权要求抵押人恢复抵押物价值,或者提供与减少的价值相当的担保。抵押人对抵押物价值减少无过错的,抵押权人只能在抵押人因损害而得到的赔偿范围内要求提供担保。抵押物价值未减少的部分,仍作为债权的担保。

四、房地产抵押权的实现

房地产抵押权的实现有以下几种情况:

(1)债务履行期届满抵押权人未受清偿的,可以与抵押人协议以抵押物折价或以拍卖、变卖该抵押物所得的价款受偿；协议不成的，可以向人民法院提起诉讼。抵押物折价或拍卖、变卖该抵押物所得的价款超过债权数额的部分，归抵押人所有，不足部分由债务人清偿。

(2)同一抵押物上有数个抵押权时，按抵押物登记的先后顺序清偿。

(3)对于设定房地产抵押权的土地使用权是以划拨方式获得的，依法拍卖该房地产后，应当从拍卖所得的价款中，缴纳相当于应缴纳的土地使用权出让金的款额后，抵押权人方可优先受偿。

(4)签订城市房地产抵押合同后，土地上新增的房屋不属于抵押物。需要拍卖抵押的房地产时，可以将该土地上新增的房屋与抵押物一同拍卖，但对拍卖新增房屋所得，抵押权人无权优先受偿。

(5)抵押权因抵押物灭失而消灭，因灭失所得的赔偿金应作为抵押财产。

复习思考题

1. 什么是房地产交易？它有哪些特征？
2. 什么是房地产转让？房地产转让有哪几种形式？
3. 房地产转让的程序是什么？
4. 什么是商品房预售？商品房预售有哪些条件？
5. 申请预售商品房应提供哪些材料？
6. 什么是房地产抵押？
7. 房地产抵押应具备哪些条件？
8. 什么是房屋租赁？
9. 房屋租赁有哪些条件？
10. 房屋租赁合同的内容有哪些？
11. 申请房屋租赁登记备案时应提交哪些文件？

第六章

房地产权属登记法律制度

● 案例导入

【案情】

李×于 1999 年 3 月 2 日将其私有房产卖给本市居民刘×。当年 3 月 5 日二人一同到房地产交易处办理了产权过户手续,并依法缴纳了规定费用和契税后,李×将房屋交给刘×,刘×亦将房款付清。当 5 月 19 日刘×持有关证件去该市房管局申请权属登记时却被告之该房产已被查封,无法进行房产产权转移登记。原因是:李×与他人发生经济纠纷,被诉至法院,原告要求法院对原为李×所有的房产进行财产保全,法院依据原告的申请作出了查封该房屋的裁定,并书面通知市房管局协助执行这一裁定。

根据以上资料回答下列问题:

(1)刘军是否可以办理产权登记手续? 为什么?

(2)该市房管局的做法是否妥当? 为什么?

(3)本案应如何处理?

【评析】

(1)《城市房地产转让管理规定》规定,房地产转让应当按照下列程序办理:

①房地产转让当事人签订书面转让合同。

②房地产转让当事人在房地产转让合同签订后 90 日内持房地产权属证书、当事人的证明、转让合同等有关文件向房地产所在地的房地产管理部门提出申请,并申报成交价格。

③房地产管理部门对提供的有关文件进行审查,并在 7 日内作出是否受理申请的书面答复,7 日内未作说明答复的,视为同意受理。

④房地产管理部门核实申报的成交价格,并根据需要对转让的房地产进行现场查勘和评估。

⑤房地产转让当事人按照规定缴纳有关税费。

⑥房产管理部门办理房屋权属登记手续,核发房地产权属证书。

在本案例中,刘×与李×签有书面转让合同,并且在 90 日内到该市房产交易所办理了交易,交纳了有关税费,而且房产交易主管部门核发了过户单。

《城市房屋权属登记管理办法》规定:因房屋买卖原因致使其权属发生转移的,当事人应当自事实发生之日起90日内申请转移登记,但根据有关法律规定:司法机关在登记机关未核准登记之前,要求协助其执行裁定的,房管局作为行政机关应当给予配合。

因此,综上所述,刘×即使有权利可以办理登记手续,但在法院解除财产保全之前,该房产登记处无法为其办理房屋所有权证。

(2)房管局产权处的做法是妥当的。理由同上。

(3)本案处理方法有两种:

①如李×与原告达成调解协议,法院解除对李×房屋的查封,这时刘军即可取得房屋所有权证。

②如李×与原告不能协议解决,刘×则不能取得房屋所有权证,法院有可能拍卖原属李×的房屋以解决经济纠纷。

可见,中国房屋产权登记实行产权登记制度。通过对权利人的申请进行实质性的审查,在核准登记以后发给权利人权属证书。这种登记制度要求:房地产权利的转移和房屋他项权利的设定,当事人签订的合同具有效力,但这种效力只是一种债的效力,即当事人在订立合同后只能得到债权的保护,而不能得到物权的保护,只有在履行了权属登记手续以后,房屋受让人或房屋他项权利的权利人的房屋所有权或房屋他项权利才告成立,即将登记作为房地产权利成立的要件。因此,又称中国房地产登记制度为成立要件主义。

第一节　房地产权属管理概述

房地产权属登记是指经权利人申请,由房地产权属登记机关将有关申请人的房地产权利事项记载于房地产登记簿(权属档案)的法律行为。房地产权属登记制度是现代物权法中的一项重要制度。房地产权属登记管理是用法律和行政手段对房地产进行登记,审查确认产权,核发权属证书,办理权属的转移变更,调处产权纠纷,监督、规范权利人的行为,建立准确、完整的产籍档案资料等,从而建立正常的产权管理秩序,更好地保护权利人的合法权益。

一、概　述

(一)中国现行登记制度的特点

《物权法》颁布之前,房地产事项由房屋与土地分部门管理,所以房地产权属登记时土地使用权和房屋所有权分别在土地管理机关和房地产管理机关进行。

《物权法》颁布后统一了登记制度,将"房地产权属登记"称为"不动产登记"。《物权法》第十条规定:"国家对不动产实行统一登记制度。统一登记的范围、登记机构和登记办法,由法律、行政法规规定。"不动产登记具有以下法律特征:

(1)登记的对象是不动产,主要包括房和地。

(2)登记的事项是不动产的设立、变更、转让和消灭。

(3)登记是不动产物权变动的前提。《物权法》第九条规定:"不动产的设立、变更、转让和消灭,应当登记;未经登记,不发生物权效力,但法律另有规定的除外。"可见,在中国不动产必须登记,但依法属于国家所有的自然资源,所有权可以不登记。

(4)登记是将登记事项记载于不动产登记簿上的行为。如果只有当事人的申请而未经法定程序,那么即使将各事项记载于登记簿上,也不能完成不动产的登记。

(5)登记具有公示性。不动产物权通过登记公示出来,权利人、利害关系人可以申请查询、复制登记资料,登记机关应当提供相关资料。

(二)不动产登记簿与不动产权属证书

根据《物权法》的相关规定,不动产登记簿是物权归属和内容的根据,由登记机构管理。不动产权属证书是权利人享有该不动产物权的证明,由权利人持有。不动产权属证书记载的事项,应当与不动产登记簿一致;记载不一致的,除有证据证明不动产登记簿确有错误外,以不动产登记簿为准。

二、登记机构

(一)登记管理机构

根据《物权法》的规定,不动产登记由不动产所在地的登记机构办理。物权法出台后,国家统一了登记机构,但登记机构的具体管理范围和职责尚未明确,这有待于国家机构改革以及相应行政法规的出台。

(二)登记机关的审查义务及其责任

《物权法》第十二条明确规定,登记机构应当履行下列职责:

(1)查验申请人提供的权属证明和其他必要材料。当事人提供虚假材料申请登记,给他人造成损害的,应当承担赔偿责任。

(2)就有关登记事项询问申请人。

(3)如实、及时登记有关事项。因登记错误给他人造成损害的,登记机构应当承担赔偿责任。登记机构赔偿后,可以向造成登记错误的人追偿。

(4)法律、行政法规规定的其他职责。

申请登记的不动产的有关情况需要进一步证明的,登记机构可以要求申请人补充材料,必要时可以实地查看。

同时,《物权法》的十三条还规定,登记机构不得有下列行为:

(1)要求对不动产进行评估。

(2)以年检等名义进行重复登记。

(3)超出登记职责范围的其他行为。

三、登记的程序

登记的具体程序是:登记申请→权属审核→公告→核准登记、颁发房屋权属证书。

(一)登记申请

登记申请是指申请人向房屋所在地的登记机关提出书面申请,填写统一的登记申请表,提交有关证件。当事人应当根据不同申请事项提供权属证明和不动产地址、面积等必要材料。房屋所有权登记申请必须由房屋所有权人提出,房屋他项权利登记应由房屋所有权人和房屋他项权利人共同申请。

（二）权属审核

权属审核是指房地产权属登记机关对受理的申请进行权属审核。主要包括查阅产籍资料、审核申请人提交的各种证件,核实房屋现状及权属来源等。

（三）公告

公告是指对可能有产权异议的申请,采用布告、报纸等形式公开征询异议,以便确认产权。公告并不是房屋权属登记的必经程序,登记机关认为有必要时进行公告。但房屋权属证书遗失的,权利人应当及时登报声明作废,并向登记机关申请补发,登记机关应当作出补发公告,经6个月无异议后方可予以补发房屋权属证书。

（四）核准登记、颁发房屋权属证书

核准登记、颁发房屋权属证书即经初审、复审、公告后的登记件,应进行终审,经终审后,该项登记即告成立,终审批准之日即核准登记之日,并通知权利人领取房屋权属证书。

四、更正登记和异议登记

权利人、利害关系人对不动产登记簿记载的物权归属等事项有异议的,可以向有关机构提出异议,保护自己的合法权益。

（1）权利人、利害关系人认为不动产登记簿记载的事项错误的,可以申请更正登记。不动产登记簿记载的权利人书面同意更正或者有证据证明登记确有错误的,登记机构应当予以更正。

（2）不动产登记簿记载的权利人不同意更正的,利害关系人可以申请异议登记。

（3）登记机构予以异议登记的,申请人在异议登记之日起15日内不起诉,异议登记失效。

（4）异议登记不当,造成权利人损害的,权利人可以向申请人请求损害赔偿。

五、预告登记

《物权法》规定,当事人签订买卖房屋或者其他不动产物权的协议,为保障将来实现物权,按照约定可以向登记机构申请预告登记。预告登记的类型主要是预售商品房的登记,预售商品房登记的意义主要体现在以下几个方面:

（1）买受人获得优先购买权的效力。如果在预售期间,办理了预售登记之后,则买受人取得了优先购买权,这可以防止出卖人"一房数卖"。

（2）出卖人的处分权受到限制。在未登记之前,出卖人享有对期房的处分权,但登记后,出卖人不得再处分其期房,即使处分也是无效的。

（3）对出卖人的其他债权人的效力。预告登记办理后,买受人可以对抗出卖人的一切债权人,包括其抵押权人。

（4）期房登记与现房登记发生冲突时,应以期房登记为准。

六、登记的效力和合同的效力

对于登记的效力和合同的效力之间的关系,《物权法》作了如下规定:"当事人之间订立有关设立、变更、转让和消灭不动产物权的合同,除法律另有规定或者合同另有约定外,自合同成立时生效;未办理物权登记的,不影响合同效力。"

可以看出,《物权法》将登记效力与合同效力截然分开。如果没有办理不动产登记手续,则只影响物权的设立、转让、变更等,而并不影响合同本身的效力。

第二节　房地产权属登记管理

一、房地产权属登记的范围

为了加强城市房屋权属管理,维护房地产市场秩序,保障房地产权利人的合法权益,根据颁布《房地产管理法》的规定,凡在城市规划区国有土地范围内取得的土地使用权和房屋所有权,房地产他项权利的法人、其他组织和自然人都要按照国家规定到房屋所在地的登记机关申请房地产产权登记,领取权属证书。

法人、其他组织包括全民所有制企业单位、股份制企业、军队、事业单位房地产;集体所有的房地产;联营房地产;涉外房地产等的权属人。上述组织都必须在限期内到房地产所在地登记机关申请登记,领取房地产权属证书。

二、房地产权属登记的种类

根据《城市房地产管理法》和《城市房屋权属登记管理办法》的规定,房地产权属等级分为七种:总登记;土地使用权初始登记;房屋所有权初始登记;转移登记;变更登记;他项权利登记;注销登记。

(一)总登记

总登记是指县级以上地方人民政府根据需要,在一定期限内对本行政区域内的房地产进行统一的产权登记。

当登记机关认为需要时,经县级以上地方人民政府批准,可以对本行政区域内的房地产权属证书进行验证或者换证,凡列入总登记的验证或换证范围的,无论权利人以往是否领取房屋权属证书,权属状况有无变化,均应当在规定的期限内办理申请登记。总登记并非经常进行,一般是在某一城市或地区房屋权属状况较为混乱,政府尚未建设完整的产籍时才进行。

总登记、验证、换证应由县级以上地方人民政府在规定期限开始之日起30日前发布公告。公告包括以下内容:

(1)登记、验证、换证的区域,如全县、全市、全省。

(2)申请期限。

(3)当事人应当提交的有关证件。

(4)受理申请地点。

(5)其他应当公告的事项。

(二)土地使用权初始登记

以出让或划拨方式取得土地使用权的,权利人应申请办理土地使用权初始登记。进行土地使用权初始登记时,申请人应提交批准用地或土地使用合同等有关证明文件。

(三)房屋所有权初始登记

在依法取得的房地产开发用地上新建成的房屋和翻建、改建、扩建的房屋以及集体土地转为国有土地上的房屋,权利人应向登记机关申请办理房屋所有权初始登记。

对新建的房屋,申请人应在房屋竣工后的 3 个月内向登记机关申请房屋所有权初始登记,并应提交用地证明文件或者土地使用权证、建设用地规划许可证、建设工程规划许可证、施工许可证、房屋竣工验收资料以及其他有关的证明文件。

对集体土地上的房屋转为国有土地上的房屋,申请人应当自事实发生之日起 30 日内向登记机关提交用地证明等有关文件,申请房屋所有权初始登记。

对房地产开发公司出售的商品房屋,应在销售前到登记机关办理备案登记手续。

(四)转移登记

转移登记是指房屋所有权因房屋买卖、赠与、继承、交换等原因而引起所有权人发生变化时所进行的登记。申请转移登记时,权利人应提交房地产权属证书以及与房地产转移相关的合同、协议、证明等文件。

所用权发生转移时,原来的房屋所有权人已不再是房屋的所有者,因此就要依法登记,以确认新的房屋所有权人。此外,房屋的分割析产(房产分割)看起来所有权并未转移,只是把原来共同所有的房产变成了各自所有,但实质上是一种特殊方式的转移,因而房产分割也被列入转移登记范围。

(五)变更登记

变更登记是指在房屋部分改建、扩建以及房屋坐落的街道、门牌或者房屋名称发生变更时或因拆除而使房屋的现状发生变更时所进行的登记。房屋权属变更登记使权属证书上记载的房屋状况与实际状况相一致。申请变更登记时,权利人应当自事发之日起 30 日内提交房地产权属证书以及相关的证明文件到登记机关申请登记。

(六)他项权利登记

设定房地产抵押权、典权等他项权利时,权利人应申请他项权利登记,申请房地产他项权利登记时,权利人应提交的证明文件有:

(1)以未开发的土地使用权作为抵押物的,应提交国有土地使用权证、土地使用权出让与抵押合同书及相关协议和证明文件。

(2)以房屋及其所占土地作为抵押物时的,除应提交上述所列证明文件外,还应提交房屋所有权证。

(七)注销登记

注销登记是指因土地使用年限届满,他项权利终止等原因导致房地产权利丧失所进行的登记。申请注销登记时,申请人应提交原房地产权属证书、相关的合同、协议等证明文件。权利人应自法定注销原因发生之日起 30 日申请注销登记。当有下列情形之一的,登记机关有权注销产权权属证书:

(1)申报不实的。

(2)涂改房地产权属证书的。

(3)房地产产权灭失,而权利人未在规定期限内办理注销登记的。

(4)因登记机关的工作人员工作失误造成房屋权属登记不实的。

三、房地产权属登记的要件、程序及发证

(一)房地产权属登记要件

(1)申请人或代理人具有申请资格。权利人为法人、法人团体的,应使用法定名称,由其法定代表人申请;权利人为自然人的,应使用其身份证件上的姓名;共有的房地产,由共有人共同申请;设定房地产他项权利登记的,由相关权利人共同申请。

(2)有明确、具体的申请请求。

(3)申请登记的房地产产权来源清楚、合法、证件齐全、没有纠纷,且不属于被限制转移或被依法查封以及违章建筑的房屋。

(4)属于受理登记的登记机关管辖。

(二)登记程序

1.填表和检验证件

主要填写房地产权属申请书、墙界表和收取并检验证件。

房地产权属申请书是指产权人向登记机关陈述产权来源和房地产状况,请求对其房地产给予法律认可和保护的一种表格式的书面申请。其中产权人的情况和房地产状况由产权人填写,产权审查情况由登记人员填写。

墙界表是指产权人向房地产登记机关提供的房屋(院落)四周墙体、使用土地归属的自我认定及有利害关系的邻户对其认定的承认和证明的书面申报。需要提交的证件根据登记种类和房地产的不同而有所不同,在登记时可根据《城市私有房屋管理条例》《城镇房屋所有权登记暂行办法》《城市房屋产权产籍管理暂行办法》以及房地产所在地人民政府房地产行政主管部门的规定提交相应证件。

2.勘丈绘图

勘丈绘图是指对申请登记的房地产,以产权人为单位,逐户、逐处进行实地勘察,查清房地产现状,丈量计算面积,核实房屋墙体归属和土地使用范围,绘制房地产平面图,补测或修改房地产平面图,为产权审查和制图发证提供的依据。

3.产权审查和确认

产权审查和确认是指有管辖权的房地产产权登记机关代表人民政府,对当事人申请产权登记的申报及其提交的房地产产权归属和产权状况的证明材料进行审查和确认,并决定是否予以登记并发给房地产权属证书的工作过程。房地产产权的审查和确认是产权登记的核心,是一种政府职能,是由房地产产权登记机关实施的具体行政行为。

产权审查一般应经过初审、公告、复审和审批四个阶段。

(1)初审:主要通过查阅产权档案及有关资料,审查产权人提交的各种产权证件和办理的各种手续是否合法,核实房屋的四面墙界与建设用地规划许可证或建设用地批准书的用地范围和用地界限是否相符,明确产权来源及其转移变动情况。

①初审(权属审核)一般应包括以下内容:

(a)摘录产权档案的内容。

(b)查阅主要产权的各种证件。

(c)根据产权档案记载的历史情况,对照现申请人提交的证据,审核产权人姓名是否

一致,产权转移、房地产状况变更是否有合法依据。

(d)签署初审意见。

②初审意见包括以下内容:

(a)上次产权来源情况及有关附记情况。

(b)本次产权来源情况及主要事实和证据。

(c)四周范围和墙体归属。

(d)共有关系、他项权利关系、相邻关系及其他需附记的情况。

(e)准予按当时面积作何种类别登记。

(f)税费收缴情况。

(g)承办人姓名、签注意见时间。

(2)公告:是房地产权属登记的程序之一,房地产有关法律规定公告适用于登记机关认为有必要进行公告的登记。因此,公告不是房地产权属登记的必经程序。如购买公有住房、房地产开发公司的房屋以及手续齐全的新建、转移、变更登记、典权、抵押权等房地产他项权利的设定,可以不予公告。

公告的主要目的是为了征询要登记的房地产权属的异议,为了进一步了解产权权属而向社会发出产权征询过程。征询异议即将已经初步核定的房屋所有权主要情况予以公布,以征求与产权有利害关系者对房屋权的异议(其中也包括申请登记者对登记情况是否有异议),便于登记机关及时发现登记中的问题,以提高登记的准确性。

公告征询异议的时间一般为一个月。

如发现公告的内容有出入,应及时向登记机关提出,以便登记机关及时纠正错误,也可以使提出异议者自己的合法权益及时得到保护。

异议人如有产权异议,应采取书面提出的方式,并提供提出产权异议的有关证据。登记机关在收到产权异议后,应立即中止登记程序,直至这一异议被排除。

异议的排除一般有两种方式:一种是申请登记人与提出异议人对于登记的实体事项的争议通过协商、调解、仲裁或诉讼得到解决的方式;另一种是申请人提供足以推翻异议的证据,而提出异议者无相反证据的方式。

在某种情况下,若提出异议的人并非基于自身的利益,而是为了维护国家、集体或其他公民的利益,则房地产管理部门并不一定要求反应情况者提供证据,而且还应对提出异议者负保密的责任。

(3)复审:是指经初审同意确认产权,如需公告的登记已公告的,无人提出异议的登记案件由复审人员进行全面审查,如有异议的产权登记,则退由初审继续调查处理。

当复审时,如登记房地产产权来源清楚,有关证件手续齐全,登记机关应在"复审意见"栏内注明复审意见。复审意见主要包括以下内容:是否同意初审意见;补充初审意见的事项和决定;签注意见人的姓名、签注意见时间。

(4)审批:是产权审查的最后程序,即确定是否最后确认产权,是否准予发给产权证件。凡经审查批准的,才准予发给房地产权属证书。审批意见主要包括以下内容:是否同意复审意见;补充或变更复审意见的事项和决定;签注意见人的姓名、签注意见时间。

4.绘制房地产权属证书

对申请登记且经过登记确认产权的房地产,应及时绘制房地产权属证书。

(1)房地产权属证书记载的内容主要包括:编号;发证单位;房屋所有权人或土地使用人;所有权性质;共有人及其应占份额;房屋坐落;地号、地籍号;房屋状况(幢号、房号、间数、建筑结构、层数、面积)等。

(2)房地产权属证书的名称和样式由国家统一制定。1994年7月5日,第八届全国人大第八次常委会议通过了《中华人民共和国城市房地产管理法》,确立了房屋所有权登记发证制度。为了维护房地产权属证书的权威性和严肃性,整顿房地产所有权登记发证工作秩序,规范房地产产权发证行政管理工作,防止违法分子伪造房地产权属证书,制止多设及多部门发放房地产权属证书,切实保护房地产权利人的合法权益,建设部1997年11月12日决定采用全国统一的房地产权属证书。

房地产权属证书主要包括房地产权证、房地产共有权证、房地产他项权证或者房屋所有权证、房屋共有权证、房屋他项权证。

(3)房地产权属证书发放原则。共有的房地产权证由由权利人推举的持证人收执房屋所有权证书。其余共有人各执房屋共有权证书一份。房地产共有权证与房地产权证具有同等的法律效力。房地产他项权证或房屋他项权证由他项权利人收执。他项权利人依法凭证行使他项权利,受国家法律保护。

房地产权属证书的式样由国务院建设行政主管部门统一制定,证书由市、县房地产行政主管部门颁发。

房地产权属证书破损并经登记机关查验需要换领的,予以换证。房地产权属证书遗失的,权利人应当及时登报声明作废,并向登记机关申请补发,由登记机关作出补发公告,公告同样要在当地主要报纸刊登。经公告6个月无异议的,予以补发。

(三)发证

房地产产权登记机关经过初审、公告、复审、审批程序后,给房地产产权所有权人颁发证书。

四、公有住房出售后的权属登记

为保证住房制度改革的顺利进行,保障产权人的合法权益,规范房改中公有住房出售后的权属登记发证管理工作,建设部发布了《关于房改售房权属登记发证若干规定的通知》,对发证与权证登记作了明确的规定:

1.凭证出售公有住房

按照房改政策出售公有住房的单位(以下简称售房单位),必须持有合法的房屋所有权证,尚未登记确定的,不得出售。

2.申请权属登记

(1)购房人按规定一次性付清价款的,从付款之日起3个月内凭有关文件到房屋所在地房地产权属登记机关办理权属转移登记手续,由购房人签章领证。

(2)购房人以抵押贷款方式购买的,在办理权属登记时,应同时提交抵押贷款协议(或合同),并办理他项权利登记,在房屋所有权证上填注设定他项权利摘要,另发他项权利证,交抵押权人存执。

3.发证与权证注记

(1)职工以成本价购买的住房,产权归个人所有。经登记核实以后,发给房屋所有权证,产别为"私产",注记:"房改出售的成本价房,总价款为:××元人民币。"

(2)职工以标准价购买住房,拥有部分产权。经登记核实后,也发给房屋所有权证,产别为"私产(部分产权)",注记:"房改出售的标准价房,总价款为:××元人民币,售房单位为××××,产权比例为××(个人),××(单位)。"

(3)上述两款的"总价款"是指实际售价与购得建筑面积之积,不是指按规定折扣后的实际付款额。

(4)以成本价或标准价购买的住房,应在房屋所有权证上注记限定进入市场的时间。以签发房屋所有权证的日期推算。

(5)以成本价或标准价购买的住房,产权来源为"房改售房"。

房改售房的权属登记发证工作只能由房地产行政主管部门办理,任何部门(单位)均不得以任何借口自行印制与颁布证明房屋权属关系,带有确权性质的任何证书,已经颁发的,由当地房地产行政主管部门公告宣布无效;颁发部门(或单位)应立即停止上述行为,限期将已颁发证书收回、销毁;重新到房地产行政主管部门办理权属登记和领证。

五、外籍人私有房屋权属登记

不动产适用所在地法律,这是世界各国的通例。外籍人士在中国的私有房屋,应按中国《城市房地产管理法》和《城市私有房屋管理条例》规定,到房屋所在地的房地产登记机关办理权属登记。

外籍人私有房屋是指外籍人士在中国境内个人所有、数人共有的住宅和非住宅房。对于这类房屋的所有权登记,除应按《城市私有房屋管理条例》提交国籍证明、职业证明外,还应按房屋所有权取得的不同方式,分别提交以下证件和证明文件:

(1)新建、翻建的房屋,应提交建筑许可证和建筑图样。

(2)购买的房屋,应提交原房屋所有权证、买卖合同。购买房地产开发公司的商品房屋,应是事先已获得外销许可证的。

(3)接受赠与的房屋,应提交原房屋所有权证、赠与书或遗赠书。

(4)交换的房屋,应提交双方的房屋所有权证、协议书。

(5)继承的房屋,应提交原房屋所有权证和遗产继承证明。

(6)分割的房屋,应提交原房屋所有权证和房产分割协议书。

房屋所有权人不能亲自办理登记手续时,可以委托代理人代理。

办理登记和委托手续的证件、文书应经过公证,在外国办理的公证文书,应经过该国外交部或委托的机构和中国驻该国大使馆、领事馆认证。

认证是指外交、领事机构在对发往域外的公证文书上证明公证机关的签名或印章属实的活动。经过认证,可以使域外的有关部门能对公证文书的真实性、合法性给予肯定。域外文书只有在办理认证手续后,在中国才具有法律效力(与中国签有互免领事认证条约的国家除外)。

办理登记和委托手续的证件或文件应使用正本。如果某一证件或文件是用外文写的，应同时附有经公证和认证的中文译文。

六、房地产产权登记管理法律责任

在房地产产权登记管理过程中，主要有以下方面的法律责任：

（1）以虚报、瞒报房地产权属情况等非法手段获得权属证书的，由登记机关注销其房屋权属证书，没收其非法所得，并对当事人处以一定金额的罚款。

（2）涂改房地产权属证书的，其证书无效，由登记机关没收其房地产权属证书，并对当事人处以一定金额的罚款。

（3）非法印刷、伪造房地产权属证书的，由登记机关没收其非法印刷的房地产权属证书及非法所得，并可对当事人处以一定金额的罚款。构成犯罪的，依法追究刑事责任。

（4）未按期进行房地产权属登记的，由登记机关责令其限期补办登记手续，并相应增加收取登记费。

（5）因登记机关工作人员工作过失导致登记不当，致使权利人受到经济损失的，登记机关对当事人的直接经济损失负责赔偿责任。

（6）登记机关的工作人员玩忽职守、徇私舞弊、贪污受贿、滥用职权、超越管辖范围颁发房地产权属证书的，由所在机关给予行政处分。情节严重、构成犯罪的，依法追究刑事责任。

当事人对行政处罚决定不服的，可以依照《行政复议条例》《中华人民共和国行政诉讼法》（以下简称《诉讼法》）的有关规定，申请行政复议或者向人民法院起诉。逾期不申请复议或者不向人民法院起诉、又不履行处罚决定的，由作出处罚决定的机关申请人民法院强制执行。

第三节　房地产权属档案管理

一、房地产权属档案的含义和特点

（一）房地产权属档案的含义

房地产权属档案是城市房地产行政主管部门在房地产权属登记、调查、测绘、权属转移、变更等房地产权属管理工作中直接形成的有保存价值的文字、图表、音像等不同形式的历史记录，是城市房地产权属登记管理工作的真实记录和重要依据，是城市建设档案的组成部分。根据《城市房地产权属档案管理办法》的规定，下列文件材料属于房地产权属档案的归档范围：

（1）房地产权利人、房地产权属登记确权、房地产权属转移及变更、设定他项等有关的证明和文件。

①房地产权利人（自然人或法人）的身份（资格）证明、法人代理人的身份证明、授权委托书等。

②建设工程规划许可证、建设用地规划许可证、土地使用权证书或者土地来源证明、房屋拆迁批件及补偿安置协议书、联建或者统建合同、翻改扩建及固定资产投资批准文

件、房屋竣工验收有关材料等。

③房地产买卖合同书、房产继承书、房产赠与书、房产析产协议书、房产交换协议书、房地产调拨凭证、有关房产转移的上级批件、判决、裁决、仲裁文书及公证文书等。

④设定房地产他项权利的有关合同、文件等。

（2）房屋及其所占用的土地使用权权属界定位置图、房地产分幅平面图、分丘平面图、分层分户平面图等。

（3）房地产产权登记工作中形成的各种文件材料，包括房产登记申请书、收件收据存根、权属变更登记表、房地产状况登记表、房地产勘测调查表、墙界表、房屋面积计算表、房地产登记审批表、房屋灭失申请表、房地产税费收据存根等。

（4）反映和记载房地产权属状况的信息资料，包括统计报表、摄影片、照片、录音带、录像带、缩微胶片、计算机软盘、光盘等。

（5）其他有关房地产权属的文件资料，包括房地产权属冻结文件、房屋权属代管文件、历史形成的各种房地产权证、契证、账、册、表、卡等。

（二）房地产档案的特点

房地产档案是国家资源档案的重要组成部分，其特点表现在以下几个方面：

1. 动态性

动态性是房地产档案区别于其他档案最突出的特点。受自然因素和社会经济发展变化的影响，房地产的数量、质量、分布和使用情况都处在经常变化之中。因此，记载房地产管理活动的房地产档案就具有动态性的特点。如《土地登记规则》规定，凡是土地权属变更的，必须更换土地登记卡，原卡附在新卡的后面，并在原卡上注明该宗地的变更过程，以备查考；凡是主要用途或其他项目变更的，不更换土地登记卡，在原卡上进行变更。此外还有变更登记过程中形成的申请书、权属调查、房地产测量等材料也都处于变化之中，只有掌握房地产档案动态性的特点，按其形成规律和档案的内在联系加以整理，才便于保管和利用。

2. 专业性

（1）权属档案产生于房地产专业部门，是权属管理活动中形成的历史。权属管理是依照一定法规进行的，是任何其他部门所不能替代的。因此，房地产行政主管部门是产生权属档案的专业部门。

（2）权属档案是专业性材料。权属档案在内容和形式上与一般公文有明显的区别，内容上反映房地产的权属状况、位置和面积，文件名称多采用房地产专业术语；形式上结构规范，多为表格式、填写式。

（3）权属档案有独特的专业管理方法。房地产管理部门在长期档案管理过程中积累了经验，形成了以图、档、卡、册为主要内容的权属档案。这四种资料各有侧重、相辅相成，可满足产权管理的需要。

3. 真实性

权属档案是产权沿革的历史记录，这种记录必须与实际相符，记载的产权人、产权范围必须清楚，能在产权审核和解决产权纠纷中起凭证和参考作用。真实性是权属档案的生命，也是发挥其现实效用的基础和前提，一个城市的房地产管理部门是代表人民政府发放产权证件的,这是一项严肃的工作,绝不允许因档案记录的不真实而造成错发产权证书,给政府的声誉带来不良影响,使权利人的利益受到损害。

4. 完整性

权属档案的完整性体现在两个方面:一是房地结合,二是图档结合。

(1)房地结合。房屋权属登记应当遵循房屋的所有权和该房屋占用范围内的土地使用权权利主体一致的原则。就城市而言,房地是密不可分的,地面上一般都有建筑物,没有房屋就没有城市。房屋总是建筑在土地上的,房主取得了土地使用权,一般就拥有了房屋所有权;反之,有了房产所有权,也应同时拥有土地使用权。房产所有权发生转移时,土地使用权要与之相一致,同时也要发生转移。

(2)图档结合。房地产平面图上注记丘号(地号),它可作为查找档案的索引。图上应清晰标志产权范围。综合分析图上的产权界线和房屋墙界线,能反映墙的归属,防止产生产权纠纷。图如果离开了档案,则纯粹是毫无意义的几何线条,失去了它的产权含义;反之,档案离开了图,产权范围则不明。只有图档结合,才能把产权真正反映清楚。

5. 价值性

房地产属于不动产,其价值高,在单位和个人财产构成中占有重要地位。因此,权属档案属于财产档案。权属档案有无、保管好坏、记载是否准确与全面,将关系到产权人的经济利益。

6. 法律性

由记载房屋所有权归属的凭证材料组成的权属档案具有法律效力,是房地产管理部门和人民法院确认房主产权、处理房地产纠纷的重要依据。

房地产档案有其固有的特点,在房地产档案立卷归档时,要按其固有的特性,科学分类、系统整理、集中统一保管,以维护房地产档案的完整与安全,从而充分发挥房地产档案在房地产管理活动中的重要作用,为经济持续发展和社会进步做出贡献。

二、房地产权属档案的作用

档案是国家的宝贵财富,房地产是人类社会发展的物质基础,反映房地产基本状况的房地产权属档案是国家档案的重要组成部分,是依法管理不动产的凭证和依据,其主要作用是凭证和参考作用,具体表现在以下五个方面:

1. 凭证作用

房地产权属档案是对房地产管理活动的真实历史记录,是房地产权属的历史凭证。房地产权属的确认与变更、房地产所有者或使用者合法权益的维护、权属界线及其权属来源争执的调处等,常常需要从房地产权属档案中查考历史记载。

2. 参考和依据作用

房地产权属档案中记载了房地产管理活动的经验和成果,它不仅是不同时期房地产管理制度和管理手段的汇集,也是各项技术成果的真实记录。因此,房地产权属档案不仅可以为房地产管理工作提供参考,还可以为其他部门提供有价值的数据,为制定各项规划和政策提供依据。例如,各类房地产变化,特别是土地增、减情况的档案记录,是衡量各类土地动态平衡的主要手段,也是分析预测各地类变化趋势,制定土地保护规划、措施的重要依据。

3.为国土教育、宣传提供素材

房地产权属档案真实地反映了房地产数量、质量的变化和人类对土地利用活动的基本状况。特别是中国，人多地少，保护耕地十分必要，由于房地产档案具有历史性、真实性和原始性，所以它可以为国土资源宣传教育提供生动的素材。

4.科学研究的可靠手段

不动产管理是为适应社会生产力不断发展的客观需要而逐步发展起来的一门独立学科，为保证该学科科学研究成果的质量和水平，需要以足够的、连续的、系统的房地产档案为基础，它可以为科学研究提供丰富的历史材料。一方面，房地产管理的原始记录及其总结的经验、教训可以为科学研究提供借鉴；另一方面，众多的数据、图件、表册、卡等可以为不动产管理中的预测、分析、评价等提供数据和研究资料。

5.建立房地产信息系统的资源库

房地产权属档案也是不动产信息的一种载体。房地产权属档案提供的数据不仅数量大，而且具有原始记录性，这些档案资料是建立各级房地产信息系统的资源库。

三、房地产权属档案管理的内容

房地产权属档案是由图、档、卡、册构成的。

1.图

图即房地产平面图，是指专为房地产权属登记和管理而绘制的一种专用图纸，反映房地产的位置、结构、面积等。包括房屋及其所占用的土地使用权权属界定位置图、房产分幅平面图、房产分丘平面图和房屋分层分户平面图。

2.档

档即房地产档案，是指通过房地产产权登记和办理所有权转移以及变更登记等把各种产权证件、证明和各种文件、历史等集齐，并用科学的方法加以整理、分类并装订成册。其主要作用是记录并反映产权人及房屋、用地状况的演变，包括产权登记等各种申请表、墙界表、调查材料和原始文字记载以及原用契证等，反映了房地产权利及房地演变的过程，是审查和确认产权的重要依据。

3.卡

卡即房地产卡片，是指对房地产产权登记申请书中产权人情况、房屋状况以及产权来源、土地使用状况等加以扼要摘录而制成的卡片，它按房地产产籍地号（丘号）顺序，以一处房屋坐落的每幢房屋为单位而填制。房地产卡片的主要作用是便于查阅房地产的情况，即对各类房地产进行例行的和必要的统计汇总，便于进行分类统计使用。

4.册

册即房地产登记簿册，包括登记收件簿、发证记录和房屋总册，是根据房地产产权登记的成果和分类管理的需要而填制的，是产权状况和房屋状况的缩影，便于掌握房地产产权状况的变动，是房地产产权管理的基础资料。

房地产档案资料中的图、档、卡、册各项内容应准确一致，并且真实无误地记载产权状况，各种表册的项目应无一缺项，各种证件、证明资料应无遗漏，各种手续应齐全完备，当产权移转变更、房屋土地情况发生变化时，产籍资料应及时随之更新，使之符合现状。

复习思考题

1. 产权产籍管理的原则是什么？

2. 房地产权属证书的主要内容有哪些？

3. 房地产管理部门在受理房地产权属登时，为什么要公告？当公告的内容实际情况有出入时应怎么办？

4. 房屋所有权证遗失了怎么办？

5. 申请房地产权属登记的条件是什么？

第七章

房地产中介服务管理法律制度

● 案例导入

【案情】

孙某需要购买住宅房屋,在 1999 年 10 月到该市 HY 房屋中介交易所了解是否有其需要的住宅房,在 HY 房屋中介交易所的工作人员介绍的房屋信息中,孙某决定购买由 HY 房屋中介交易所代为销售的、坐落在本市 YG 小区内的 9 号楼,于是孙某与 HY 房屋中介交易所签订了购房协议书,并明确规定:如 HY 房屋中介交易所不能满足孙某的要求,就视为违约,同时孙某交纳购房定金 2 万元人民币,约定入住时间为 1999 年 12 月底。

孙某在约定期限到 HY 房屋中介交易所办理有关入住事宜时,该交易所的工作人员称 YG 小区的房屋价格上涨了,如孙某还想要该住宅,就得加钱,不然就另在别处为孙某买房,但其他几处孙某都认为不符合自己的需要,于是双方发生争议。孙某要求退还定金,并赔偿一定的经济损失,而 HY 房屋中介交易所却认为,不能退还孙某的定金,因为他们已为孙某联系了多处房屋。

经过多次交涉未果,孙某于是诉诸该市人民法院,请问法院应该如何处理此案?

【评析】

(1)本案例涉及房屋销售定金问题。首先,我们要明确定金的概念和特性,根据《经济合同法》中有关定金问题的规定可知,本案例中的定金是购房人为了证明购房合同的订立和保证购房合同的履行,在合同成立后履行前支付给代理人的一定数额的货币金额,它依赖于主债务而存在。在住房交易中,定金不是购房的担保,而是在销售方许诺真实的情况下购房的担保。代理方许诺不真实导致交易中止,不能等同于购房人单方中止交易。因此,在非购房人责任的前提下导致购房人不履行合同的,购房人都有权要求退还定金。《经济合同法》规定:"当收取定金的合同的当事人违约时,应双倍返还定金,如定金不能弥补当事人的损失时,还应负赔偿责任。"

(2)本案例中,孙某是在 HY 房屋中介交易所介绍自己具有代理权的情况下签订的书面购房协议书,并在违约责任与担保条款中明确规定:如 HY 房屋中介交易所承担的条件无法实现即视为违约。而本案例中 HY 房屋中介交易所不能在 YG 小区为孙某购买到住房。因此,违约事实已存在。因此,法院应确认:

①孙某与 HY 房屋中介交易所签订的合同具有法律效力。

②HY 房屋中介交易所构成违约,负违约责任。

③HY 房屋中介交易所应双倍退还定金。

第一节 房地产中介服务的行业管理

房地产中介服务作为一种服务性的经营活动,是市场经济的产物,有其自身的特点。为维护房地产市场秩序,规范房地产中介服务,保障当事人的合法权益,必须加强房地产中介服务的行业管理。

根据《城市房地产中介服务管理规定》,房地产中介服务的行业管理主要包括中介服务人员管理、中介服务机构管理和中介服务业务管理三个方面。

一、管理机构

《城市房地产中介服务管理规定》规定了城市房地产中介服务管辖范围。

(1)国务院建设行政主管部门管理全国房地产中介服务工作。

(2)省、自治区建设行政主管部门管理本行政区域内的房地产中介服务工作。

(3)直辖市、市、县人民政府房地产行政管理部门管理本行政区城内的房地产中介服务工作。

二、房地产中介服务人员资格的管理

国家主要通过实行行业资格管理制度对房地产中介服务人员进行管理,即根据房地产中介服务的不同内容、性质、特点和要求,以法规的形式明确规定从事中介服务的人员所应具备的各项条件,只有符合规定标准的人员,才有资格从事相应的中介服务活动;凡不具备这些条件的人员,均不能从事相应的中介服务活动。

《城市房地产中介服务管理规定》对从事房地产中介服务人员有如下规定:

(1)从事房地产咨询业务人员必须是具备房地产及相关专业中等以上学历,有与房地产咨询业务相关的初级以上的专业技术职称,并考试合格的专业技术人员。

(2)国家实行房地产估价师职业资格认证制度。房地产价格评估人员分为房地产估价师和房地产估价员。

①房地产估价师必须是经国家统一的执业资格认证考试,取得房地产估价师执业资格证书,并经注册取得房地产估价师注册证的人员。未取得房地产估价师注册证的人员,不得以房地产估价师的名义从事房地产估价业务。

②房地产估价员是指经过考试并取得房地产估价员岗位合格证的人员。未取得房地产估价员岗位合格证的人员,不得从事房地产估价业务。其具体考试办法,由省、自治区人民政府建设行政主管部门和直辖市房地产管理部门规定。

三、中介服务机构的管理

从事房地产中介服务业务均应设立相应的房地产中介服务机构。房地产中介服务机构是具有独立法人资格的经济组织,包括房地产咨询机构、房地产评估机构和房地产经纪机构等,凡从事房地产中介服务的人员,应当在相应的中介服务机构开展业务活动,不允许以个人的名义从事房地产中介服务活动。

国家对房地产中介服务机构实行资格审批和年检制度。

(1)设立房地产中介服务机构应当具备以下条件:

①有自己的名称、组织机构。

②有固定的服务场所。

③有规定数量的财产和经费。

④有足够数量的专业人员。

⑤法律、行政法规规定的其他条件。

设立房地产中介服务机构的资金和人员条件,应有当地县级以上的房地产管理部门进行审查,经审查合格后,再办理工商登记;需跨省、自治区、直辖市从事房地产估价业务的机构,应报建设部进行审查,经审查合格后,再办理工商登记。

房地产中介服务机构在领取营业执照后的一个月内,应当到登记机关所在地的县级以上人民政府的房地产管理部门备案。

设立有限责任公司和股份有限公司从事房地产中介服务业务的,还应执行《公司法》的有关规定。

(2)房地产管理部门负责对中介机构实行检验,并于每年年初公布年检合格的房地产中介服务机构名单。凡不申请年检或年检不合格的中介服务机构,不得继续从事中介服务业务。

年检的主要内容为一年来中介服务机构开展业务活动的基本情况、工作业绩、市场信誉和财务状况等。主要检查内容包括:

①是否遵守有关的法律、法规和政策规定。

②是否遵守自愿、公平和诚实信用的职业道德。

③是否按核准的业务范围从事经营活动。

④是否按规定标准收取费用。

⑤是否依法缴纳税费。

(3)房地产中介服务的业务管理包括承办业务的管理、财务的管理和中介服务行为的管理。

①承办业务的管理。房地产中介服务人员承办业务,应当由其所在中介服务机构统一受理并与委托人签订书面中介服务合同。合同主要包括以下内容:

• 当事人姓名或者名称和住所。

• 中介服务项目名称、内容、要求和标准。

• 合同履行期限。

• 收费金额、支付方式及时间。

• 违约责任和纠纷解决方式。

• 当事人约定的其他内容。

在承接业务时,中介服务人员若与委托人有利益关系,委托人有权要求其回避。

②财务的管理。房地产中介服务实行有偿服务,中介服务的收费由所在中介服务机

构统一收取,并开具发票,依法纳税。中介服务机构设立业务台账,载明开展业务后所有的收入和支出等费用及其内容。

③中介服务行为的管理。房地产中介服务人员执行业务可以根据需要查阅委托人的有关资料和文件,查看业务现场和设施,要求委托人提供必要的协助。由于房地产中介服务人员失误给当事人造成经济损失的,由所在中介机构承担赔偿责任,所在机构可以对有关人员追偿。

在开展中介服务中,中介服务人员不得有以下行为:

- 超越资格范围从事房地产中介服务业务。
- 索取、接受委托合同以外的酬金或其他财产,或者利用工作之便,牟取其他不正当的利益。
- 允许他人以自己的名义从事房地产中介服务业务。
- 同时在两个或两个以上中介服务机构执行业务。
- 与一方当事人串通损害另一方当事人利益。
- 在中介服务活动中采取恐吓、欺诈和行贿等手段。
- 为无履约能力或者签约能力的人进行中介服务。
- 法律和法规禁止的其他行为。

对因违反职业道德和有关规定,在中介服务活动中或者中介服务管理中造成失误的中介服务人员或中介服务机构,视其情节与性质,由市、县人民政府房地产管理部门会同有关部门对责任者给予处罚。处罚包括警告、没收非法所得、暂停执行业务、吊销资格证书或营业执照,并可处以罚款。情节严重构成犯罪的,由司法机关依法追究刑事责任。

第二节   房地产经纪人员职业资格制度

房地产经纪人员与房地产估价师同属于房地产中介服务人员。房地产经纪活动是活跃的房地产市场不可或缺的重要组成部分。在发达国家的房地产市场中,80%以上的房地产交易是由房地产经纪人促成的。房地产经纪人通过经纪活动一方面传播房地产信息,促成交易,节约流通时间和费用,刺激房地产商品的生产和流通;另一方面为交易双方代办事务,为当事人提供便利,并保障使房地产交易在一定的规则下规范、有序地进行。虽然中国房地产经纪随着中国房地产市场的发展已逐步成长起来,但总体上来讲,房地产经纪行业仍然是当前中国房地产市场发育中的一个薄弱环节,从业人员良莠不齐、文化程度偏低、法律观念淡薄、职业道德观念不强。这不仅严重影响了房地产行业的良好形象,而且损害了消费者的合法权益,对房地产市场的正常秩序造成了一定冲击。针对房地产经纪行业存在的问题,建设部、人事部建立了市场准入制度。从加强对经纪人执业资格考试、认证和经纪机构资质的管理入手,制定了《房地产经纪人员职业资格制度暂行规定》和《房地产经纪人执业资格考试实施办法》,以加强对房地产经纪行业的管理,提高中国房地产经纪人的业务水平和职业道德修养,规范房地产经纪行为,维护消费者权益,使中国房地产经纪行业逐步走上规范有序、公开统一的健康发展轨道。

一、房地产经纪人资格考试

房地产经纪人资格考试分为房地产经纪人执业资格考试和房地产经纪人协理从业资格考试。

(一)考试组织与考试内容

1.房地产经纪人

房地产经纪人执业资格考试实行全国统一大纲、统一命题、统一组织的考试制度。原则上每年举办一次。建设部负责编制房地产经纪人执业资格,编写考试教材和组织命题,组织或授权组织房地产经纪人执业资格考前培训等有关工作。人事部负责审定房地产经纪人执业资格考试科目、考试大纲和考试命题,组织实施考务工作,会同建设部房地产经纪人执业资格考试进行检查、监督、指导和确定合格标准。

房地产经纪人执业资格考试分为基础理论和估价实务两部分,重点考察房地产经纪人对基础理论知识及相关知识的掌握程度、评估技术与技巧的熟练程度、综合而灵活地应用基础理论和评估技术解决实际问题的能力。考试科目与内容包括:

房地产基本制度与政策:主要包括房地产管理制度与法规,其中以《城市房地产管理法》《城市规划法》《土地管理法》《城市房屋拆迁管理条例》《城市房地产抵押管理办法》《城市房地产中介服务管理规定》等法律、法规、部门规章为重点。

房地产经纪相关知识:主要包括房地产经纪人应当掌握的经济、法律、金融、建筑等相关学科的基础知识。

房地产经纪概论:主要包括房地产经纪业务和房地产经纪人的管理、房地产经纪人职业道德、房地产经纪业务分类及管理、国外房地产经纪介绍等。

房地产经纪实务:主要包括房地产市场营销环境分析、房地产市场调查和预测、房地产市场营销等主要考查其实际工作能力与业务水平。

房地产经纪人执业资格考试原则上每年举行一次,考试时间定于每年的第三季度。考试成绩实行两年为一个周期的流动管理。参加全部四个科目考试的人员必须在连续两个考试年度内通过应试科目;免试部分科目的人员必须在一个考试年度内通过应试科目。

2.房地产经纪人协理

房地产经纪人协理从业资格实行全国统一大纲,各省、自治区、直辖市命题并组织考试的制度。建设部负责拟定房地产经纪人协理从业资格考试大纲。人事部负责审定考试大纲。

各省、自治区、直辖市人事厅(局)、房地产管理局,按照国家确定的考试大纲和有关规定,在本地区组织实施房地产经纪人协理从业资格考试。

(二)资格考试报名条件

1.房地产经纪人执业资格考试报名条件

凡中华人民共和国公民,遵守国家法律、法规,已取得房地产经纪人协理从业资格并具备以下条件之一者,可以申请参加房地产经纪人执业资格考试:

取得大专学历,工作满6年,其中从事房地产经纪业务满3年。

取得大学本科学历,工作满4年,其中从事房地产经纪业务满2年。

取得双学士学位或研究生班毕业,工作满 3 年,其中从事房地产经纪业务满 1 年。

取得硕士学位,工作满 2 年,其中从事房地产经纪业务满 1 年。

取得博士学位,从事房地产经纪业务满 1 年。

在 2005 年以前(包括 2005 年),报名参加房地产经纪人执业资格考试的人员,可以不需要先取得房地产经纪人协理从业资格。凡已经取得房地产估价师执业资格者,报名参加房地产经纪人执业资格考试可免试房地产基本政策与制度科目。

房地产经纪人执业资格考试合格者,由各省、自治区、直辖市人事部门颁发人事部统一印制,人事部、建设部用印的中华人民共和国房地产经纪人执业资格证书,该证书在全国范围内有效。

2.房地产经纪人协理从业资格考试报名条件

凡中华人民共和国公民,遵守国家法律、法规,具有高中以上学历,愿意从事房地产经纪活动的人员,均可申请参加房地产经纪人协理从业资格考试。房地产经纪人协理从业资格考试合格者,由各省、自治区、直辖市人事部门颁发人事部、建设部统一格式的中华人民共和国房地产经纪人协理从业资格证书,该证书在所在行政区域内有效。

二、房地产经纪人注册

建设部或其授权的部门为房地产经纪人执业资格注册管理机构。房地产经纪人执业资格注册由本人提出申请,经聘用的房地产机构所在省、自治区、直辖市房地产管理部门初审。申请注册的人员必须同时具备以下条件:

(1)取得房地产经纪人执业资格证书。

(2)无犯罪记录。

(3)身体健康。

(4)经所在经纪机构考核合格。

初审合格后,由省、自治区、直辖市房地产管理部门统一报建设部或其授权的部门注册。准予注册的申请人,由建设部或其授权的注册管理机构核发房地产经纪人注册证。房地产经纪人执业资格注册有效期一般为 3 年,有效期满前 3 个月,持证者应到原注册管理机构办理再次注册手续。再次注册者,除符合上述四项规定外,还必须提供接受继续教育和参加业务培训的证明。在注册有效期内,变更执业机构者,应同时办理变更手续。

经注册的房地产经纪人有下列情况之一的,由原注册机构注销其注册:

(1)不具有完全民事行为能力。

(2)受刑事处分。

(3)脱离房地产经纪工作岗位连续 2 年以上(含 2 年)。

(4)同时在 2 个及以上房地产经纪机构进行房地产经纪活动。

(5)严重违反职业道德和经纪行业管理规定。

省级房地产管理部门或其授权的机构负责房地产经纪人协理从业资格注册登记管理工作,每年度房地产经纪人协理从业资格注册登记情况应报建设部备案。

三、房地产经纪人员职业技术能力与职责

凡从事房地产经纪活动的人员,必须取得房地产经纪人员相应职业资格证书并经注册生效。未取得职业资格证书的人员,一律不得从事房地产经纪活动。取得房地产经纪人执业资格是进入房地产经纪活动关键岗位和发起设立房地产经纪机构的必备条件。取得房地产经纪人协理从业资格是从事房地产经纪活动的基本条件。

(一)房地产经纪人员职业技术能力

房地产经纪人应具备以下职业技术能力:

(1)具有一定的房地产经济理论和相关经济理论水平,并具有丰富的房地产专业知识。

(2)能熟练掌握和运用与房地产经纪业务相关的法律、法规和行业管理的各项规定。

(3)熟悉房地产市场的流通环节,具有熟练的实务操作技能。

(4)具有丰富的房地产经纪实践经验和一定资历,熟悉市场行情变化,有较强的创新和开拓能力,能创立和提高企业的品牌。

(5)有一定的外语水平。

房地产经纪人协理应具备以下职业技术能力:

(1)了解房地产的法律、法规及有关行业管理的规定。

(2)具有一定的房地产专业知识。

(3)掌握一定的房地产流通的程序和实务操作技能。

(二)房地产经纪人员的权利和义务

房地产经纪人享有以下权利:

(1)依法发起设立房地产经纪机构。

(2)加入房地产经纪机构,承担房地产经纪机构关键岗位工作。

(3)指导房地产经纪人协理进行各种经纪业务。

(4)经所在机构授权订立房地产经纪合同等重要文件。

(5)要求委托人提供与交易有关的资料。

(6)有权拒绝执行委托人发出的违法指令。

(7)执行房地产经纪业务并获得合理佣金。

房地产经纪人协理享有以下权利:

(1)有权加入房地产经纪机构。

(2)协助房地产经纪人处理有关经纪事务并获得合理的报酬。

房地产经纪人、房地产经纪人协理应当履行以下义务:

(1)遵守法律、法规、行业规定和职业道德规范。

(2)不得同时受聘于两个或者两个以上房地产经纪机构执行业务。

(3)接受职业继续教育,不断提高业务水平。

(4)向委托人透露相关信息,充分保障委托人的权益,完成委托业务。

(5)为委托人保守商业秘密。

第三节　房地产估价人员职业资格制度

房地产估价人员职业资格制度是随着房地产业发展的需要而逐步建立和完善的。《房地产管理法》规定,国家实行房地产估价人员资格认证制度。自1993年起,建设部和人事部开始积极、审慎地建立中国房地产估价人员职业资格制度。1995年9月举行了中国首次房地产估价人员执业资格考试。至此,具有中国特色的房地产估价人员职业资格制度已初步建立和形成。

一、房地产估价师执业资格考试

房地产估价师是指经全国统一考试,取得房地产估价师执业资格证书,并注册登记后从事房地产估价活动的人员。

1. 考试组织与考试内容

房地产估价师执业资格考试实行全国统一组织、统一大纲、统一命题和统一考试的制度。原则上每2年举行一次。

建设部负责组织考试大纲的拟定、培训教材的编写和命题工作,由房地产估价师学会具体实施。房地产估价师执业资格考试分为基础理论和估价实务两部分,共四门。重点考察对基础理论知识的掌握程度、评估技术和技巧的熟练程度以及综合而灵活地应用基础理论和评估技术解决实际问题的能力。考试科目与内容包括:

房地产基本制度与政策:主要包括房地产管理制度与法规(其中以《城市房地产管理法》《城市规划法》《城市房屋拆迁管理条例》《城市房地产中介服务管理规定》等基本法规为重点)以及城市规划建设管理法规和房地产金融会计管理法规等。

房地产开发经营与管理:主要包括房地产投资分析、房地产市场分析、房地产开发和房地产金融以及建筑技术的基本知识等。

房地产估价理论与方法:主要包括房地产估价理论与基本的方法及其应用。

房地产估价案例与分析:主要包括不同类型房地产估价的特点与估价基本技术路线,通过对不同类型房地产估价案例的分析,来考察其实际工作能力与业务水平。

2. 执业资格考试报名条件

(1)凡是中华人民共和国公民,遵纪守法并具备下列条件之一的,可申请参加房产地估价师执业资格考试:

①取得房地产估价相关学科(包括房地产经营、房地产经济、土地管理和城市规划等,下同)中等专业学历,具有8年以上相关专业工作经历,其中从事房地产估价实务满5年。

②取得房地产估价相关学科大专学历,具有6年以上相关专业工作经历,其中从事房地产估价实务满4年。

③取得房地产估价相关学科学士学位,具有4年以上相关专业工作经历,其中从事房地产估价实务满3年。

④取得房地产估价相关学科硕士学位或第二学位、研究生班毕业,从事房地产估价实

务满 2 年。

⑤取得房地产估价相关学科博士学位。

⑥ 不具备上述规定学历,但通过国家统一组织的经济专业初级资格或审计、会计和统计专业助理级资格考试并取得相应资格,具有 10 年以上相关专业工作经历,其中从事房地产估价实务满 6 年,成绩特别突出。

(2)申请房地产估价师执业资格考试,需提供下列证明条件:

①房地产估价师执业资格考试报名申请表。

②学历证明。

③实践经历证明。

3. 资格的获得

房地产估价师执业资格考试合格者,由人事部或者其授权的部门颁发人事部统一印制的房地产估价师执业资格证书,经注册后在全国范围内有效。

二、房地产估价师的注册

1. 注册条件

房地产估价师执业资格考试合格人员,受聘在房地产管理部门认定的房地产价格评估机构从事房地产评估工作,即具备了注册资格。应在取得房地产估价师执业资格证书后 3 个月内办理完注册登记手续,取得房地产估价师注册证。申请注册需提供下列证明材料:

(1)由本人填写的房地产估价师执业资格注册申请表。

(2)房地产估价师执业资格证书。

(3)业绩证明,如本人在近期内完成的正式估价报告。

(4)所在单位考核合格证明。

凡不具备民事行为能力的和不能提供上述证明材料的,不予注册。

2. 注册管理机构与注册程序

建设部或其授权的部门为房地产估价师资格注册管理机构。房地产估价师执业资格注册由本人提出申请,经聘用单位送省级房地产管理部门初审后,统一报建设部或其授权的部门注册。准予注册的申请人,由建设部或其授权的部门核发房地产估价师注册证。

3. 资格的取消

房地产估价师执业资格注册有效期一般为 3 年,有效期满前 3 月,持证者应到原注册机关重新办理注册手续。

凡是脱离房地产估价师工作岗位连续时间 2 年以上者(含 2 年),注册管理机构将取消其注册。

房地产估价师资格注册后,有下列情形之一的,由原注册机关吊销其房地产估价师注册证:

(1)完全丧失民事行为能力。

(2)死亡或失踪。

(3)受刑事处罚。

未取得房地产估价师注册证的人员,不得以房地产估价师的名义从事房地产估价业务。

三、房地产估价师的权利和义务

房地产估价师在经批准的估价单位执行业务,其作业范围包括房地产估价、房地产咨询以及与房地产估价相关的其他业务。

1. 房地产估价师享有的权利

(1)有执行房地产估价业务的权利。

(2)有在房地产估价报告上签字的权利。

(3)有使用房地产估价师名称的权利。

2. 房地产估价师必须履行的义务

(1)遵守房地产评估法规、技术规范和规程。

(2)保证估价结果的客观公正。

(3)遵守行业管理规定和职业道德规范。

(4)接受职业继续教育,不断提高业务水平。

(5)为委托人保守商业秘密。

房地产估价师应回避评估自己、亲属及其他有利害关系人的房地产。

房地产估价人员应严格要求自己,自觉遵守和不断提高职业道德水准,在社会和公众面前,保护和维护自己以及房地产评估师的行业形象和声誉。

第四节　房地产中介服务行业信用档案

随着中国房地产市场的快速发展,房地产中介服务也得到迅猛的发展,房地产中介服务在社会生产、生活领域发挥着越来越重要的作用。目前,中国各类房地产中介服务机构超过2万家,其中从事房地产价格评估的机构就有5 000多家,国家一级房地产价格评估机构已达近百家。提供中介、代理、咨询服务的专职、兼职房地产中介服务人员约有几十万人。中国加入WTO后,大批国外房地产中介服务机构进入中国房地产中介服务领域,房地产中介服务机构和中介服务人员的数量仍在迅速增长。

虽然中国房地产中介服务行业发展较快,但从总体上说,它仍然是当前中国房地产市场发育中的薄弱环节,特别是一些房地产中介服务机构及中介服务人员职业素质不高,存在采取不良经营手法,提供虚假信息,不兑现承诺,不合理收费等行为,不承担因房地产中介机构本身误导造成的责任,影响了中国房地产中介服务行业的信誉,也不利于其自身的生存与发展。

因此,要进一步规范房地产中介服务行为,除房地产行政管理部门应加强对房地产中介服务机构监管外,还要建立房地产中介服务行业信用档案及自律机制,形成行业行政管理、从业人员自律、行业协会监督的相互配合的管理体制。

一、房地产中介服务人员的职业道德

法律和道德是两个不同的范畴,在社会活动中,具体的行为往往需要法律和道德共同调节。法律调节由国家或政府通过强制力来规范具体的行业,而道德调节是一种自律行为,即人们内心的良知支配自己的行为。

房地产中介具有服务性质,对房地产中介服务人员提出职业道德要求是规范房地产中介服务的要求。房地产中介服务涉及范围广,因此,房地产中介服务人员除应具备扎实的房地产专业知识、较全面的金融知识并通晓有关的法律、法规外,还应具备较高的职业道德。例如在美国,经纪人违反职业道德,问题严重的将被暂扣或吊销执照。经纪人只要有一次因违反职业道德而被暂扣或吊销执照的行为,就会被刊登在经纪人公告上,从此就难以再从事这一职业,也很少再有人委托他从事中介服务。这种严格的职业道德规范要求从业者必须加强自律,确保了整个行业的健康发展。

中国房地产中介服务行业尚处在发育阶段,房地产中介服务人员更要从维护行业发展、维护行业信誉、维护自身利益的角度出发,在加强业务技能学习、树立现代市场营销观念的同时,不断提高个人职业道德修养,做到遵纪守法、诚实待客、严格守信、爱岗敬业,自觉维护职业形象,促进房地产中介服务的健康发展。

二、房地产中介服务行业协会监督

随着社会主义市场经济的发展,行业协会(学会)在行业自律管理方面将发挥越来越重要的作用。行业协会(学会)是自愿组成、行业自律、自我管理的社团组织,其主要职责除协助政府开展行业调查,为政府制定行业发展规划、产业政策法规等提供建议外,还要实施行业自律监督,为行业服务。行业协会(学会)主要是通过制定行规、行约,监督行规、行约的执行,进行行业自律性服务管理,维护行业内部的公平竞争,规范行业行为,促进行业地位的提高,树立良好的行业形象。

1994年8月,经国家民政部注册登记,中国组建了房地产中介服务行业中第一个全国性的专业学会——中国房地产估价师学会(China Institute of Real Estate Appraisers, CIREA),它是隶属于国家建设部的全国性社会团体。1999年,国家民政部按照国务院办公厅关于对社会团体进行清理整顿通知的要求,依据国务院发布的《社会团体登记管理条例》的规定,对所有社会团体进行整顿,中国房地产估价师学会经审核符合要求,予以保留,办理了重新登记手续。

中国房地产估价师学会现有团体会员近100个,个人会员超过千人。学会下设6个专业委员会,分别为考试注册委员会、教育培训委员会、学术委员会、国际交流委员会、估价标准委员会、仲裁委员会,并创办了《中国房地产估价师》杂志,开设了中国房地产估价师学会网站(http://www.cirea.org.cn)。

中国房地产估价学会的主要职责包括:开展房地产估价理论和方法的研究,协助政府有关主管部门进行房地产估价师考试、注册工作,组织房地产估价专业和注册房地产估价师继续教育,制定房地产估价行业标准、职业道德规范,开展国际学术交流等。建设部正将一些管理职能移交给中国房地产估价师学会。

中国房地产估价师学会在建立房地产估价执业资格，建立和完善行业自律机制方面做了大量的工作，中国房地产估价师学会现主要通过以下工作开展行业自律管理：

（1）开展行业自律情况的调研工作，为政府制定有关政策提供意见和建议。

（2）建立行业内部的自律规则，制止低价竞争和价格垄断行为，维护行业内部公平竞争。

（3）制定行业规范和从业人员道德规范，实施房地产估价师继续教育工作。

（4）参与房地产价格评估机构资质管理规定和标准的制定工作，实施跟踪管理。

目前，全国有 20 多个省、市相继成立了本地区的房地产估价行业组织，例如，北京、上海、重庆、广东、浙江、海南、内蒙古等省、自治区、直辖市及广州、武汉、郑州、深圳、苏州等城市均成立了房地产估价师学会、协会或联合会等地方性行业组织。这些地方性行业组织与中国房地产估价师学会密切配合，在从业人员职业道德教育、实施行业自律方面都发挥了较大的作用，促进了房地产中介服务行业的健康发展。

复习思考题

1. 什么是房地产交易中介服务？

2. 房地产中介服务有哪些特征？

3. 房地产中介服务机构有什么职能？

4. 什么是房地产咨询？对从事房地产咨询的人员有什么要求？

5. 什么是房地产估价师？从事房地产价格评估的人员应具备什么条件？

6. 什么是房地产经纪？从事房地产经纪的人员应具备什么条件？

7. 房地产中介服务机构的设立应符合哪些条件？

8. 房地产中介服务机构年检制度的检查内容是什么？

9. 选择房地产中介服务机构时应注意哪些方面的问题？

10. 如何签订房地产交易中介服务合同？

11. 房地产中介服务合同的主要内容包括哪些？

12. 参加房地产估价师执业资格考试的报名条件是什么？

13. 房地产估价师的注册条件是什么？

14. 中国房地产估价师注册后的有效期为几年？

15. 房地产中介服务如何收取中介服务费用？收费标准是怎样确定的？

16. 中国有哪些房地产中介服务从业自律性组织？

第八章

房地产税收法律制度

● 案例导入

【案情】

某联运公司系某市交通局下属的集体企业,注册资金为 368 万元人民币,现有职工 274 人,经营公路、铁路联运,国内、国际集装箱和汽车客货运输。2004 年度账面实现主营业务收入 430 万元人民币,主营利润 22 万元人民币,其他业务利润 13 万元人民币,营业外收入 42 万元人民币,利润总额 53 万元人民币。

在 2005 年的日常税务稽查中,稽查人员发现该公司房租收入数额较大,但未及时申报缴纳房产税,且房租收入归类混乱,有些收入反映在"其他业务收入"账户,有些则反映在"营业外收入"账户。税务人员经查询得知,收入归类混乱是年度中间会计更换频繁所致。经核实,该公司 2005 年 1 月至 9 月期间共取得房租收入 26 万元人民币,未申报房产税。

【评析】

(1)案例分析及税务处理

《房产税暂行条例》规定:房产出租的,以房产租金收入为房产税的计税依据;房产税的税率,依照房产租金收入计算缴纳的,税率为 12%。因此,该联运公司应补缴房产税 3.12 万元人民币。

从客观上看,该公司违反《会计法》有关规定,在年度中间频繁更换会计,导致会计工作缺乏连续性,执行会计制度不严格,忽视了房产税的及时申报工作。

从主观上看,由于房产税是小税种,该公司领导和会计以前接触较少,这方面的纳税意识薄弱,因此房租收入虽作为"其他业务收入"或"营业外收入",却未及时申报纳税。

(2)账务调整

(1)提取房产税时,

借:管理费用　　　　　　　　　　　　　　　　31 200

　　贷:应交税金——应交房产税　　　　　　　　　　31 200

(2)上缴税款时,

借:应交税金——应交房产税　　　　　　　　　　31 200

　　贷:银行存款　　　　　　　　　　　　　　　　31 200

第一节　税收制度概述

一、税收的概念及特征

(一)税收的概念

税收是国家凭借政治权力,按照法律规定的标准,无偿取得财政收入的一种手段,是国家依据其社会职能参与社会剩余产品分配的一种规范形式。

(二)税收的特征

税收的本质决定了它具有强制性、无偿性、固定性的特征。

1. 强制性

根据法律的规定,国家凭借政治权力,以社会管理者的身份,对所有的纳税人强制性征税,纳税人不得以任何理由抗拒国家税收。

2. 无偿性

国家征税对具体的纳税人来说,既不需要直接偿还,也不需要支付任何形式的直接报酬。无偿性是税收的关键特征。

3. 固定性

固定性也称确定性,国家征税必须通过法律形式,事先规定纳税人、课税对象、税率和课税额度。这是税收区别于其他财政收入形式的重要特征。

二、税收制度及其构成要素

税收制度简称税制,是国家处理税收分配关系的总规范,是国家各项税收法律、法规、规章和税收管理体制的总称。

税收制度的构成要素有纳税人、课税对象、税率、附加、加成和减免以及违章处理等。

1. 纳税人(课税主体)

纳税人是国家行使课税权所指向的单位和个人,是税法规定的直接负有纳税义务的单位和个人。它是交纳税款的主体,包括自然人和法人。

2. 课税对象(课税客体)

课税对象又称征税对象,是税法规定的课税目的物,即国家确定对什么事物征税。根据课税对象性质的不同,全部税种可分为五大类:流转税、收益税、财产税、资源税和行为目的税。

3. 税率

税率是据以计算应纳税额的比率,即课税对象的征收比例。税率的大小直接关系到国家财政收入和纳税人的负担,具有调节收入的作用,是税收制度和政策的中心环节。中国现行的税率形式有比例税率、累进税率和定额税率三类。

4. 附加、加成和减免

纳税人的负担主要通过税率来调节,还可以通过附加、加成和减免来调节。

附加和加成是属于加重纳税人负担的措施。附加是地方附加的简称,是地方政府在正税之外附加征收的一部分税款。通常把按国家税法规定的税率征收的税款称为正税,把正税以外征收的附加称为副税。加成是加成征收的简称,对特定的纳税人实行加成征收,加一成等于加征正税的10%。加成与附加不同,加成只对特定的纳税人加征,附加对所有纳税人加征。

属于减轻纳税人负担的措施有减税、免税以及规定起征点和免征额。减税即减征部分税款,免税即免交全部税款。

5.违章处理

违章处理是指对纳税人违反税法行为的处置。纳税人的违章行为通常包括偷税、抗税、漏税、欠税等。偷税是指纳税人有意识地采取非法手段不缴或少缴税款的违法行为。抗税是指纳税人对抗国家税法拒绝纳税的违法行为。欠税即拖欠税款,是指纳税人不按规定期限缴纳税款的违章行为。偷税和抗税属于违法行为,漏税和欠税属于一般违章行为,不构成犯罪。

对纳税人的违章行为可以根据情节轻重,分别采取以下方式处理:批评教育、强行扣款、加收滞纳金、罚款、追究刑事责任等。

三、中国现行房地产业税种

中国现行房地产业税种有房产税、城镇土地使用税、耕地占用税、土地增值税、契税。紧密相关的税种有营业税、城市维护建设税、教育费附加、企业所得税、外国投资企业和外国企业所得税、印花税。

第二节 土地税法律制度

一、城镇土地使用税

城镇土地使用税简称土地使用税,是以城镇土地为课税对象,向拥有土地使用权的单位和个人征收的一种税。

(一)纳税人

土地使用税的纳税人是指拥有土地使用权的单位和个人。拥有土地使用权的纳税人不在土地所在地的,由代管人或实际使用人缴纳;土地使用权未确定或权属纠纷未解决的,由实际使用人纳税;土地使用权共有的,由共有各方划分使用比例分别纳税。

(二)课税对象

土地使用税在城市、县城、建制镇、工矿区征收,其课税对象是上述范围内的土地。

(三)课税依据

土地使用税的课税依据是纳税人实际占用的土地面积。纳税人实际占用的土地面积是指省级人民政府确定的单位组织测定的土地面积。具体按下列办法执行:

(1)凡由省级人民政府确定的单位组织测定的,以测定的土地面积为准。

（2）未组织测定的，以核发的土地使用证书确认的面积为准。

（3）尚未核发土地使用证书的，由纳税人据实申报土地面积，待核发证书再调整。

（四）适用税额和应纳税额的计算

土地使用税是采用分类分级的幅度定额税率。每平方米的年幅度税额按城市大小分为四个档次：大城市 0.5～10 元人民币；中等城市 0.4～8 元人民币；小城市 0.3～6 元人民币；县城、建制镇、工矿区 0.2～4 元人民币。

一些地区经济较为落后，需要适当降低税额，但降低额不得超过最低税额的 30％；经济发达地区提高税额要报经财政部批准。

应纳税额的计算公式为

$$年应纳税额＝应税土地面积（平方米）×适用税率$$

（五）纳税地点和纳税期限

1. 纳税地点

土地使用税由土地所在地的税务机关征收。纳税人使用的土地不属于同一个省（自治区、直辖市）管辖范围的，应由纳税人分别向土地所在地的税务机关缴纳；在同一个省（自治区、直辖市）管辖范围内的，纳税人跨地区使用的土地，其纳税地点由省、自治区、直辖市税务机关确定。

2. 纳税期限

土地使用税按年计算，分期缴纳。各省、自治区、直辖市可结合当地情况，分别确定按月、季度或半年等不同的期限缴纳。

（六）减税、免税

1. 政策性免税

对下列土地免征土地使用税：

（1）国家机关、人民团体、军队自用的土地。

（2）由国家财政部门拨付事业经费单位自用的土地。

（3）宗教寺庙、公园、名胜古迹自用的土地。

（4）市政街道、广场、绿化地带等公共用地。

（5）直接用于农、林、牧、渔业的生产用地。

（6）经批准开山填海整治的土地和改造的废弃土地，从使用之月起免缴土地使用税的 5％～10％。

（7）由财政部另行规定的能源、交通、水利等设施用地和其他用地。

2. 由地方确定的免税

下列用地是否免税，由省、自治区、直辖市税务机关确定：

（1）个人所有的居住房屋及院落用地。

（2）房产管理部门在房租调整改革前经租的居民住房用地。

（3）免税单位职工家属的宿舍用地。

（4）民政部门举办的安置残疾人占一定比例的福利工厂用地。

（5）集体和个人举办的学校、医院、托儿所和幼儿园用地。

3. 困难性及临时性减免税

纳税人缴纳土地使用税确有困难需要定期减免的,由省级税务机关审批,但减免税额达到或者超过 10 万元人民币的,要报经财政部、国家税务总局批准;遭受自然灾害需要减免税的企业单位,可根据受灾情况,省级税务机关给予临时性减免照顾。

二、耕地占用税

耕地占用税是对占用耕地从事非农业生产建设的单位和个人征收的一种税。

(一)纳税人

凡占用耕地建房或者从事其他非农业建设的单位和个人,都是耕地占用税的纳税人,包括国家机关、企业、事业单位、乡镇集体企业、事业单位、农村居民和其他居民。

(二)课税对象和征税范围

耕地占用税的课税对象是占用耕地从事其他非农业建设的行为。耕地占用税范围包括国家所有和集体所有的耕地。耕地是指用于种植农作物的土地,占用前 3 年内用于种植农作物的土地,也视为耕地。

(三)税率和适用税额

耕地占用税实行定额税率,具体分为四个档次:

(1)以县为单位(下同),人均耕地在 1 亩以下(含 1 亩)的地区,每平方米为 2～10 元人民币。

(2)人均耕地在 1～2 亩(含 2 亩)的地区,每平方米为 1.6～8 元人民币。

(3)人均耕地在 2～3 亩(含 3 亩)的地区,每平方米为 1.3～6.5 元人民币。

(4)人均耕地在 3 亩以上的地区,每平方米为 1～5 元人民币。

各地适用税额由省、自治区、直辖市人民政府在规定税额范围内,根据本地区情况具体核定。

(四)课税依据

耕地占用税以纳税人实际占用耕地面积为课税依据,按照规定税率一次性计算征收。耕地占用税实行据实征收原则,对于实际占用耕地超过批准占用耕地以及未经批准而自行占用耕地的,经调查核实后,由财政部门按照实际占用耕地面积,依法征收耕地占用税,并由土地管理部门按规定处理。

(五)加成征税

根据有关规定,加成征税政策主要有以下两项:

(1)经济特区、经济技术开发区和经济发达、人均耕地特别少的地区,适用税额可以适当提高,但最高不得超过规定税额的 50%。

(2)对单位或者个人获准征用或者占用耕地超过两年不使用的加征按规定税额 2 倍以下的耕地占用税。

(六)纳税环节和纳税期限

耕地占用税的纳税环节是在各级人民政府依法批准单位和个人占用耕地后,土地管理部门发放征(占)用土地通知书和划拨用地之前,由土地管理部门将批件及时抄送所在地的税务机关,由征税机关通知纳税人在规定的时间内到指定地点缴纳税款或办理减免税手续,土地管理部门凭完税收据或减免税凭证发放用地批准文件。用地单位和个人在规定期限内没有纳税的,土地管理部门应暂停其土地使用权。

耕地占用税的纳税期限为 30 天,即纳税人必须在土地管理部门批准占用耕地之日起 30 日内缴纳耕地占用税。

(七)减税、免税

1.减税范围

(1)农村居民占用耕地新建住宅,按规定税额减半征收。

(2)部分农村革命烈士家属、革命残废军人、鳏寡孤独以及边远贫困山区生活困难的农户,在规定用地标准内,新建住宅纳税确有困难的,由纳税人提出申请,经所在地乡镇人民政府审核,报经县级人民政府批准后,可酌情给予减免照顾,减免税额一般应控制在农村居民新建住宅用地计征税额总额的 10% 以内,最高不超过 15%。

(3)对民政部门所办福利工厂,确属安置残疾人就业的,可按残疾人占工厂人员的比例,酌情给予减免照顾。

(4)国家在"老、少、边、穷"地区采取以工代赈办法修筑的公路,缴税确有困难的,由省级财政部门审核,提出具体意见报财政部批准后,可酌情给予照顾。

(5)对定居台胞新建住宅占用耕地,如确属于农业户口,可比照农民建房减半征税。

(6)对不属于直接为农业生产服务的农田水利设施,但确属综合性枢纽工程的,可按为农业服务直接效益占工程总效益的比重确定耕地占用税征收额。

2.免税范围

(1)部队军事设施用地。

(2)铁路沿线、飞机场跑道和停机坪用地。

(3)炸药库用地。

(4)学校、幼儿园、敬老院、医院、殡仪馆用地。

三、土地增值税

土地增值税是对有偿转让国有土地使用权及地上建筑物和其他附着物的单位和个人征收的一种税。

(一)纳税人

凡有偿转让国有土地使用权、地上建筑物及其他附着物(简称房地产)并取得收入的单位和个人为土地增值税的纳税人。

外商投资企业和外籍人员包括在内。

(二)征税范围

土地增值税的征税范围包括国有土地、地上建筑物及其他附着物。不包括通过继承、赠与等方式无偿转让的房地产。

(三)课税对象和课税依据

土地增值税的课税对象是有偿转让房地产所取得的土地增值额。

土地增值税以纳税人有偿转让房地产所取得的土地增值额为计税依据,土地增值额为纳税人转让房地产所取得收入减规定扣除项目金额后的余额。

(四)税率和应纳税额的计算

土地增值税实行四级超额累进税率:

(1)土地增值额未超过扣除项目金额 50% 的部分,税率为 30%。

(2)土地增值额超过扣除项目金额 50%、未超过 100% 的部分,税率为 40%。

(3)土地增值额超过扣除项目金额 100%、未超过 200% 的部分,税率为 50%。

(4)土地增值额超过扣除项目金额 200% 以上的部分,税率为 60%。

为了简化计算,应纳税额可按土地增值额乘适用税率减扣除项目金额乘速算扣除系数的简便方法计算。

(1)土地增值额未超过扣除项目金额 50% 的

$$应纳税额＝土地增值额×30\%$$

(2)土地增值额超过扣除项目金额 50%、未超过 100% 的

$$应纳税额＝土地增值额×40\%－扣除项目×5\%$$

(3)土地增值额超过扣除项目金额 100%,未超过 200% 的

$$应纳税额＝土地增值额×50\%－扣除项目×15\%$$

(4)土地增值额超过扣除项目金额 200% 以上的

$$应纳税额＝土地增值额×60\%－扣除项目×35\%$$

(五)扣除项目

(1)取得土地使用权时所支付的金额。

(2)土地开发成本、费用。

(3)建房及配套设施的成本、费用,或者旧房及建筑物的评估价格。

(4)与转让房地产有关的税金。

(5)财政部规定的其他扣除项目。

(六)减税、免税

下列情况免征土地增值税:

(1)纳税人建造普通标准住宅出售,其土地增值额未超过扣除金额 20% 的。

(2)因国家建设需要而被政府征用的房地产。因城市实施规划、国家建设的需要而搬迁,由纳税人自行转让原房地产的,免征土地增值税。

(七)纳税环节

土地增值税的纳税人应于转让房地产合同签订之日起 7 日内,到房地产所在地的税务机关办理纳税申报,并向税务机关提交房屋及建筑物产权、土地使用权证书,土地转让、房地产买卖合同,房地产评估报告及其他与转让房地产有关的资料。纳税人因经常发生房地产转让而难以在每次转让后申报的,经税务机关审核同意后,可以定期进行纳税申报,具体期限由税务机关根据情况确定。

第三节　房产税法律制度

一、房产税

(一)纳税人

凡是在中国境内拥有房屋产权的单位和个人都是房产税的纳税人。产权属于国家所有的,以经营管理的单位和个人为纳税人;产权出典的,以承典人为纳税人;产权所有人、承典人均不在房产所在地的,或者产权未确定以及租典纠纷未解决的,以房产代管人或者使用人为纳税人。

(二)课税对象

房产税的课税对象是房产,包括城市、县城、建制镇和工矿区,不包括农村。

(三)课税依据和税率

房产税采用比例税率。对于非出租的房产,按房产原值一次减除 10%~30% 后的余值为计税依据计征,税率为 1.2%;对于出租的房产,按房产租金收入为依据计征的,税率为 12%。

(四)纳税地点和纳税期限

1.纳税地点

房产税在房产所在地缴纳、房产不在同一地方的纳税人,应按房产的坐落地点分别向房产所在地的税务机关缴纳。

2.纳税期限

房产税按年计征,分期缴纳,具体纳税期限由各省、自治区、直辖市人民政府自行确定。

(五)减税、免税

对下述房产税免征房产税:

(1)国家机关、人民团体、军队自用的房产。但是,上述单位的出租房产以及非自身业务使用的生产、经营用房,不属于免税范围。

(2)由国家财政部门拨付事业经费的单位自用的房产。

(3)宗教寺庙、公园、名胜古迹自用的房产。但其附设的营业用房及出租的房产,不属于免税范围。

(4)个人所有非营业用房产。

(5)经财政部批准免税的其他房产。包括:

①损坏的、不堪使用的房屋和危险房屋,经有关部门鉴定后的,可免征。

②对企业因停产、撤销而闲置不用的房产,经省级税务机关批准的,可免征。

③房产大修停用半年以上的,经纳税人申请,税务机关审核,大修期间免征。

④在基建工地为基建工地服务的各种临时性房屋,在施工期间一律免征。

⑤企业办的各类学校、医院、托儿所、幼儿园自用的房产,可免征。

⑥中、小学校及高等学校用于教学及科研等本身业务的房产免征房产税。但学校兴办的校办工厂、校办企业、商店、招待所等房产应按规定征税。

二、契　税

契税是指在土地、房屋不动产所有权发生转移时对产权人征收的一种税。

（一）纳税人

在中国境内转移土地、房屋权属，承受的单位和个人为纳税人。

转移土地、房屋权属是指下列行为：

（1）国有土地使用权出让。

（2）土地使用权转让，包括出售、赠与和交换。

（3）房屋买卖。

（4）房屋赠与。

（5）房屋交换（等值交换不缴纳）。

下列方式视同转移土地、房屋权属，予以征税：

（1）以土地、房屋权属作价投资、入股。

（2）以土地、房屋权属抵债。

（3）以获奖方式承受土地、房屋权属。

（4）以预购方式或者预付集资建房款方式承受土地、房屋权属。

（二）课税对象

契税的课税对象是发生产权转移变动的土地、房屋。

（三）税率

契税的税率为3%～5%，各地具体适用税率由省级人民政府在规定的幅度内根据本地的实际情况确定，并报财政部和国家税务总局备案。

（四）课税依据

（1）国有土地使用权出让、土地使用权出售、房屋买卖，以成交价格为依据。

（2）土地使用权赠与、房屋赠与，参照土地使用权出售、房屋买卖的市场价格核定。

（3）土地使用权交换、房屋交换，以交换的价格差额为计税依据。

（五）纳税环节和纳税期限

纳税环节是在纳税义务发生之后、办理契证或房屋产权证之前。按照《中华人民共和国契税暂行条例》规定，由承受人自转移合同签订之日起10日内，向土地、房屋所在地的契税征收机关办理纳税申报手续，并在征收机关核定的期限内交纳税款。

（六）减税、免税

（1）国家机关、事业单位、社会团体、军事单位承受土地、房屋，用于办公、教学、医疗、科研和军事设施的，免征。

（2）城镇职工按规定第一次购买公有住房的，免征。

（3）因不可抗力灭失住房而重新购买住房的，免征。

（4）土地、房屋被县级以上人民政府征用、占用后，重新承受土地、房屋权属的，由省级人民政府决定是否减免。

（5）纳税人承受荒山、荒沟、荒滩、荒丘土地使用权用于农、林、牧、渔业生产的，免征。

（6）经外交部确认，予以免税的外国驻华大使馆、领事馆、联合国驻华机构及其外交代表、领事馆员和其他外交人员承受土地、房屋权属。

三、其他与房地产相关的税种

（一）营业税、城市维护建设税和教育费附加

（1）营业税是对提供应税劳务、转让无形资产、销售不动产的单位和个人征收的一种税。销售不动产的营业税税率为 5%。

（2）城市维护建设税（简称城建税）以缴纳增值税、消费税、营业税的单位和个人为纳税人。城建税以纳税人实际缴纳的增值税、消费税、营业税税额为计税依据，实行地区差别税率，具体规定为：纳税人在城市市区的，税率为 7%；在县城、建制镇的，税率为 5%；在其他地区的，税率为 1%。

（3）教育费附加纳税人、课税对象的规定与城建税相同，计征比率一律为 3%。

（二）企业所得税

1. 纳税人

企业所得税以取得应税所得、实行独立经济核算的企业或组织为纳税人。具体包括国有企业、集体企业、私营企业、联营企业、股份制企业以及有生产经营所得和其他所得的组织。

2. 税率

企业所得税实行 33% 的比例税率。考虑到一些企业规模小、利润少，税法又规定了两档照顾性税率，即对年应纳税所得额在 3 万元（含 3 万元）人民币以下的企业，暂减按 18% 的税率征收；对年应税所得额在 3 万～10 万元（含 10 万元）人民币的企业，暂减按 27% 的税率征收所得税。

3. 应纳税所得额

应纳税所得额是企业所得税的课税依据或税基，又称应税所得额，其计算公式为

应纳税所得额＝每一纳税年度的收入总额－准予扣除项目的金额

纳税人收入总额包括在中国境内外取得的下列收入：生产、经营收入；财产转让收入；利息收入；租赁收入；特许权使用费收入；股息收入；其他收入。

准予扣除项目是指与纳税人取得收入有关的成本、费用、税金和损失。下列项目按规定的范围、标准扣除：

（1）借款的利息支出

借款的利息支出按实际发生额扣除，向非金融机构借款的利息支出，按照不高于金融机构同类同期贷款利率计算的数额以内的部分，准予扣除，高于的部分，不予扣除。

（2）工资、薪金支出

工资、薪金支出实行计税工资扣除办法的企业，按计税工资规定扣除。

（3）职工工会经费、福利费、教育经费

职工工会经费、福利费、教育经费分别按计税工资总额的 2%、14%、1.5% 扣除。

（4）公益、救济性的捐赠

公益、救济性的捐赠在年度应纳税所得额 3% 以内的部分，准予扣除。

（三）印花税

印花税是指对因商事活动、产权转移、权利许可证照授受等行为而书立、领受的应税凭证征收的一种税。印花税的征收范围主要是经济活动中最普遍、最大量的各种商事和产权凭证。

1. 纳税人

印花税的纳税人为在中国境内书立、领受税法规定应税凭证的单位和个人，包括外商投资企业和外籍人员。

2. 税目

（1）各种合同及具有合同性质的各种凭证。

（2）产权转移书据。

（3）营业账簿。

（4）权利、许可证照。

（5）经财政部确定征税的其他凭证。

3. 税率

印花税的税率采用比例税率和定额税率两种。

对一些载有金额的凭证，如各类合同、资金账簿等，都采用比例税率，税率共分5档：千分之一、万分之五、万分之三、万分之零点五、万分之零点三。

对一些无法计算金额的凭证，采用定额税率，如许可证照、房屋产权证、工商营业执照、商标注册证、专利证书、土地使用证等，按件贴花5元人民币。

4. 减免规定

下列情况免征印花税：

（1）财产所有人将财产捐赠给政府、社会福利单位、学校所书立的书据。

（2）已纳印花税凭证的副本或抄本。

（3）外国政府或者国际金融组织向中国政府及国家金融机构提供优惠贷款所订立的合同。

（4）有关部门根据国家政策需要发放的无息、贴息贷款合同。

（5）经财政部批准免税的其他凭证。

复习思考题

1. 什么是税收？税收有什么特征？

2. 税收制度由哪些基本要素构成？

3. 什么是税率？中国现行的税率主要有哪几种？

4. 什么是房产税？房产税如何征收？

5. 什么是城镇土地使用税？其纳税人包括哪些？

6. 什么是耕地占用税？耕地占用税采用什么税率？

7. 什么是土地增值税？其纳税义务人包括哪些？其税率为多少？

8. 计算土地增值税时，允许的扣除项目有哪些？

9. 什么是契税？其适用税率是多少？

第九章

住房公积金法律制度

● **案例导入**

【案情】

　　小王,男,26 岁,广州人,目前与父母同住,看中一套二室二厅的房子,总价 29 万元人民币。小王月收入为 5 200 元人民币,单位为其缴存了住房公积金,比例为其收入的 10%,目前其公积金账户余额为 2 万元人民币。小王的父母到退休年龄均还有 3 年,目前两人公积金账户余额合计为 4 万元人民币。目前,小王可用于购房的存款只有 3 万元人民币,希望这次购房可使用父母的公积金。

【评析】

　　(1) 如果要使用父母的公积金,需以小王及其父母的名义联名购房。

　　(2) 根据广州住房公积金管理中心规定,目前公积金贷款最高成数为购房价格的 70%,即首期必须支付 30%。该做法同样适用于公积金和商业组合贷款,即公积金贷款和商业贷款的贷款总额不超过购房价格的 70%。同时规定,个人公积金贷款的最高额度为 25 万元人民币。所以,如果他们要申请公积金贷款,他们首期至少要交付 30% 的房款,即 $29 \times 30\% = 8.7$ 万元人民币。

　　(3) 根据规定,公民购房的按揭期限不得长于离退休年限,小王的父母到退休年龄均还有 3 年,所以只能以小王的离退休年限来计算可申请的贷款最高额度。

　　(4) 按照国家法定退休年龄(男 60 岁),小王离退休还有 34 年,他可申请的贷款最高额度为 $5\,200 \times 10\% \times 2 \times 12 \times 34 = 424\,320$ 元人民币 ≈ 42.4 万元人民币。

　　(5) 取(2)和(4)中可申请贷款最高额度的较小值 25 万元人民币。

　　(6) 因为 $29 \times 70\% = 20.3$ 万元人民币 < 25 万元人民币,所以建议小王采用"7 成 10 年纯住房公积金贷款"方式。其中首期为 8.7 万元人民币,每月按揭金额约为 2 000 元人民币。

第一节　住房公积金概述

　　住房公积金是指国家机关、国有企业、城镇集体企业、外商投资企业、城镇私营企业及其他城镇企业、事业单位、民办非企业单位、社会团体及其在职职工缴存的长期住房储金。住房公积金全部归职工个人所有，记入职工个人住房公积金账户，用于建造、购买、翻建、大修自住住房。

一、住房公积金的性质和特点

（一）住房公积金的性质

住房公积金的本质属性是工资性，是住房分配货币化的重要形式。单位按职工工资的一定比例为职工缴存住房公积金，其实质是以住房公积金的形式给职工增加了一部分住房工资，从而达到促进住房制度改革的目的。

（二）住房公积金的特点

1. 义务性

义务性又称强制性，是指凡在职职工及其所在单位都需要按规定的缴存基数、缴存比例建立并按月缴存住房公积金。其目的是使职工逐步确定住房商品意识，提高购房的支付能力。

2. 互助性

互助性是指住房公积金具有储备和融通特性，可集中全社会在职职工的力量，把个人较少的钱集中起来，形成规模效应，并且缴存住房公积金的人都具有使用住房公积金的权利，有房的人帮助无房的人，或所有在职职工互帮互助，达到提高或改善居住条件的目的。

3. 保障性

保障性是指住房公积金定向于职工住房，并可通过安全运作实现合理增值，增值收益也全部用于职工住房。根据规定，住房公积金的增值收益除了提取贷款风险准备金和公积金管理中心的管理费用以外，均作为城市廉租住房建设的补充资金。

二、住房公积金制度的作用

住房公积金把住房改革和发展紧密结合起来，解决了长期困扰中国的住房机制转换问题和政策性住房融资问题，其作用包括：

（1）住房公积金制度是改革住房分配制度，把住房实物分配变为货币工资分配的重要手段之一，增加了职工工资中住房消费的比例，实现分配体制的转换。

（2）建立了职工的自助保障机制，增强了职工解决住房问题的能力，调整了职工消费结构，确保了职工住房消费支出，有利于扩大住房消费，增加住房有效需求。

（3）住房公积金制度遵循"低存低贷"原则，为缴存职工提供比商业贷款利率低的住房公积金个人住房委托贷款，促进了政策性住房金融体系的建立。

三、住房公积金管理的基本原则

住房公积金管理的基本原则概括为"住房公积金管理委员会决策、住房公积金管理中心动作、银行专户存储、财政监督"，其目的是保障住房公积金规范管理和安全运作，实现住房公积金的保值、增值，维护住房公积金所有人的合法权益。

1.住房公积金管理委员会决策

住房公积金管理委员会作为住房公积金管理的决策机构,对住房公积金管理的有关问题进行研究,依法作出决策。

2.住房公积金管理中心运作

每个设区市依法成立一个住房公积金管理中心,负责住房公积金的管理运作。住房公积金管理中心是公积金管理委员会各项决策的执行机构,是住房公积金运作管理部门,是运作管理住房公积金的主体。

3.银行专户存储

住房公积金管理中心在住房公积金管理委员会指定的商业银行设立住房公积金专用账户,专项存储住房公积金,并委托受托银行办理住房公积金贷款、结算等金融业务和住房公积金账户的设立、缴存、归还等手续。

4.财政监督

住房公积金的运营和管理必须建立、健全监督机构。财政监督是一个完整的监督体系,包括财政、人民银行、审计部门、职工、单位和社会,对住房公积金归集、提取和使用情况进行监督。

第二节　住房公积金归集、提取和使用

一、住房公积金归集

住房公积金归集是指住房公积金管理中心作为住房公积金管理的法定机构,依据《住房公积金管理条例》和政府授予的职权,将职工个人按照比例缴存的及其所在单位按照规定比例为职工缴存的住房公积金,全部归集于住房公积金管理中心由受委托的银行开立的住房公积金专户内,存入职工个人账户,并集中管理运作的行为。

（一）住房公积金归集的主要内容

1.缴存住房公积金的对象

缴存住房公积金的对象包括国家机关、国有企业、城镇集体企业、外商投资企业、城镇私营企业及其他城镇企业、事业单位、民办非企业单位、社会团体及其在职职工。

根据建设部、财政部联合发布的《关于住房公积金管理若干具体问题的指导意见》建金管[2005]5号,有条件的地方,城镇单位聘用进城务工人员,单位和职工可缴存住房公积金;城镇个体工商户、自由职业人员可申请缴存住房公积金。

2.缴存基数

缴存基数是职工本人上一年度月平均工资,包括计时工资、计件工资、奖金、津贴和补贴、加班加点工资及特殊情况下支付的工资。

3.缴存比例

缴存比例是指职工个人缴存住房公积金的数额占职工上一年度月平均工资的比例。目前,中国的住房公积金缴存比例实行动态调整机制,具体缴存比例由住房公积金管理委员会拟定,经本级政府审核后,报省级人民政府批准后执行,一般不得低于5%,原则上不高于12%。

4.住房公积金月缴存额

住房公积金月缴存额＝(职工本人上一年度月平均工资×职工住房公积金缴存比例)＋

(职工本人上一年度月平均工资×单位住房公积金缴存比例)

职工单位对职工缴存住房公积金的工资基数每年核定一次。汇缴基数为上年7月1日至当年6月30日。

(二)职工住房公积金的查询和对账

管理中心要为每一位缴存住房公积金的职工发放住房公积金有效凭证。住房公积金有效凭证是全面反映职工住房公积金账户内住房公积金的增减、变动和结存情况的证明。目前个人住房公积金有效凭证有凭条、存折和磁卡三种。职工个人可以直接到住房公积金管理中心或商业银行查询个人住房公积金缴存情况,也可以通过住房公积金磁卡、电话、网络查询系统查询。每年6月30日结息后,住房公积金管理中心要向职工发送住房公积金对账单,职工对缴存情况有异议的,可以向住房公积金管理中心和受委托银行申请复议。

二、住房公积金提取和使用

(一)住房公积金提取和使用的原则

住房公积金提取和使用应遵循定向使用的原则、安全使用的原则和严格时限的原则。

(二)职工提取住房公积金

职工提取住房公积金是指缴存职工因特定住房消费或丧失缴存条件时,按照规定把个人账户内的住房公积金存储余额取出,从而实现住房公积金的价值,发挥其作用的行为。

住房公积金的提取是有限制性条件的,这与缴存住房公积金的长期性和互助性直接关联。职工提取住房公积金目前有以下两类情况:

1.职工住房消费提取

(1)职工购买、建造、翻建、大修自住住房时的提取。

(2)偿还购房贷款本息时的提取。

(3)房租超出家庭工资收入规定比例时的提取。房租超出家庭工资收入的比例由当地住房住房公积金管理委员会确定,目前一般为10%~15%。

2.职工丧失缴存条件的提取

职工与单位建立劳动关系是缴存住房公积金的前提,当缴存条件丧失时,可以提取其住房公积金,同时注销该职工住房公积金账户。包括以下几种情况:

(1)职工离、退休。

(2)职工完全丧失劳动能力并与单位终止劳动关系。

(3)职工户口迁出所在的市、县或者出境定居。

(4)职工死亡或者被宣告死亡。

职工死亡或者被宣告死亡的,职工的继承人、受遗赠人可以提取职工住房公积金账户内的存储余额;无继承人也无受遗赠人的,职工住房公积金账户的存储余额纳入住房公积金的增值收益。

根据《关于住房公积金管理若干具体问题的指导意见》建金管[2005]5号,职工享受城镇最低生活保障,与单位终止劳动关系未再就业、部分或者全部丧失劳动能力以及遇到其他突发事件,造成家庭生活严重困难的,提供有效证明材料,经住房公积金管理中心审核,可以提取本人住房公积金账户内的存储余额。

职工提取住房公积金时由单位审核,住房公积金管理中心核准,由受委托银行办理支付手续。

(三)住房公积金的使用

住房公积金的使用包括职工住房公积金使用和住房公积金管理中心住房公积金运作两个方面。

1.职工住房公积金使用

职工住房公积金使用是指职工个人在其住房公积金缴存期间,依法使用住房公积金的行为,其行为特点是:

(1)职工享有对其住房公积金占有和使用的权力。

(2)职工享有对其住房公积金的收益权。

(3)职工享有对住房公积金的支配和使用权。

根据《关于住房公积金管理若干具体问题的指导意见》建金管[2005]5号的规定,职工建造、购买、翻建和大修自住住房需申请个人住房贷款的,受委托银行应当首先提供住房公积金贷款。住房公积金管理中心或者受委托银行要一次性告知职工需要提交的文件和资料,职工按要求提交文件资料后,应当在15个工作日内办完贷款手续。15个工作日内未办完手续的,经住房公积金管理中心负责人批准,可以延长5个工作日,并应当将延长期限的理由告知申请人。

职工没有还清贷款前,不得再次申请住房公积金贷款。

2.住房公积金管理中心住房公积金运作

住房公积金管理中心住房公积金运作是指住房公积金管理中心以归集的住房公积金为基础,在保证职工提取的前提下,依法运用住房公积金的行为。

住房公积金管理中心住房公积金运作的基本要求是安全性,在保证职工住房公积金提取和贷款的前提下,经住房公积金管理委员会批准,住房公积金管理中心也可将住房公积金余额用于购买国债。因为国债是以政府信用为担保的国家债务,是风险最小的投资形式之一,既能保证资金运作的安全性,又具有较好的效益性。

第三节 住房公积金利率、税收及会计核算

住房公积金是用于解决职工自住住房的一种工资形式,具有专项消费的义务性和自我保障等属性,对于社会来讲,它具有互助性。住房公积金的性质通过住房公积金的利率政策和税收政策来体现。

一、利率政策

中国的住房公积金制度实行低存低贷的利率政策，最大限度地支持职工贷款购房。

（一）存款利率与贷款利率

1.存款利率

职工当年缴存的住房公积金按结息日挂牌公告的活期存款利率计息；上年结转的按结息日挂牌公告的3个月整存整取利率计息。职工住房公积金自存入职工住房公积金个人账户之日起计息，按年结息，本息逐年结转。每年6月30日为结息日。

职工住房公积金存款利率，遇法定存款利率调整时，分段计息。

2.贷款利率

个人住房公积金贷款利率实行一年一定，于每年1月1日按相应档次利率确定下一年度利率水平。遇法定利率调整，贷款期限在1年以内的，实行合同利率，不分段计息；贷款期限在1年以上的，于下年初开始，按相应利率档次执行新的利率规定。

（二）住房公积金管理中心沉淀资金的利率

住房公积金管理中心在受委托银行专户内的沉淀资金按单位存款相应期限档次利率计息，即住房公积金沉淀资金可以在受委托银行专户内存为一年、半年和三个月的定期或活期存款。

二、税收政策

住房公积金是政策性资金，实行免税政策，其收益也并入住房公积金，实行封闭管理和使用，免予征收所得税和营业税。

（一）关于个人住房公积金的免税

职工个人及其单位按照国家和地方政府规定的比例实际缴付的住房公积金，不计入个人当期的工资和薪金收入，免予征收个人所得税，超过国家或地方政府规定的比例缴付的住房公积金，应将其超过的部分并入个人当期的工资、薪金收入，计征个人所得税。个人提取住房公积金账户内的存款余额，免予征收个人所得税。个人住房公积金作为储蓄性专项基金存款，其利息所得免征个人所得税。

（二）关于住房公积金管理中心的免税

住房公积金管理中心用住房公积金在受委托银行发放个人住房贷款取得的收入，免征营业税；住房公积金管理中心在受委托银行存储、用住房公积金购买国债、在指定的委托银行发放个人住房贷款取得的利息收入，免征企业所得税。

三、住房公积金财务管理

住房公积金管理中心要在建立住房公积金总账与职工明细账的基础上，建立完善的财务管理制度，对住房公积金管理实行全过程的资产管理，严格执行《住房公积金财务管理办法》。

住房公积金财务管理是管理中心组织财务活动、处理财务关系的一项经济管理工作。住房公积金管理中心的财务活动主要包括资金归集、使用及其产生的收益分配所引起的财务活动。

住房公积金财务管理的基本原则是：执行国家有关法律、法规、规章和财政、财务制度；建立健全内部财务制度，做好财务管理基础工作；降低运作风险，保证住房公积金保值增值，确保住房公积金所有者的合法权益不受侵犯；厉行节约，制止奢侈浪费。

住房公积金财务管理的主要任务是：编制住房公积金和住房公积金管理中心管理费用年度预、决算；建立职工住房公积金明细账，记载职工个人住房公积金的缴存、提取等情况；依法办理住房公积金委托贷款业务，防范风险；严格执行住房公积金管理委员会批准的住房公积金归集、使用计划；核算住房公积金的增值收益；严格执行财政部门批准的管理费用预算，控制管理费用支出，努力降低住房公积金运作成本。

四、住房公积金会计核算

(一)核算的基本原则

(1)住房公积金的核算要实现两个分账：一是住房公积金管理中心管理的住房公积金和其他住房资金要实行分账核算。住房公积金管理中心自身业务的核算执行《事业单位会计制度》；二是住房公积金增值收益和住房公积金管理中心管理费用应严格实行分立账户，单独核算。

(2)住房公积金管理中心要设立住房公积金明细账，实行三级明细核算：住房公积金总账核算(一级科目)、住房公积金个人账户核算(二级科目)、住房公积金单位账户核算(三级科目)，保证账账相符，账实相符。

(3)对住房公积金收入和支出的核算采用对应的核算原则，即权责发生制或收付实现制。目前，管理中心对住房公积金收支业务一般采用权责发生制原则进行核算。

(二)住房公积金会计核算的内容

住房公积金会计核算的内容包括：住房公积金的缴存核算；住房公积金的提取核算；住房公积金的使用核算；与住房公积金相关的债权、债务核算；业务收入核算；业务支出核算；住房公积金增值收益及其分配核算。

住房公积金增值收益是在住房公积金归集、使用过程中发生的业务收入和业务支出之间的差额，用于建立住房公积金贷款风险准备金、住房公积金管理中心的管理费用和城市廉租住房的补充资金。

第四节　住房公积金个人住房委托贷款

一、基本概念

住房公积金个人住房委托贷款是指住房公积金管理中心委托指定的商业银行向住房公积金缴存人发放的用于购买、建造、翻建、大修自住住房的贷款。

住房公积金个人住房委托贷款的特点是：

1. 专项消费性贷款

按照规定,住房公积金个人住房委托贷款只能用于住房公积金缴存人购买、建造、翻建、大修自住住房,这是为了解决居民住房即期购买力与长期性消费需求之间的矛盾的一种贷款形式。

2. 政策性贷款

住房公积金个人住房委托贷款在利率、首付款、贷款期限等方面享受信贷优惠,其目的是减轻购房者的经济负担,降低购房费用。

3. 委托贷款

住房公积金贷款管理中心作为委托人提供所归集的住房公积金,由贷款人(受委托商业银行)根据委托确定的贷款对象、用途、金额、期限、利率等代为发放、监督使用并协助收回。

4. 抵押贷款

申请个人住房贷款必须提供担保,而抵押是住房公积金贷款的主要担保形式。抵押贷款是指按照规定的抵押方式以借款人或第三人的住房作为抵押物发放的贷款。

二、申请住房公积金贷款的条件

(一)住房公积金贷款的适用范围

1. 购买自住住房

购买以下住房时可以申请住房公积金贷款:公有住房;集资建房或合作建房;经济适用住房;普通商品住房;上市出售的已购公有住房和经济适用住房。

2. 建造、翻建、大修自住住房

(二)申请条件

(1)贷款申请人应是缴存住房公积金的职工。

(2)提供购买、建造、翻建、大修自住住房合同等。

三、贷款的程序

(1)借款人应首先向住房公积金管理中心提出贷款申请。借款人应出具本人身份证件、房屋买卖合同或者意向书和自筹资金存款证明等有关材料。

(2)住房公积金管理中心对申请进行初审。住房公积金管理中心要审查借款人的资格、资信、借款用途等情况,核定贷款额度、期限和利率,并对抵押物或担保进行核查。

(3)贷款银行作为受托人进行调查。住房公积金贷款实行银行一票否决制,贷款银行对贷款投向有异议的,可对该笔贷款提出否决。

(4)住房公积金管理中心对贷款申请进行审批,签发委托贷款通知单。住房公积金管理中心要在受理申请后15个工作日内做出是否准予借款的决定,并通知借款人。

(5)受托银行与借款人签订借款合同、抵押(质押、保证)合同,并依法办理登记手续。

(6)划转贷款。贷款合同生效后,住房公积金管理中心向受托银行出具贷款通知书,并将住房公积金管理中心在受托银行委托存款账户中的资金转入委托贷款基金账户,再由受托银行将委托贷款基金账户中的资金划转到售房单位账户。

四、贷款额的确定

(1)不得高于按照借款人住房公积金账户储存余额的 2 倍确定的贷款限额。

(2)不得高于房屋全部价款的 80%。

(3)不得高于按照还款能力确定的贷款限额,其计算公式为

贷款限额＝借款人计算住房公积金月缴存额的工资基数×规定比例×12×贷款期限

(4)不得高于最高贷款额度。申请金额不超过以上所有限额的,以申请金额作为贷款金额;申请金额超过任意一项限额的,以其中最低的限额作为贷款金额。其中的倍数、规定比例和最高贷款额度,每年由各地住房公积金管理委员会确定并向社会公布执行。

五、贷款利率

住房公积金的保障性是通过贷款利率水平来体现的。住房公积金贷款主要面向中低收入家庭,其贷款利率的确定取决于其支付能力。优惠利率水平是住房公积金贷款的优势,使住房公积金贷款更具有吸引力。

六、住房公积金贷款的担保方式

为防范住房贷款风险,《担保法》《住房公积金管理条例》和《个人住房贷款管理办法》都对个人住房贷款担保提出了要求。目前住房公积金贷款担保的方式主要有以下五种:

1. 以所购住房作为抵押

贷款人持有抵押财产的担保权益,当借款人不履行贷款合同时,贷款人有权以该财产折价或者以拍卖、变卖该财产的价款优先受偿。

根据所购住房是现房还是未竣工的期房,住房贷款抵押分为现房抵押和期房抵押,按照国家有关规定都要办理抵押登记手续。中国人民银行《个人住房贷款管理办法》规定:以房产作为抵押的,借款人需在合同签订前办理房屋保险,目前各地的房屋保险年费率不低于 0.08%,由借款人一次性支付。

2. 抵押加连带责任保证

抵押加连带责任保证即借款人或第三人提供住房作为抵押,同时在抵押登记完成前提供第三人连带责任保证。

3. 抵押加购买住房贷款保险

抵押加购买住房贷款保险即借款人或者第三人在提供抵押担保的同时,由借款人购买住房贷款保险。住房贷款保险是指借款人作为被保险人,因意外或疾病导致死亡或残疾等自然原因,或因失业、经济收入下降等社会原因致使无法继续全部或部分归还贷款本息时,由保险公司代借款人偿还全部或部分所欠贷款本息的行为。

4. 质押担保

质押担保即借款人或第三人用银行存单、债券等权利凭证作为借款人贷款的质物交贷款人保管,当借款人不能如期还款时,贷款人依法处理质物偿还贷款本息、罚息及费用。

5.连带责任保证

连带责任保证即保证单位为借款人全程提供连带责任保证,借款人不能如期还款时,由保证单位代借款人偿还剩余的贷款本息、罚息及费用。

七、组合贷款

组合贷款是指住房公积金管理中心运用住房公积金、商业银行利用信贷资金向同一借款人发放的、用于购买同一套自住住房的个人住房贷款,是政策性和商业性贷款组合的总称。当个人通过住房公积金贷款不足以支付购房款时,可以向受委托办理住房公积金贷款的经办银行申请组合贷款。两部分贷款要同时办理申请和审批手续,两部分贷款审批完成后,经办银行将两笔资金同时拨付到售房单位账户。在组合贷款中,住房公积金贷款和商业贷款的贷款期限、借(还)款日期和还款方式都应是相同的,但执行不同的贷款利率。一般组合贷款的贷款总额不得超过借款人所购房屋价款的80%。组合贷款要分别签署住房公积金贷款和商业贷款两份贷款(担保)合同。组合贷款出现风险时,对抵押物(质物)进行处置或向保证人求偿后所得款项按规定清偿。

复习思考题

1.住房公积金的性质和特点是什么?

2.住房公积金管理的基本原则是什么?

3.申请住房公积金贷款的条件有哪些?

4.个人住房公积金贷款额如何确定?

5.住房公积金贷款担保的方式有哪些?

第十章

物业管理法律制度

● 案例导入

【案情】

原告:刘先生

被告:某小区物业公司

刘先生居住在某小区物业公司管理的小区内,因停车之需,向该公司缴纳了3个月共150元人民币的停车费用。然而,刘先生所有的一辆桑塔纳轿车却在小区内停放时失窃了。事发后,他提起诉讼,要求赔偿直接经济损失11万元人民币。

【评析】

双方当事人就车辆停放是否建立保管关系,被告对车辆失窃是否应承担法律责任展开了激烈的争论。刘先生认为自己向被告支付的停车费为管理费,双方存在有效的保管合同。根据《合同法》之规定,在合同的有效期间内,保管人应承担由其过失引起寄存物被盗造成的损失。

该小区物业公司认为,双方之间不存在车辆保管这一民事法律关系的事实。被告接受业主委员会委托,对小区内车辆停放的秩序进行无偿管理,此事实有被告与业主委员会签订的物业管理服务合同证明,车主如发生车辆损、窃,其后果应由车主自负。而被告收取原告的每月50元人民币费用是道路养护费,不是车辆保管费。

法院判决:被告与小区业主委员会签订的物业管理服务合同及被告与业主签订的机动车停放协议,都表明被告对小区内的交通和车辆停放秩序行使管理职责。

刘先生与被告就车辆临时停放事项没有签订保管关系的协议,双方也没有办理车辆交接手续,因而缺乏保管关系的构成要件。原告以已向被告缴纳费用为由,认为双方保管关系成立,理由不足,不予采纳。

但是作为封闭式小区,被告的管理上存在疏漏,使不法分子有机可乘,被告对此存在一定的过错,故应承担相应的责任,鉴于被告收取的停车费价格低廉,且车辆失窃是双方难以预料的,故在赔偿数额上应根据被告承担责任的份额由本院酌情确定。据此,判处被告赔偿原告刘先生财产损失11 000元人民币。

第一节 物业管理概述

一、物业的含义与性质

1.物业的含义

"物业"—词由香港特别行政区传入内地,它在东南亚地区大多是作为房地产的同义词而使用的,其含义为"财产、资产、拥有物和房地产等",是一个广义的范畴。而我们所说的物业,具体是指已建成并具有使用功能和经济效用的各类供居住和非居住的屋宇及与之相配套的设备,市政、公用设施,屋宇所在的建筑地块与附属的场地、庭院。物业根据其用途不同可分为住宅、写字楼、商场、酒店、旅馆、工业厂房等。配套设施、设备是指房屋内、外各类设备、公共市政设施;场地是指和房屋相邻的庭院、绿地、道路等。

2.物业的性质

明确物业的性质对于我们了解和掌握物业管理的本质及规律,具有重要意义。

(1)物业的自然属性

物业的自然属性又称物业的物理性质,是指与物业的物质实体或物理形态相联系的性质,它是物业社会属性的物质内容和物质基础。其主要表现为:

①物业的二元性。指土地与建筑物。对于不同的物业,其二元组成的比重是不同的。例如,总体而言,物业的建筑面积与土地面积之比在城市就高于农村,在经济、文化、商业中心就高于重工业基地。

②物业的有限性。物业的有限性是由土地的有限性决定的。

③物业的差异性和多样性。物业的差异性是就土地而言的。物业的多样性是就建筑物本身而言的。

④物业的固定性。主要是指物业空间位置上的不可移动性。

⑤物业的长期性。是指使用期限具有长久性。

⑥物业的配套性。是指物业以其各种配套设施,满足人们各种需要的特性。没有配套设施,就不是完整意义上的物业。以住宅为例,室内配套设施至少要包括厨房、卫生间等,否则就会造成使用不便,也影响房屋居住功能的发挥。

(2)物业的社会属性

物业的社会属性即物业的社会经济性质,是指与所有权和商品经济相联系的性质。物业的经济性质主要有:

①物业的权属性。物业的权属性是指物业在法律上具有明确的权属关系。物业权属最重要的内容就是物业的所有权和物业的使用权。

所谓物业的所有权是指物业所有者在法律规定的范围内对该物业所拥有的占有、使用、收益和处分的权利。物业的使用权是指依法经营或使用物业的权利。

②物业的商品性。在市场经济条件下,物业本身既有经济价值又有使用价值,因而物业的基本经济属性是商品,物业的商品属性主要体现在以下几个方面:

• 物业的价值和使用价值是通过市场交易活动得以实现的。物业的买卖、租赁、抵押、土地使用权的转让,都是体现物业商品属性的具体方式。

• 物业的开发建设、经营管理活动都是商品经济活动,必须遵从价值规律来运行。

• 物业的分配与消费,即使是非营利性的,也充斥着商品行为,奉行着"商品—货币"的规则。

• 参与物业开发建设、经营管理以及消费的人与人之间的关系,本质上是一种商品经济关系,从生产到消费都不是无偿的。

③物业的效用性。物业的效用性是指物业对人类社会的使用价值,即人们因占有、使用物业而得到某些需求的满足。

④物业的保值、增值性。物业能够保值、增值,已经被越来越多的人所认识。

二、物业管理的性质和基本内容

1. 物业管理的含义

物业管理又称物业服务,是指物业管理企业或物业服务企业接受业主、业主委员会或者其他组织的委托,对物业进行维护、修缮、管理,对物业区域内的公共秩序、交通、消防、环境卫生、绿化等事项提供协助管理、服务的有偿活动。物业管理的这一定义,有着丰富的内涵:

(1)实施物业管理,必须是具有法人资格、并经政府有关部门注册认可的专业组织。

(2)物业管理是一种经营型的管理方式。物业管理的对象是物业,其服务对象是人。物业管理所提供的服务是有偿服务,要合理收费,实现以业养业。

(3)物业管理所提供的劳务和服务能完善物业的使用效能,并使物业具有保值、增值的作用。

(4)物业管理是综合性的管理。物业管理的内容多种多样,其业务涉及的范围相当广泛,属于多功能、全方位的管理。

(5)就法律属性而言,物业管理是具有中介性质的管理,通过一定的契约,规定相关各方的权利和义务。

2. 物业管理的性质

物业管理为物业所有人和使用人提供高标准、高质量的服务,因而是一种服务性行业,它属于第三产业。物业管理的业务活动是提供服务,它寓管理、经营于服务之中。

物业管理属于服务性工作,其主要职能是通过对物业的管理和提供的多种服务,为业主和租户创造一个舒适、方便、安全、幽雅的工作和居住环境。物业管理公司作为非生产性企业,主要通过对物业的维修养护、清洁卫生以及直接为业主和租户提供服务来实现工作目标。因此,从本质上说,物业管理公司是服务性企业,其服务是有偿的企业经济行为。

物业管理在某种程度上承担着某些行政管理的特殊职能,它是现阶段城市现代化建设的重要组成部分。由于中国城市建设管理体制正处于改革发展中,某些管理职能和职权并没有完全转轨和明确,所以物业管理公司在向业主和租户提供服务的同时,也承担了部分政府有关部门对城市管理的职能。

物业管理具有以下特征:

（1）社会化

物业管理社会化有两个基本含义，一是物业的所有权人要到社会上去选聘物业服务企业；二是物业服务企业要到社会上去寻找可以代管的物业。

（2）专业化

物业管理可提供专业化的车辆保管、绿化养护、保洁、安全保卫等工作。

（3）企业化

物业管理是一种企业化的经营管理行为。物业管理公司是企业，不是事业单位，也不是行政机关的分支机构。因此，物业管理公司必须依照物业管理市场的运行规则参与市场竞争，依靠其经营能力和优质服务在物业管理市场上争取自己的生存空间，用经营业绩去争取更多的客户。

（4）经营型

物业管理公司所提供的服务是有偿的，即通过收取合理的费用，维持企业的正常运转。物业管理的经营目标是保本微利，量入为出，不以高额利润为目的。

3. 物业管理的基本内容

物业管理涉及的领域相当广泛，其基本内容按服务的性质和提供方式可分为常规性的公共服务、针对性的专项服务和委托性的特约服务三大类。

（1）常规性的公共服务

常规性的公共服务是指物业管理中公共性的管理和服务工作，是物业服务企业面向所有住用人提供的最基本的管理和服务。公共服务主要包括：

①房屋共用部位的维护与管理。

②房屋共用设备设施及其运行的维护和管理。

③环境卫生、绿化管理服务。

④物业管理区域内公共秩序、消防、交通等协助管理事项的服务。

⑤物业装饰装修管理服务，包括房屋装修的申请与批准及对装修的设计、安全等各项管理工作。

⑥专项维修资金的代管服务。是指物业服务企业接受业主委员会或物业产权人的委托，对代管的房屋、共用部位、共用设施专项维修资金的管理工作。

⑦物业档案资料的管理。

⑧代收代缴收费服务。

（2）针对性的专项服务

针对性的专项服务是指物业服务企业面向广大住用人，为满足其中一些住户、群体和单位的一定需要而提供的各项服务。专项服务的内容主要有日常生活、商业服务、文教卫体、社会福利及各类中介服务五大类。

（3）委托性的特约服务

委托性的特约服务是指为满足物业产权人、使用人的个别需求，受其委托而提供的专门服务，通常指在物业管理委托合同中未要求、物业服务企业在专项服务中也未设立的服务。它实际上是针对性的专项服务的补充和完善。

上述三大类管理与服务工作是物业管理的基本内容，其中常规性的公共服务是最基本的工作。

4.物业管理的主要环节

（1）物业管理的策划阶段

①物业管理的早期介入。所谓物业管理的早期介入，是指物业服务企业在接管物业以前的各个阶段（项目决策、可行性研究、规划设计、施工建设等阶段）就参与介入，提供专门的咨询意见等。

②制定物业管理方案。房地产开发项目确定后，开发企业就应尽早制定物业管理方案，也可聘请物业服务企业代为制定。

③选聘或组建物业服务企业。

上述三个环节的特点是均由房地产开发企业来主持相关工作。

（2）物业管理的前期准备阶段

①物业服务企业内部机构的设置与拟定人员编制。

②物业管理人员的选聘和培训。

③物业管理制度的制定。

（3）物业管理的启动阶段

物业管理的全面、正式启动以物业的接管验收为标志。

（1）物业的接管验收包括新建物业的接管验收和原有物业的接管验收。

（2）用户入住。

（3）档案资料的建立。档案资料包括业主或租户的资料和物业的资料。

5.物业管理与传统房产管理的区别（表10-1）

表 10-1　　　　物业管理与传统房产管理的比较

比较内容	传统房产管理	物业管理
物业归属	国有	业主所有
管理者	政府房管部门	专业物业管理公司
管理人员	政府委派的人员	招聘的专业人员
管理手段	行政手段	法律、经济手段
管理范围	仅限于服务、维修	全方位、多功能
服务性质	免费的无偿服务	以有偿为主的服务
管理经费来源	政府或单位划拨	向业主或使用人收取
费用状况	严重不足	收支有余
管理效果	物业寿命较短，资源配置效率低下	延长物业寿命，保值升值，维护良好秩序
用户态度	被动服务	具有较强的选择性
管理模式	计划经济管理模式	市场经济管理模式

三、物业管理的产生和发展

1. 物业管理在中国的产生

物业管理产生于19世纪60年代的英国，已有100多年的历史。到20世纪80年代，随着中国市场化改革的不断深入，在沿海开放城市和一些大城市，由于房地产业的迅猛发展,城市有了对物业管理的需求。从中国改革开放的前沿阵地——深圳和广州开始,出现了借鉴香港特别行政区的经验、大胆探索、不断创新的现代物业管理行业。

中国的物业管理首先是从住宅管理开始的,最早成立的专业化物业管理公司是深圳市物业管理公司,该公司成立于 1981 年 3 月 10 日,是中国新型房地产管理模式诞生的标志,意味着中国的房地产管理发生了划时代的变化。

深圳市物业管理公司自成立之日起,便在经济上以"独立核算、自负盈亏、自我运转"的新机制出现。创建伊始,该公司只有 5 人,50 平方米的办公室,管理 216 套商品房,财政借款 3.4 万元人民币。该公司结合深圳市改革开放的实际,确定了适应特区发展的新型管理模式——专业化、企业化的物业管理。同年 9 月,实施这种新型管理和服务模式的第一家管理单位——东湖丽苑管理处成立,开始对整个物业及环境实施清洁卫生、庭院绿化、安全保卫、机电设备和公共设施的维修、保养、水电的供给及水电费的代缴、代办等,为业主或住户提供多层次的服务。

2. 物业管理在中国的发展

一些改革开放较早的中国南方沿海城市,也纷纷参照深圳的物业管理经验,相继成立了一些物业管理公司。如广东省广州东华实业股份有限公司 1986 年迎接第一批五羊村住户入住后,该公司就成立了专门的专业物业管理公司——广东东华物业管理公司,该公司在小区设立了 7 个管理处,聘用专业管理服务人员约 250 人,从事环境清洁、绿化工程、水电工程、治安消防、车辆保管、土建维修、房屋装潢等工作。为住户提供全方位的优质新型服务。在 1988 年广州市小区评比中获第一名;在 1989 年广州市"十佳小区"市民投票评选中再获第一名;1990 年被建设部列为国家级文明小区试点单位;1991 年在广东省小区评比中获"广东省优秀住宅小区"称号;1992 年 9 月被评为全国模范文明小区(第一名)。

随着广州、深圳等城市物业管理工作的不断发展,中国的其他一些城市也开始关注物业管理工作及其经验。很快,物业管理的经验就像春风一样吹遍了祖国东南西北,物业管理公司如雨后春笋般出现。

1993 年 6 月 30 日,深圳市物业管理协会正式成立,表明中国的物业管理进入了一个新的阶段。1994 年国家建设部对已按物业管理模式进行管理的住宅区、综合大厦进行评比,1996 年扩展到标准厂房工业区,极大地推动了中国物业管理的规范化。2000 年 1 月 14 日,深圳万科物业有限公司接管了国家建设部大院(包括办公楼和住宅区)38 万平方米的物业,这是国家机关后勤管理体制全面改革的一个信号,也是将非居住物业纳入物业管理潮流的典型性表现。

总之,物业管理在中国从无到有,至 1999 年年底在全国普遍推行,2000 年成立了中国物业管理协会,发展至今已有 20 多年历史,已初步形成了规模。当前从事物业管理行业的人数变化也能表明物业管理行业的蓬勃发展之势。据有关部门统计,1994 年全国物业管理行业从业人数已有数十万人,有专业物业管理机构 5 000 个以上。到 1998 年,中国物业管理企业已有 12 000 余家,从业人员达 150 万人。到 1999 年年底全国已有各类物业管理公司 15 000 余家,从业人员近 200 万人。虽然还存在区域差异大、物业管理的消费观念尚未普遍形成、企业经营活动不规范、行业队伍素质偏低等问题,但依然出现了一些运作较好的物业管理企业,它们能够妥善解决好管理过程中出现的问题,能够服务好其消费者,这些企业代表了中国物业管理的发展趋势。随着中国物业管理工作的不断深入、市场经济的不断发展、经济水平的不断提高以及人们生活水平的不断改善和消费观念的渐渐转变,作为人类较高层次需求的物业管理将走进千家万户,为社会的发展和人们的生活做出贡献。

四、中国物业管理行业发展预测

20 世纪 90 年代末,中国的物业管理开始进入竞争时代,特别是中国已加入了 WTO,必然给国内的物业管理企业带来较大的冲击。中国物业管理企业为了尽快与国际接轨,增强竞争实力,把国内潜在的物业市场变成其现实的管理、经营对象,应该向以下几个方向发展。

1. 实行法制化、规范化管理

在市场经济条件下,任何企业的发展都必须以社会环境的发展为条件。市场经济实际上是法制经济。制定有利于行业发展的法律、法规是改善企业发展的社会环境的重要因素。因此,要使中国的物业管理行业持续、稳步地发展,必须加强物业管理的法律、法规建设。

首先,中国的物业管理只有实现有法可依、依法办事、违法必究的法制化运作模式,才能保证行业健康、持续、稳定地发展。但是目前全国缺乏系统、完善的物业管理的法律体系,物业管理的法律体系应包括以下几个方面:建立房屋及维修管理的法律、法规、规章;建立设备、设施管理法律、法规及规章;建立环境卫生管理的法律、法规及规章;建立安保、消防管理的法律、法规及规章;建立行业管理办法;建立业主及业主委员会的管理办法;建立覆盖各类物业的管理法规及规章。

其次,物业管理企业必须实施规范化管理。规范化管理是增强服务质量观念的前提,物业管理企业应当有意识地引进国外已经成熟的管理、经营和服务的思想、方法,以科学的手段规范管理。按照 ISO 9000 标准建立一套完整、规范的管理体系、工作标准和服务程序,明确规定每一个岗位的工作职能、每一类工作的操作步骤、各种问题的处理方法,由"人治"变为"法治",让每一个员工工作时都有章可循,从而确保工作质量,全面提高企业的管理水平和服务质量。

2. 实行规模化与品牌经营

实行规模化与品牌经营是物业管理企业持续、健康发展的首要环节,也是目前多数物业管理企业的努力方向。因此,物业管理企业必须摒弃落后的管理方式,走规模化与品牌经营之路。

首先,规模化经营可以降低人力成本,产生规模经济效益。其次,品牌经营是企业竞争的主要手段,实施品牌战略,可以扩大企业的竞争优势,形成一批规模化的企业。实施品牌战略,必须树立品牌意识,把提高质量、创立品牌的重要性纳入企业发展的战略规划中。

3. 实行智能化管理

物业管理是一个新兴行业,也是一个快速发展的行业。随着高新技术的迅速发展,现代建筑中引入了很多科技含量高的设施、设备,物业管理智能化已经是大势所趋。

物业管理企业要适应现代化物业管理的要求,转变管理经营观念,由简单维护型、劳动密集型向技术维护型、知识密集型转变。只有这样,才能保证物业管理的水平和房地产开发建设中的科技进步同步。

4.树立以人为本的管理理念,注重人才培养

人力资源是一切社会资源中最宝贵的财富。任何社会活动都是由人进行的。企业管理作为一种具体的社会活动,其管理对象和管理过程的各个环节,都需要人去把握和推动。因此,物业管理必须调动人的积极性,注重人才培养,这是以人为本的现代管理理念的内在要求。

第二节　物业管理主体

物业管理主体是指在物业管理活动中以自己的名义,依法享有权利和承担义务的个人、法人及其他组织。物业管理主体主要包括开发商、业主、业主大会和业主委员会、物业管理公司、物业使用人、行政管理机关及其他相关机构。这些主体可分为三大类:民事主体、行政机关和自律组织。

一、民事主体

民事主体包括业主、业主大会和业主委员会、开发商、物业管理公司、物业使用人及其他相关机构。

1.业主

业主是物业所有权人,按其拥有的物业所有权状况,又可分为独立所有权人和区分所有权人。由于购买了物业,所以购房人成了物业的产权所有人,合法地拥有所购物业。现代物业区域各业主的权利形态一般是区分所有权。作为物业的主人,业主拥有对物业的所有权和使用权。

(1)对楼房专有部分享有专有所有权

所谓专有所有权,是指业主自己单独享有或者私人享有的空间,这种权利别人不能与其分享。对专有所有权,业主享有充分、自由地占有、使用、收益和处分的权利,业主可以使用、出租、出借、转让、赠与等。这种所有权划分明确、归属清楚,一般不会发生大的纠纷。

(2)对楼房共有部分的共同所有权

这里的共有部分是指全部业主或部分业主都有权享有的部分,又分为法定共有部分和约定共有部分。法定共有部分是由国家法律直接规定的,一般是楼房的基本构造部分、附属建筑物和附属设备等。约定共有部分是由合同契约或公约约定的属于业主共同所有的部分,如室外车库、庭院、配套商业设施等。对于共有部分,业主可以合理、善意地使用。在共有部分被出租、出售取得收益时,业主有权取得相应的份额。这种所有权涉及众多业主的利益,在界定问题、契约问题发生不清楚,或业主认为侵害其利益时,常常引起纠纷。

（3）行使权利应遵循的原则

业主之间往往因为房地产形成相邻关系，相互毗邻的所有权人或使用权人在各自行使自己的合法权利时，都需要尊重他方所有权人或使用权人的权利，相互间应给予一定的方便或接受一定的限制，遵循有利于生产、方便生活、团结互助、公平合理的原则。

2. 业主大会

业主大会由物业管理区域内全体业主组成，是物业管理区域内的最高权力机构。业主大会代表物业管理区域内全体业主的权益，维护大多数业主的合法权益，对物业管理区域各项事务有最高决策权。当业主人数较多时，应按比例推选业主代表，组成物业管理区域内的业主代表大会。业主大会或业主代表大会应有过半数业主或业主代表出席，业主大会或业主代表大会作出的决定，应经过全体业主过半数或代表过半数通过方能生效。业主大会行使以下权利：听取业主的意见和建议；研究决定涉及业主权益的重大问题；听取和审议物业管理服务工作报告；选举、罢免业主委员会委员；其他需要解决的问题。

3. 业主委员会

业主委员会是小区内的最高权力机构，代表业主的利益，维护业主的合法权益，支持、配合、监督物业管理公司的工作，共同创造一个良好的生活环境或工作环境。业主委员会是业主权利的载体，拥有以下权利：

（1）核验权

核验权即业主入住后有权对居住的实际情况按购房合同及开发商的承诺进行核对或重新检验，如果出现不符，可以根据合同或有关法律主张权利。

（2）知情权

知情权即业主对自己所拥有物业的有关资料及物业管理公司情况，如资质、收费依据、服务标准、收支情况、有关基金的使用等有权了解和掌握。

（3）选择权

选择权即业主有权选择或解聘物业管理公司，并有权签订或解除物业委托管理合同。

（4）监督检查权

监督检查权即业主有权对物业管理公司的工作进行监督、检查，提出批评、建议。

（5）收益权

收益权即业主对所有的公建配套设施的经营、出租等收入有收益的权利。

（6）请求权

请求权即指业主为维护其共同利益而请求组建自治性组织的权利。

上述权利的行使如果仅靠业主个人的力量是很难做到的，必须依靠业主委员会，代表全体业主与物业管理公司进行法律意义上的平等交涉。

4. 开发商

开发商是物业管理中十分重要的一员。开发商又称为发展商，即房地产开发企业，《城市房地产管理法》第二十九条规定，房地产开发企业是以营利为目的、从事房地产开发和经营的企业。

最初，物业是由开发商开发、建造并能通过房地产交易转移给业主的。在一定程度上，开发商是物业的创造者，它原始取得物业的所有权。在物业销售之前，开发商是物业的第一业主。开发商将物业建成,并经政府有关部门综合验收合格后,经过房产交易将产权转移给新的房屋产权所有人。这里法律关系的变化是开发商由原来拥有土地使用权和房屋所有权到转移给了新的产权所有人。但是,根据《商品住宅实行住宅质量保证书和住宅使用说明书制度的规定》,开发商必须在法定期限内对其销售的商品住宅及其他住宅和非住宅的商品房屋承担保修责任。在保修范围内涉及物业管理的责任最终由开发商承担。

此外,开发商作为第一业主,在物业开始出售后的一段时期内仍持有较多所有权比例,因此有第一次选择物业管理企业的优先权与便利。开发商常直接将自己作为委托方,签订前期物业管理合同,并作为住宅等物业出售合同的附件。开发商应当与物业管理公司签订临时委托管理合同,合同期限一般为一年。因为业主管理委员会成立后,有可能在一年后重新选聘物业管理公司。

5. 物业管理企业

物业管理企业根据物业管理合同接受业主或者业主委员会的委托,依照法律合同约定,对物业进行专业化管理,是物业管理的重要主体。物业管理企业一般应经工商行政管理部门的核准登记以及颁发营业执照,而且物业管理企业由房地产管理部门进行资质管理。《物业管理企业资质管理试行办法》规定:物业管理企业资质等级分为三级:一级资质物业管理企业注册资本为 500 万元人民币以上,物业管理专业人员以及工程、管理、经济等相关专业类的专职管理和技术人员不少于 30 人;二级资质物业管理企业注册资本为300 万元人民币以上,相关管理人员和技术人员不少于 20 人;三级资质物业管理企业注册资本为 50 万元人民币以上,相关管理人员和技术人员不少于 5 人。新设立的物业管理企业,其资质等级按照最低等级核定,并设一年的暂定期。一级资质物业管理企业可以承接各种物业管理项目。二级资质物业管理企业可以承接 30 万平方米以下的住宅项目和8 万平方米以下的非住宅项目的物业管理业务。三级资质物业管理企业可以承接 20 万平方米以下住宅项目和 5 万平方米以下的非住宅项目的物业管理业务。

6. 物业使用人

物业使用人又称非业主使用人,是指物业的承租人和其他实际使用物业的人。物业使用人不与开发商、物业管理企业有直接关系,不是物业销售合同的当事人,也不是物业管理合同的委托方;物业使用人不是物业区域的区分所有权人,不具有成员权,一般不参加业主大会与业主委员会。但物业使用人却是现代物业区域的重要成员,无论是居住或非居住型物业,业主常将物业出租以获取收益,另外还有其他多种合法占有、使用物业但不拥有所有权的情形。为了能约束物业使用人的行为,保障物业使用人的权益,各国物业管理立法中均明确肯定物业使用人的独立地位。物业使用人不但要与出租人签订租赁合同,而且也要与物业管理公司签订管理公约。所以物业使用人的权利、义务不仅源自其与业主间租赁等合同的约定,而且也出自法律、法规以及业主公约的规定。

7. 其他相关机构

物业管理企业依据委托管理合同在物业区域内开展管理工作,需要和其他管理工作有关的企业发生联系,如保安公司、煤气公司、电梯公司、环卫机构、建筑维修部门等。物业管理企业要与它们签订新的委托合同,由其向物业提供相应的业务服务。这里产生的直接法律关系是管理企业与这些企业签约,但其结果却直接影响业主,所以重大的协议、合同,物业管理企业应提请业主委员会审议。

二、行政管理机关

市场经济中的物业管理活动一般通过业主、物业管理企业等平等主体间的合同约定开展。但物业管理涉及百姓日常生活、城市正常秩序,政府行政机关如公安、消防、环保机关等基于行政职权均介入物业管理活动,对各方的行为进行指导、监督。在中国,房地产主管部门还直接负责对公房的物业管理。《城市新建住宅小区管理办法》第三条对物业管理中相关行政机构规定:房地产行政主管部门负责小区管理的归口管理工作;市级绿化、卫生、交通、治安、供水、供气等行政主管部门和住宅小区所在人民政府按职责分工,负责小区管理中的有关工作的监督指导。目前各地房地产行政管理部门一般设有物业管理办公室,负责本行政区域内的物业管理工作。

第三节　物业服务合同

物业服务合同是物业管理企业提供物业管理服务时与有关委托方签署的合同。物业服务合同包括前期物业服务合同和物业服务合同两种,两者之间存在着时间上的先后顺序,是相互衔接的。

一、物业服务合同的类型

1. 前期物业服务合同

在实践中,物业"滚动开发"的情况比较多,业主入住是一个渐进的过程,从物业开始交付给业主,到业主成立业主大会之间,还有一段过程,不但这个过程中需要物业管理企业提供物业管理服务,甚至在物业的建设阶段往往就需要物业管理的早期介入了。这个阶段的物业管理即前期物业管理。

根据《物业管理条例》的有关规定,在业主、业主大会选聘物业管理企业之前,建设单位选聘物业管理企业的,应当签订书面的前期物业服务合同。房屋出售前物业的产权属于房地产开发企业。因此,合同的甲方是房地产开发企业,乙方是其选聘的物业管理企业。

前期物业管理常常包括通常情况下的管理所不具有的一些内容,例如管理遗留扫尾工程、空置房出租或看管等,因此具有一定的特殊性。在现实生活中,物业管理纠纷很大程度集中于前期物业管理阶段,如建设单位遗留的房屋质量问题、小区配套设施不齐全问题等。前期物业服务合同对后续物业管理的规范化实施具有尤为重要的作用。如果不签订前期物业服务合同,将不利于物业管理的实施,也无法保证购房人在购买房屋直至业主委员会成立并选聘确定新的物业管理企业过程中的权利和义务,容易引起各种纠纷。

前期物业服务合同具有以下特征:

(1)由建设单位和物业管理企业签订

在前期物业管理阶段,业主大会尚未成立,还不能形成统一意志来选聘物业管理企业,只能由建设单位选聘物业管理企业。因而,此时建设单位拥有物业,是物业的第一业主。建设单位在选聘物业管理企业时,应充分考虑和维护未来业主的合法权益,代表未来的广大业主认真考察比较各物业管理企业,并对其有所要求与约束。

(2)过渡性

前期物业服务合同的期限存在于业主、业主大会选聘物业管理企业之前的过渡时间内。物业的销售、入住是渐进的过程,业主召开首次业主大会时间的不确定性决定了业主大会选聘物业管理企业时间的不确定性。因此,前期物业服务的期限通常也是不确定的。但是,一旦业主大会成立并选聘了物业管理企业,前期物业管理服务即告结束,前期物业服务合同也相应终止。《物业管理条例》第二十六条规定:前期物业服务合同可以约定期限;但是,期限未满、业主委员会与物业管理企业签订的物业服务合同生效的,前期物业服务合同终止。

(3)是要式合同

前期物业服务合同涉及广大业主的利益,《物业管理条例》要求前期物业服务合同以书面形式签订。为了保护当事人的合法权益,国家和地方有关部门编写了《前期物业服务合同》示范文本作为参考。

2.物业服务合同

当业主入住达到一定比例时,就应按规定及时召开业主大会,选举、组建业主委员会。业主委员会的设立,标志着前期物业管理的结束,物业管理进入正常的日常运作阶段,即由业主委员会代表全体业主实施业主自治管理。

业主委员会成立后,对原物业管理企业实施的前期物业管理要进行全面、认真、详细的评议,听取广大业主的意见,决定是续聘还是另行选聘其他物业管理企业,并与确定的物业管理企业(原有的或另行选聘的)签订物业服务合同。其签订日期一般应在业主委员会成立3个月内,最迟不应迟于6个月。

物业服务合同的甲方是业主委员会(代表所有业主),乙方是物业管理企业。甲方是委托方,乙方是受托方。合同的委托管理期限由双方协议商定。物业服务合同签订后,前期物业服务合同同时终止。

每次委托期满前,业主委员会应根据广大业主的意见和物业管理企业的业绩,决定是续聘还是另行选聘其他物业管理企业,并与之签订新的物业管理委托合同。为了规范物业服务合同,住房和城乡建设部、国家工商行政管理总局和地方有关部门颁布了物业服务合同示范文本。

上述两个合同的共同点在于它们的客体是一致的,委托事项都是物业管理服务活动。但物业在开发建设、销售和消费使用这三个不同阶段产权在不同产权人之间的转移,导致合同的主体有所变化,因而这两个合同的签订时间、期限要求与方式等都有所差异,但它们是相互衔接、互为补充的。从物业管理规范化运作的角度看,二者缺一不可。

两个物业服务合同的差异包括:

(1)合同主体

①前期物业服务合同:甲方:新建住宅的开发商。乙方:甲方选聘的物业管理企业。

②物业服务合同:甲方:业主委员会(代表所有业主)。乙方:物业管理企业。

（2）签订时间

①前期物业服务合同：甲方出售住宅前。

②物业服务合同：一般应在业主委员会成立后 3 个月内，最迟不应迟于 6 个月。

（3）合同有效期限

①前期物业服务合同：合同有效期限自签订之日起，到业主委员会成立后与其选聘的物业管理企业签订物业服务合同时止。

②物业服务合同：合同有效期限由双方协议商定。

在实践中，物业管理企业承接一个物业管理项目后，往往将根据管理区域的规模、服务项目的多少和自身服务能力等情况，将保安、绿化、保洁等服务委托给其他专业服务公司承担。物业管理企业作为委托人与接受委托的专项服务企业之间签订委托服务合同，但是专项服务企业与业主之间并不存在合同关系。因此，这些专项服务的委托合同虽然与物业管理活动相关，但都不能称之为物业服务合同。《物业管理条例》第四十条规定：物业管理企业可以将管理区域内专项服务委托给专项服务企业，但不得将全部物业管理一并委托给他人。第六十二条规定：物业管理企业将一个物业管理区域内的全部物业管理一并委托给他人的，由县级以上地方人民政府房地产行政主管部门责令限期改正，处委托合同价款 30%以上 50%以下的罚款；情节严重的，由颁发资质证书的部门吊销资质证书。委托所得收益用于物业管理区域内物业共用部位、共用设施设备的维修、养护，剩余部分按照业主大会的决定使用；给业主造成损失的，依法承担赔偿责任。

二、物业服务合同的特征

物业管理企业接受委托从事物业管理服务，应当与委托人签订物业服务合同。物业服务合同属于中国合同分类中的委托合同。委托合同是受托人以委托人的名义和费用为委托人处理委托事务，委托人支付约定报酬的协议。物业服务合同既可以发生在法人之间，也可以发生在自然人与法人之间。

物业服务合同具有以下委托合同的法律特征：

1. 物业服务合同是典型的民事合同

物业服务公司不同于委托合同，是《合同法》规定的十五种有名合同之外的无名合同，是市场经济发展过程中产生的新型合同。它以提供物业服务为主要内容，协调物业管理企业与业主之间的关系，是关系到人们生活居住的重要合同。

2. 物业服务合同是有偿的

委托合同的目的在于由受托人以委托人的名义处理委托事务。因此，业主不但要支付物业管理企业在处理委托事务中的必要费用，还应支付物业管理企业一定的酬金。

3. 物业服务合同是双务合同

双务合同是指当事人双方互负对等给付义务的合同。在物业服务合同中，物业管理企业提供房屋及配套设备的养护、维修与小区环境卫生清洁和保安等服务，业主支付费用，双方的权利、义务是相互对应、相互依赖的。物业服务收费的一项基本原则是质价相符，这充分反映了其双务性的特点。

4.物业服务合同实现了所有权与管理权的分离

现代社会高速发展,要求实现社会化大分工,提倡知识专业化、行业分工化,提高了效率,降低了成本。物业管理企业拥有专门物业管理技能,利用自己的技术为业主服务,行使管理权。业主是物业的所有人,基于所有权对物业管理企业进行监督。

三、物业服务合同的内容

1.物业的基本情况

在物业的基本情况中,要描述物业的类型、位置、面积等情况,界定物业管理区域。

2.委托服务事项

委托服务事项即物业管理企业为业主提供的服务的具体内容,主要包括:

(1)房屋建筑共用部位的维修、养护和管理,包括楼盖、屋顶、外墙面、承重墙体结构、楼梯间、走廊通道、门厅等。

(2)共用设施、设备的维修、养护、运行和管理,包括共用的上下水管道、雨水管、污水管、垃圾道、共用照明、天线、中央空调、高压水泵房、楼内消防设施设备、电梯等。

(3)市政共用设施和附属建筑物、构筑物的维修、养护和管理,包括道路、室外上下水管道、沟渠、池、井、停车场等。

(4)公用绿地、花木、建筑小品等的养护与管理。

(5)附属配套建筑和设施的维修、养护和管理,包括商业网点、文化体育娱乐场所等。

(6)公共环境卫生,包括公共楼道、通道、电梯间、走廊、小区内道路、公共场地的卫生清洁、垃圾的收集及清运等。

(7)交通与车辆停放秩序的管理,包括停车场管理和车辆进出管理。通常情况下,物业区域内的业主和物业使用人在本物业区域的公共场地停放车辆,停放人应与物业管理企业签订专项合同。

(8)维护公共秩序、小区安全,包括安全监控、巡视、门岗执勤等。

(9)物业装饰装修管理服务,包括房屋装修的安全、垃圾处理等管理工作。

(10)专项维修基金的代管服务。

(11)物业档案资料的管理,包括与物业相关的工程图纸、住用户档案与竣工验收资料。

(12)其他委托事项。

3.双方的权利、义务

合同双方在物业管理活动中的权利、义务约定得越明晰,合同的履行就越简单,发生纠纷的概率就越小。

4.物业服务要求和标准

服务质量是对物业管理企业提供的服务在质量上的具体要求。

5.物业服务费用和维修费用

物业服务费用是业主为获取物业管理企业提供的服务而支付的费用,包括管理、房屋设备运行、保安、日常维修以及提供物业服务的其他公共性服务收费。支付物业服务费用是业主的主要义务。当事人应当在合同中明确约定物业服务费用的收费项目、收费标准。

物业服务费的收取方式有包干制和酬金制两种形式。

物业交付业主前,物业服务费由建设单位承担;物业交付业主后,由业主承担。

6.专项维修基金的管理和使用

目前,专项维修基金主要是针对住宅物业而言的。专项维修基金对于保证物业共用部位和共用设施设备的维修养护,对于物业的保值增值,具有非常重要的意义。对于一个物业管理区域而言,专项维修基金总量是一个不小的金额。从产权上讲,专项维修基金属于物业管理区域内的业主所有;在实践上,专项维修基金大多由物业管理企业代管。为了发挥专项维修基金的作用,需要当事人在国家规定的基础上,对专项维修基金的管理和使用规则、程序等作出具体约定。

7.物业管理用房

必要的物业管理用房是物业管理企业开展物业服务活动的前提条件。当事人需按照《物业管理条例》的规定,在合同中对物业管理用房的配置、用途、产权等相关问题予以细化。

8.物业经营管理

对于经营性物业以及居住物业中的经营性房屋或设施,如商业铺面、停车场等,合同双方要明确委托服务的绩效考核标准、收费标准等。

9.委托服务期限

物业服务合同属于在较长期限内履行的合同,当事人需要对合同的期限进行约定。物业服务合同的期限条款应尽量明确、具体,或者明确规定计算期限的方法。

10.违约责任

违约责任是指物业服务合同当事人一方或者双方不履行合同,依照法律的规定或者当事人的约定应承担的法律责任。违约责任是促使当事人履行合同义务,使守约人免受或少受损失的法律措施,也是保证物业服务合同履行的主要条款,对当事人的利益关系重大,应当予以明确。

合同法及其他相关法律、法规对违约责任的规定比较详细,但是法律的规定比较原则化,难以面面俱到;物业服务合同具有其特殊性,为了保证合同当事人的特殊需要,当事人应按照法律规定的原则和自身的情况,对违约责任作出具体的约定。例如,约定违约损害的计算方法、赔偿范围等。

此外,物业服务合同一般还应载明双方当事人的基本情况、物业管理区域的范围、合同终止和解除的约定、解决合同争议的方法以及当事人约定的其他事项等内容。

前期物业服务合同的主要内容与物业服务合同的主要内容类似,包括物业基本情况描述与物业服务范围界定、服务内容与质量、服务费用及其计费方式、物业经营与管理、物业的承接验收、物业使用与维护、专项维修资金、违约责任和其他事项。

四、物业服务合同的签订

物业服务合同在签订时应以政府颁布的示范文本为基础,双方在平等自愿的前提下,遵循公平、诚实、信用与合法的原则,经充分协商讨论达成一致意见后方可签订。

物业管理工作自身的特点决定了在签订物业服务合同时,除可遵循签订一般合同时

的注意事项外,还要注意以下四个要点:

1. 宜细不宜粗

为确保合同双方的权益,明确各目的责任、权利和义务,减少后续纠纷,业主和物业管理企业在对合同进行谈判洽商时,要遵循宜细不宜粗的原则,即对合同的具体条款要进行细致、充分的协商,取得一致,不仅要从宏观上把握,更要从微观上给予明确。一般物业服务合同中对委托的管理服务应包括以下五个层次的约定:

(1)委托项目

委托的管理服务项目应逐项写清。例如:房屋建筑共用部位的维修、养护和管理;共用设施设备的维修、养护、运行和管理;环境卫生等。物业管理委托最主要的是公共性服务项目应逐项给予明确;同时,哪些项目允许物业管理企业分包,对分包的原则要求和限制条件等也应给予明确。

(2)各委托项目的具体内容

各委托项目所包含的具体内容应表述清楚,越详细越好。例如,房屋建筑公用部位的维修、养护和管理项目内容应包括楼盖、屋顶、外墙面、承重结构等。

不同性质的业主和不同类型的物业在某些委托项目的具体内容上是有很大差异的。这些差异和区别除应在招标书中明确提出外,还应在合同谈判时给予准确界定。如军队和一些政府机关在"保安服务"这一委托项目的具体内容上与普通住宅区和写字楼就有较大区别。

(3)服务质量与标准

各委托项目具体内容的管理服务质量标准,应在定性的基础上尽可能给予量化。这种量化标准有两个层次:一是工作量的量化,二是质量检查评定标准的量化。例如:垃圾清运要一天一次,还是两天一次,就是对工作量的量化;环境卫生的清洁标准则属于质量检查评定的标准。要注意在明确质量标准时要少用或不用带有模糊概念的词语,例如"整洁",因为是否整洁不易作出准确判断。

目前,不少物业服务合同在签订时对质量标准阐述不准确。对此,中国物业管理协会印发了《普通住宅小区物业管理服务等级标准(试行)》(中物协[2004]1号),各地行政管理部门也颁布了各地物业管理服务的等级标准,这些均可作为合同谈判、签订时的参考和依据。

(4)管理和服务费用

管理和服务费用是指各委托项目在上述管理服务内容与质量标准下应收取的合理成本或支出费用。物业管理服务是分档次的,不同档次收取的费用是有较大差异的。在明确了委托项目、具体内容和质量标准后,费用的确定往往是双方争论的焦点。在确定合理的费用时,要经过详细的内容测算和横向比较。无论是采用包干制收费,还是酬金制付费,双方都应经过一定的测算和对比。各地物价局颁布的指导价应作为参考依据,各物业区域的规模与构成均不同,对最终收费标准还应详细讨论确定。

(5)对物业管理企业的奖惩约定条款

物业管理委托服务的双方应争取双赢的结果。在物业服务合同谈判中,应对物业管理企业的工作有相应的奖惩条款。目前,各法规对物业管理企业的违法、违规、违约行为,对由于其工作不负责或失误给业主造成损失或损害的情况均有一些惩罚性条款,但缺少对物业管理企业的奖励性条款。一些地方政府原则上同意物业管理荣获全国或省、市优秀(示范)小区的,物业服务费上浮 10％～25％,但真正执行的并不多,执行起来也较难。考虑到政府不宜对此作出规定,因而在合同谈判时,业主可以设立一些奖励性条款,以激励物业管理企业及其员工更好地做好物业管理服务工作。例如业主可设立业主奖励基金,对有突出事迹或表现的员工给予一定奖励;在酬金制的情况下,如物业管理企业在做好管理服务工作的前提下,其物业服务支出有较大的节约,可适当提高酬金等。

上述五个层次是物业服务合同不可或缺的内容。为防止合同篇幅过长,可采用附件的形式。在前期物业服务合同(示范文本)中,包括物业构成细目、物业管理服务质量目标、物业共用部位明细、物业共用设施设备明细四个附件。此外,双方还可就具体问题增加附件。

正因为物业服务合同的谈判要遵循宜细不宜粗的原则,所以经过招投标确定了中标单位后,要有相对较长的(与一般招投标相比)合同谈判时间。《前期物业管理招投标管理暂行办法》第二十八条规定:招标人和中标人应当自中标通知书发出之日起 30 日内,按照招标文件和中标人的投标文件订立书面合同。

2. 不应有无偿无限期的承诺

除委托方对物业管理企业可无偿提供管理用房外,在物业服务合同中,不应有无偿无期限的承诺,例如对住用人无偿提供班车服务等。这是因为:

(1)物业管理从本质上讲是市场经济条件下的有偿服务,无偿提供服务是福利制的产物。尤其在中国体制转轨时期,广大消费者对计划经济时期的行政福利制房管体制是欣赏的。无偿的承诺不利于全社会全面、正确地理解、认识和实践社会化、专业化、市场化的物业管理。

(2)无偿提供服务导致住用人之间享受到的服务不一致。物业管理除了公共服务面向全体住用人外,其他专项服务、特约服务等都是面向部分或少数有相应需要的住用人的,一般不可能所有的住用人都需要、都受益,如果无偿提供这部分专项、特约服务,对那些不需要或未享受到该项管理服务的人来说就是不公平的。

(3)无偿提供管理服务在实践上也是有害的、行不通的。无偿提供的管理服务仍是有成本且需要支付费用的,无论开发商还是物业管理企业不可能、也不应该长期承担这笔费用。否则,最终导致的结果一是降低管理服务标准,二是将该成本费用转移或变相转移分担给全体业主。

(4)物业管理的委托是有期限的,无期限的承诺从理论上讲是行不通的,在实践上也是难以做到的。无偿无期限的承诺通常出现在开发企业在售房时为促销而作出的某些承诺,或物业管理企业为增加中标机会而作出的承诺。这种承诺一旦作出,日后又无法全面履行,就给物业管理的正常运作带来困难,极易成为双方发生纠纷的重要原因。

在物业管理的具体实施中,有时开发商或物业管理企业会自行出资做一些公益性活动,例如新年联欢会、"六一"儿童节活动等;或在某方面采取一些优惠措施,例如对老人、儿童、困难家庭的一些收费项目给予优惠。这都是无可厚非的,这样做有利于物业管理的运作,是应该提倡的。但是,除非经业主大会同意,这些内容不应在合同中明确是无偿提供的,这些活动的费用也不应从物业服务费中支出,只能由开发商、物业管理企业自行支付。

3. 实事求是、留有余地

一旦签订了物业服务合同,物业管理企业就要认真、严格地履行,凡做不到位的地方物业管理企业都应承担相应的责任。因此,在合同谈判中,既要实事求是,更要留有余地。下面几点应引起开发商,尤其是物业管理企业的注意。

(1)物业管理企业要量力而行

在投标和承诺物业管理服务标准时,物业管理企业要量力而行,不同的物业有不同的档次,这是客观条件;不同的物业管理企业又有各自不同的情况,这是主观条件。在实施物业管理时,客观条件的约束和主观条件的限制是搞好物业管理服务工作的基础性条件,管理服务的结果只能建立在这个基础之上。要注意,对经过努力才有可能达到的一些标准,要留有余地,更不能说过头话。反之,则很容易成为产生问题的根源。

(2)分期建设项目、分期建成使用时物业管理企业的承诺

物业的开发建造需要一个过程,有时又分期实施。在物业服务合同,尤其前期物业服务合同签订时要充分考虑到这一点。例如,当最初个别业主入住时,一般无法提供24小时热水供应,在合同中就要说明并给出该项服务提供的条件与时机以及未提供该项服务时物业管理服务费的适当减免;又如,当一个住宅区规划分期建造时,在首期不应把小区全部建成后才能够提供的服务项目内容列入合同。物业只有在具备入住条件后才能交付给业主入住,这个入住条件并不等于物业全部建成后提供的生活、工作条件。这其中的差别在前期物业服务合同和前期物业管理服务协议签订时尤为重要。

4. 明确界定违约责任与处理方式

在物业管理的实践过程中,不可避免地会产生各种各样的问题、矛盾与纠纷。这些问题、矛盾与纠纷既可能发生在物业管理企业与业主之间,也可能发生在业主相互之间;既有违法的问题,但更多的则属于违规、违约以及是非道德和认识水平的范畴。当然,对于不同性质、不同层面的问题、矛盾与纠纷要通过不同的途径,采取不同的处理方式来解决。

物业管理活动具有生产与消费同时产生、同时结束的特点,问题出现后不易取证,责任的界定往往成为双方争议的焦点,解决这些问题比解决一般合同履行中产生的问题要更为复杂。因此,物业服务合同在签订时双方要对此有更为详尽的约定。首先,要明确当各类问题出现后,如何区分责任以及承担相应责任的前提条件;其次,要明确解决问题的方式和途径,有时要事先约定解决的期限及费用的处理等条款。较之一般合同,物业服务合同对违约责任的界定及争议的解决方式更应引起重视。

五、物业管理合同的要素

在物业经营管理活动中,不论是哪种类型的合同,其构成要素均主要由以下部分构成:

(1)物业描述。旨在界定管理对象及其范围。

(2)合同期限。旨在界定合同双方责任和权力存续的时间。

(3)管理者的责任。旨在清晰界定物业经营管理服务的具体工作内容及标准。

（4）业主的目标。旨在明确业主委托物业经营管理服务所要达到的目标，以便物业管理企业依此制订工作计划并确定管理绩效考核标准。

（5）管理者的权力范围。旨在清晰界定物业管理企业在提供服务的过程中，就有关决策问题可以行使的管理权限。

（6）物业经营管理服务报告的内容要求。旨在确定物业管理企业在提交给委托方的物业经营管理报告中，具体应包含的有关内容要求。

（7）服务费用及支付方式。旨在确定服务费用的收费标准（包干制）或计算方法（酬金制）以及该服务费用的支付方式。

（8）成本分配与使用。旨在对物业经营管理过程中所发生的费用进行估算，并就其分配和使用方案作出安排。

第四节　物业管理经费

一、物业管理经费的来源

物业管理经费是指物业管理单位接受物业产权人、使用人委托对居住小区内的房屋及其设备、专用设施、绿化、卫生、交通、治安和环境等项目开展日常维护、修缮、整治服务及提供其他与居民生活相关的服务所收取的费用，也称为居住小区物业管理费或物业管理费。为了规范居住小区物业管理服务收费行为，维护正常收费秩序，促进物业管理事业健康发展，国家计委、建设部曾在1996年2月9日联合颁布了《城市住宅小区物业管理服务收费暂行办法》（简称《暂行办法》）。为了贯彻《暂行办法》，各地根据自己的具体情况先后制定了《实施细则》和具体的收费标准。居住小区物业管理是住宅商品化的产物，是对以往单纯靠政府拨款、单位补贴的被动局面的重大改革。在目前中国广大居民的收入水平相对较低，还不能承受较高的费用，特别是中国长期实行住宅福利制度，一些居民对收取多项管理费用的心理准备不足。因此，居住小区物业管理收费是一个政策性很强，又十分复杂的问题。它既关系到住房改革深入发展的问题，又涉及广大居民的经济利益问题。

物业管理经费的来源主要有：

1. 定期收取物业管理服务费

在物业管理经费的筹集中，物业管理服务费应是物业管理经费的稳定的主要来源。经物价部门批准，物业管理企业可以定期向住宅小区内的单位和居民收取一定数量的物业管理服务费。

2. 小区维修养护专项基金

小区维修养护专项基金（简称维修基金）是指用于小区共用部位、共用设施设备的更新与大、中修基金。这些费用一旦需要支出，数额巨大，单靠日常管理收费无法负担。因此，有必要以基金的形式事先提取。目前，各地对这项基金的名称和缴纳方法不尽一致，但都明确规定住宅小区实行物业管理应设立维修基金。维修基金是通过建立双向筹集的渠道来收取的，分以下两种情况：

（1）公有住房出售后维修基金的筹集

公有住房出售后，维修基金由售房单位和业主（购房人）双向筹集。

①由售房单位按照一定比例从售房款中提取，原则上，多层住宅不低于售房款的20％，高层住宅不低于售房款的30％。

②由业主一次性或分次筹集。一次性筹集是指在业主购房时一次性收取一定数额的维修基金，其具体标准由当地政府确定。如北京市规定，1997年公有住房出售后维修基金的交纳标准为建筑面积42元人民币/平方米。分次筹集是指业主按月、按季度或按年分次交纳一定数额的维修基金。

（2）商品房出售后维修基金的筹集

商品房出售后，维修基金由开发建设单位和业主（购房人）双向筹集。

①在房屋销售阶段，建设单位可按住宅的综合造价提取一定比例维修基金（纳入住宅成本）。例如有的城市规定，多层住宅提取2％，高层住宅提取3％。

②由业主一次性或分次筹集。一次性筹集是指业主购房后，在办理签约、入户手续时一次性缴纳维修基金，其具体标准为购房款的2.5％。分次筹集是指事先将维修基金计入物业管理费，然后逐月从收取的物业管理费中按一定比例（如15％）提取并归集到维修基金中。不管是公有住房出售后，还是商品房出售后，如遇某些重大原因，维修基金不敷使用时，经业主委员会研究决定，还可临时向业主筹集。

（3）维修基金的使用与管理

维修基金必须专款专用，只能用于物业共用部位和共用设施、设备的更新与大、中修。因此，必须加强对维修基金使用的管理。维修基金归全体业主所有，经业主委员会批准，委托物业管理企业实际操作使用。在业主委员会未成立前，可由政府主管部门负责管理。维修基金收缴后，应专户存入指定银行，在需要使用时，由物业管理企业提出使用计划与预算，报业主委员会批准；在使用过程中，接受业主委员会和银行的监督检查。需要注意的是，一般不宜由物业管理企业直接掌管这项基金，因为这笔基金是永久存在的，而物业管理企业只是受业主委员会委托在一定时间内管理该物业。为了防止物业管理企业的短期行为，或是因解聘该企业而影响这项基金的安全，必须由业主委员会负责该基金的使用，做到专款专用，防止挪作他用。

维修基金的突出特点是数额巨大并可以持续使用。因此，应在保证安全的基础上，争取产生最大的增值收益，例如购买国库券、债券等。产生的利息及收益一方面用于物业的更新维修，一方面也可弥补日常管理费用的不足。

3．一业为主，多种经营的收入

在不向政府要钱，不增加居民的经济负担情况下，物业管理企业可根据自身的情况，积极开办多种经济实体，开展多种经营，创造经济效益，以业养业，弥补小区物业管理经费的不足。例如：组建工程队，完善住宅小区配套建设，自建小区围墙、自行车棚、车库、铺设甬路，建停车场等；组建装修队对新楼统一管理，统一装修，开办商店、餐饮、健身房、美容美发厅等。这些经济实体既为小区内住用人服务，也向社会承接业务，用多种经营取得的部分利润，弥补管理经费的不足，实现以业养业的目的。

物业管理企业开展多种经营的收入和利润，属于物业管理企业的收入和经营利润。

同时，其收入和利润事先也无法准确测算和预计。因此，这种收入和利润并不属于物业管理经费稳定的来源。这里之所以将物业管理企业开展多种经营的部分利润（注意，只是部分利润）也作为物业管理经费的来源之一，主要是考虑目前中国市场经济体制尚不完善，从推动物业管理的运作和人民群众经济承受能力的实际出发，而提出的在一定时期内带有较强过渡色彩的措施。

4.依靠政府多方面的扶持

考虑到目前中国的实际情况、广大居民的收入水平和低租金的住房政策，小区管理经费完全由住户负担，尚有较大困难。因此，为推动物业管理的发展和住房制度的改革，政府还在多方面对物业管理给予大力扶持。

目前，政府对物业管理的扶持主要体现在制定相关的政策和给予一定的资金支持，具体包括：

（1）制定住宅小区物业管理服务收费方法和标准，加强对收费的管理。

（2）规定对房改住房的电梯、高压水泵房、供暖锅炉房等共用设施设备的运行、维护和更新等费用仍由使用人所在单位支付，以减轻使用人的负担。

（3）规定物业管理企业可享受国家对第三产业的优惠政策，在开展多种经营中可适当减免部分税金等。

（4）划拨一定的城市建设维护费用于小区共用部位、共用设施设备的维护管理，以减轻小区日常管理费用的负担。例如北京市规定，小区内道路宽度在 3.5 米（含 3.5 米）以上的，其道路和埋设在道路下的市政排水设施，由市政工程管理部门负责维护、管理；对小区内供电、供热、供气等市政设施也做了相应的规定，由市政各相应部门承担一定的维护、管理责任和费用。

（5）开发建设单位给予一定的支持。开发建设单位的支持主要体现在以优惠的方式提供一定数量的管理用户和经营性配套商业用户。有以下两种优惠方式：按成本价出售，例如有的城市规定，开发建设单位将规划建设的专业管理用户和小区住宅总建筑面积的0.5%～1%作为商业网点房；按建筑成本价出售，物业管理企业利用商业网点、用房开展方便住宅小区内居民生活的各项服务，由物业管理企业统一经营管理，经营收入用于小区物业管理。

（6）以成本租金租用。是指对经营性商业用房采取不全部出售的办法，物业管理企业以成本租金租用，再以市场租金租出，其租金差额部分用于小区物业管理。

随着市场经济体制的建立和完善以及人民群众收入水平的逐步提高，政府的扶持和开发建设单位的支持将逐渐减小力度，但在现阶段，这还是十分必要的。即使在完善的市场经济体制下，由于住宅带有社会保障性的特点，所以对中低收入者居住的普通住宅政府仍要给予一定的扶持；而开发建设单位为了自身的声誉和经济效益，对所建造的住宅的后续物业管理也会给予必要的支持。

二、居住小区物业管理服务收费原则

《暂行办法》特别对物业管理服务收费原则作出以下规定：物业管理单位开展正当物业管理服务收费应遵循合理、公开及与物业产权人、使用人的承受能力相适应的原则。

《暂行办法》同时规定,国家鼓励物业管理收费应根据所提供服务的性质、特点等情况,分别实行政府定价、政府指导价和经营者定价。

　　1. 实行政府定价、政府指导价

　　为物业产权人、使用人提供的公共卫生清洁、公用设施的维修保养和保安、绿化等具有公共性的服务以及代收代缴水电费、煤气费、有线电视费、电话费等公众代办性质的服务收费,实行政府定价或政府指导价。其中对普通住宅提供的公众代办性质的服务实行政府定价。例如北京市规定对水、电、房租、煤气、卫生 5 费统收服务费标准为每月每户 1 元人民币。对高级公寓、别墅区等高标准住宅小区提供的公众代办性服务实行政府指导价。

　　实行政府定价、政府指导价的物业管理服务收费标准,由物业管理企业根据实际提供的服务项目和各项费用开支情况,向物价部门申报,由物价部门征求物业管理行政主管部门意见后,以独立小区为单位核定。实行政府指导价的物业管理企业可在政府指导价规定幅度内确定具体收费标准。

　　2. 实行经营者定价

　　凡属于为物业产权人、使用人个别需求提供的特约服务,除政府物价部门规定有统一收费标准者外,其服务收费实行经营者定价。特约服务包括房屋装修、家电修理、居室清洁、代购商品、找医送药、看护病人、接送子女上学等。

　　实行经营者定价的物业管理服务收费标准由物业管理企业与小区业主委员会或产权人代表、使用人代表协商议定,并应将收费项目和收费标准向当地物价部门备案。特约服务是应某些住户的特殊需要而开设的。特约服务费用的收取应遵循"谁受益,谁付费"的原则。其收费标准相对较高,各地情况不一,服务标准也不一样,难以统一。

三、居住小区物业管理公共性服务收费的费用构成与测算方法

　　1. 费用构成

《暂行办法》第八条对居住小区公共性服务收费的费用构成,作了如下规定:

(1)管理、服务人员的工资和按规定提取的福利费。

(2)公共设施、设备日常运行、维修及保养费。

(3)绿化管理费。

(4)清洁卫生费。

(5)保安费。

(6)办公费。

(7)物业管理单位固定资产折旧费。

(8)法定税费。

其中第(2)～(6)项费用支出是指除工资及福利费以外的物质损耗补偿和其他费用开支。物业管理服务收费的利润率暂由各省、自治区、直辖市政府物价主管部门根据本地区实际情况确定。

　　此外,对实行物业保险的住宅小区,还应包括投保财产保险(如火险、灾害险等)及各种责任保险的支出。

2. 收费标准测算原则

居住小区物业管理公共性服务收费标准因服务的档次、居民收入的水平以及各地的物价不同,其收费标准也不同。

《暂行办法》第七条规定:物价部门在核定收费标准时,应充分听取物业管理单位和小区业主委员会或产权人、使用人的意见,既要有利于物业管理服务的价值补偿,也要考虑物业产权人、使用人的经济承受能力,以物业管理服务所发生的费用为基础,结合物业管理单位的服务内容、服务质量核定。对核定的物业管理收费标准,应根据物业管理费用的变化适时进行调整。

复习思考题

1. 什么是物业? 简述物业的性质。

2. 什么是物业管理? 简述物业管理的内容。

3. 论述物业管理的产生、发展及未来发展趋势。

4. 什么是物业管理主体? 它包括的具体内容是什么?

5. 什么是物业服务合同? 它包括哪些类型?

6. 简述物业管理服务合同的性质和特征。

7. 简述如何签订物业管理服务合同。

8. 什么是物业管理费? 其来源有哪些?

9. 简述居住小区物业管理公共性服务收费的费用构成与测算方法。

第十一章

房地产纠纷法律制度

● 案例导入

【案情】

原告:杜某

被告:××房地产开发经营有限公司

原、被告于 2002 年 5 月 20 日签订了商品房出售合同,合同约定原告向被告购买×路×号两套房屋,建筑面积共 160.36 平方米,房屋总价款为 513 152 元人民币,但被告未将原告所购房屋的地下室为水泵机房告知原告。合同订立后,原告于 2002 年 8 月 8 日一次性交付购房款人民币 513 152 元人民币,被告即将房屋交付给原告使用。2003 年 11 月 12 日,原告取得房屋产权证书。此后,原告对房屋进行装修,并将两套房屋之间的隔墙打通,被告明知原告改动房屋结构,但未予以阻止,也未表示异议。原告入住后发现所购房屋的地下室是水泵机房,每隔 40 分钟即发出机器运转声和水管引起的共鸣声,致使原告生活遭受较大影响,尤其是影响了原告的睡眠。原告曾多次与物业管理企业交涉,虽经整改维修,却仍未得到满意结果,故原告诉诸法院。认为被告故意将有严重瑕疵的房屋出售给原告,侵犯了原告的权益,故要求判令退房,由被告返还购房款人民币 513 152 元人民币并赔偿利息损失 5 万元人民币和装修损失费 10 万元人民币。

被告辩称双方于 2002 年 5 月 20 日签订的商品房出售合同已履行完毕。原告提出因大楼地下室水泵噪声而要求退房,不符合法律规定,且也超过诉讼时效,故要求判令驳回原告的诉讼请求。

审理中,为查清水泵噪声对原告的影响程度,法院委托环境监测站对水泵噪声进行鉴定,根据鉴定结果及相关法律判决如下:

1. 杜某应于本判决生效之日起 40 日内恢复所购两套房屋的原始结构,将该两套房屋退还给××房地产开发经营有限公司。

2. ××房地产开发经营有限公司应于本判决生效之日起 45 日内返还杜某购房款 513 152 元人民币。

3. ××房地产开发经营有限公司应于本判决生效之日起 45 日内返还杜某利息损失 5 万元人民币及装修损失费 10 万元人民币。

【评析】

原告购买房屋的地下室水泵发出噪声已超出正常标准,严重影响居住生活,故原告要求退房应给予支持。其理由为:

1.原告与被告所签订的房屋买卖合同虽然因双方已各自履行了义务,原告也实际使用了房屋,作为买卖合同因双方履行而归于结束。但由于买卖房屋不同于一般的消费品买卖,它具有特殊性,即当事人可以在实际使用房屋后一经发现房屋有质量问题或使用上有瑕疵,购房者仍有权利为维护自己的权益而提出退房的主张,这是合同权利与义务的延伸,被告仍有履行保证所售房屋处于正常使用的义务。被告未能做到这一点,应承担民事责任,即给予退房。

2.被告存在主观过错。被告明知原告购买房屋的地下室安装水泵,其噪声会影响居住质量,然而被告未履行告知义务,也未与原告就房屋价格问题进行协商降价处理,原告处于不知情的情况下购买了房屋,原告没有过错,这是被告承担退房责任的又一理由。

3.本案重要情节是水泵噪声是否确实影响人的正常生活。从本案查证的情况来看,经过专业部门的测试,噪声超出正常范围,并且虽经多次整修,但仍未能改善,显然导致原告的生活受到严重影响。根据有关规定,原告所购买房屋不适于居住使用,故原告有理由请求退房。

4.原告的诉讼请求并未超过诉讼时效。原告居住使用了房屋后,水泵噪声对原告生活的影响一直处于持续状态,只要这种侵害事实存在,受害人即可随时提出主张。

第一节　房地产纠纷概述

一、房地产纠纷的概念

房地产纠纷是指房地产法律关系主体之间有关房地产权利与义务发生的争议。也就是公民之间、法人之间、公民和法人之间及其与房地产管理机关之间有关土地和房屋权利与义务发生的争议。由于土地和房屋是人们生产、生活的基本物质资料,各行各业的发展以及人们的生活都与房地产紧密相关。而房地产业又是一个综合性产业,其开发与发展涉及的面相当广泛,运行机制相当复杂。因此,房地产纠纷案件近年有大量增加的趋势。如何处理好房地产纠纷,在房地产产业进一步健康发展过程中尤为重要。

二、房地产纠纷的种类

依据不同的划分标准,房地产纠纷可以分为以下几类:

(一)根据房地产纠纷的主体分类

根据房地产纠纷的主体不同,可分为房地产民事纠纷和房地产行政纠纷。

1.房地产民事纠纷

房地产民事纠纷是指公民之间、法人之间以及公民与法人之间有关房地产权利和义务而产生的纠纷。

房地产民事纠纷的特点是：纠纷当事人之间法律地位是平等的；属于民事经济性质纠纷。

2.**房地产行政纠纷**

房地产行政纠纷是指公民、法人或其他经济组织等对房地产行政管理机关及其工作人员的具体行政行为不服而产生的纠纷。

房地产行政纠纷的特点是：主体之间的关系是管理与被管理、上级部门与下级单位之间的关系；当事人地位是不平等的；纠纷的内容是管理相对人对房地产行政管理机关的具体行政行为的合法性和适当行提出的异议；在房地产行政纠纷中房地产行政管理机关总是处于被告地位。

房地产行政纠纷的处理方式有房地产行政复议和房地产行政诉讼。

(二)根据房地产纠纷所涉内容分类

根据所涉内容不同，房地产纠纷可分为房地产权属纠纷、房地产开发建设纠纷、房地产交易纠纷、物业管理纠纷等。

1.**房地产权属纠纷**

房地产权属纠纷包括房屋所有权与土地使用权的归属、继承、分割、析产以及确定等级、颁证等引起的纠纷。

2.**房地产开发建设纠纷**

房地产开发建设纠纷包括征地、拆迁、中介服务、工程承包合同等引起的纠纷。

3.**房地产交易纠纷**

房地产交易纠纷包括房地产的转让、抵押和租赁等房地产流转过程中发生的各种纠纷。

4.**物业管理纠纷**

物业管理纠纷包括业主委员会和物业管理企业、服务收费和责任等纠纷。

(三)根据房地产纠纷的客体分类

根据房地产纠纷的客体不同，可分为土地纠纷和房屋纠纷。

1.**土地纠纷**

土地纠纷是指当事人之间因土地所有权和使用权发生争执而引起的纠纷。这类纠纷按其内容又可分为土地权属纠纷、土地交易纠纷和土地侵权纠纷。

土地权属纠纷是指因特定范围的土地所有权或使用权而引起的纠纷，包括土地所有权归属纠纷、土地使用权纠纷、宅基地使用权纠纷。

土地交易纠纷是指因土地使用权出让和转让而发生的合同纠纷。

土地侵权纠纷是指因侵害他人土地的所有权或使用权而引起的争议。

2.**房屋纠纷**

房屋纠纷是指当事人有关房屋权利和义务方面的纠纷。这类纠纷包括房屋产权纠纷、房屋转让纠纷和房屋租赁纠纷。

房屋产权纠纷是指关于房屋所有权的归属所发生的纠纷，主要包括：因产权人死亡、离婚而产生的产权纠纷；因共有房产分割而产生的产权纠纷；因非法占有、使用他人房屋而产生的产权纠纷等。

房屋转让纠纷是指因公民之间、法人之间及公民和法人之间因房屋买卖、抵押、典当、赠与、继承等而发生的纠纷。

房屋租赁纠纷是指房屋出租人和承租人因房屋租赁过程中的权利和义务而发生的纠纷。

第二节　房地产民事纠纷的处理

房地产民事纠纷是指平等主体之间有关房地产权利和义务方面的纠纷。房地产民事经济纠纷当事人之间的法律地位是平等的，属于民事经济性质纠纷。因每一个房地产民事主体对自己的民事权利都有自由裁量权，故房地产民事纠纷解决的方式比较多，主要包括房地产协商、房地产调解、房地产行政调处、房地产仲裁和房地产民事诉讼。

一、房地产协商

房地产协商是指当事人行使自己的合法处分权，在法律规定许可的前提下互谅互让、协商解决纠纷。

二、房地产调解

房地产调解是指在当事人以外的第三人主持下，房地产纠纷当事人达成协议解决纠纷。解决房地产纠纷的途径不同，其法律效力也不相同。其中房地产协商和房地产调解这两种解决形式通常不具有法律效力，但却经常用于解决房地产纠纷。

三、房地产行政调处

（一）房地产行政调处的概念

房地产行政调处是指行政机关对房地产纠纷的调解和处理。这里的行政机关主要是指土地管理部门、房产管理部门以及工商行政管理部门等。通过房地产行政调处解决房地产纠纷，在中国许多法律、法规中都有明确规定，例如《土地管理法》第十六规定："土地所有权和使用权争议，由当事人协商解决；协商不成的，由人民政府处理。单位之间的争议，由县级以上人民政府处理；个人之间、个人与单位之间的争议，由乡级人民政府或者县级以上人民政府处理。当事人对有关人民政府的处理决定不服的，可以自接到处理决定通知之日起 30 日内，向人民法院起诉。"

（二）房地产行政调处的受案范围

（1）房地产产权归属纠纷，如土地所有权、使用权或房屋所有权的争议。

（2）土地征用补偿纠纷。

（3）房屋拆迁补偿纠纷等。

（三）房地产行政调处的程序

1. 申请与受理

当事人双方均可向当地的房屋、土地管理部门申请调处，这些机关对按规定可以由其先行调处的案件,应予以受理,并立案调查。

2.查清事实

受案行政部门不仅要向当事人双方了解争议事实,而且还要实地考察房屋、土地情况,向知情人调查,查清核实有关的证据资料。

3.调解处理

受案行政部门及承办人员应首先促使当事人自愿达成和解协议。房地产行政调处具有特定的行政效力,调解协议书经双方当事人和承办人签字并加盖调解机关公章后,一经送达,即具有行政约束力,双方当事人应按照调解协议书规定的内容执行。在调解不成的情况下,受案行政部门可以根据一方的请求直接做出处理决定。当事人对行政处理决定不服的,可以向人民法院起诉。

四、房地产仲裁

(一)房地产仲裁的概念

房地产仲裁是指房地产仲裁机关根据公民或法人的申请,依法对其发生的有关房地产所有权、使用权、买卖、赠与、交换、租赁以及宅基地院落的使用等方面的纠纷,做出具有约束力的裁决。

在房地产仲裁中,仲裁机构是以第三者的身份,对当事人争执的事实和权利义务关系依法做出裁决。它既不属于人民法院对房地产纠纷案件进行审理的诉讼活动,也不属于房地产行政管理机关对房地产行为的管理活动,而是处于当事人之间的居中地位并对当事人之间的房地产纠纷进行裁决的准司法活动。

(二)仲裁的原则和基本制度

根据《中华人民共和国仲裁法》(简称《仲裁法》)的规定,仲裁的原则和基本制度也完全适用于房地产业,具体包括:

1.自愿仲裁的原则

当事人采用仲裁方式解决房地产纠纷,双方应当自愿达成仲裁协议。没有仲裁协议,一方申请仲裁的,仲裁委员会不予受理。

2.以事实为根据、以法律为准绳的原则

房地产仲裁与诉讼一样,也应以事实为根据,按照法律、法规的规定,公平合理地解决纠纷。

3.独立仲裁的原则

仲裁机关依法独立仲裁,不受任何行政机关、社会团体和个人的干涉。

4.或裁或审制度

解决房地产纠纷,当事人可以采取仲裁方式或者审判方式。但不能既采取仲裁方式,又采取诉讼方式。如果房地产双方当事人已经达成仲裁协议,但一方当事人又向人民法院起诉,人民法院不予受理,除非起诉一方能证明仲裁协议无效。同样,如果房地产纠纷的一方当事人已经向人民法院起诉,双方当事人又达成仲裁协议,仲裁机构也不予受理。

5.一裁终局制度

房地产仲裁实行一裁终局制度。裁决做出后,当事人就同一房地产纠纷再申请仲裁或者向人民法院起诉的,仲裁委员会或者人民法院不予受理。

(三)房地产仲裁机构

1.仲裁委员会

仲裁委员会可以在直辖市和省、自治区人民政府所在地市设立,也可以根据需要在其他设区市设立,不按行政区划层层设立。仲裁委员会由市级人民政府组织有关部门和商会统一组建,并经省、自治区、直辖市的司法行政部门登记。

仲裁委员会应当具备下列条件:有自己的名称、住所和章程;有必要的财产;有该委员会的组成人员;有聘任的仲裁员。

仲裁委员会由主任1人、副主任2~4人和委员7~11组成。

仲裁委员会独立于行政机关,与行政机关没有隶属关系。仲裁委员会之间也没有隶属关系。

2.仲裁协会

仲裁协会是社会团体法人。仲裁委员会是中国仲裁协会的会员。中国仲裁协会的章程由全国会员大会制定。中国仲裁协会是仲裁委员会的自律性组织,根据章程对仲裁委员会及其组成人员、仲裁员的违纪行为进行监督。

(四)房地产仲裁的受案范围

1.房地产仲裁机构可受理的房地产争议案件

(1)房屋买卖的争议。包括房产买卖合同、价格、优先购买权等。

(2)房屋所有权争议。包括所有权归属、份额、变更、析产、交换等。

(3)房屋使用权争议。包括租赁、租金、强占、返还、占有、交换、转租、转让等。

(4)他项权利与相邻关系争议。包括典当及与相邻房屋发生的权利和义务。例如,影响房屋的安全完好、通风、采光、滴漏水和上下水的正常使用等。

(5)房屋修缮的争议。包括房屋修缮的工程项目及安全检查的鉴定,各项工程费用的承担等。

2.房地产仲裁机构不予受理的房地产争议案件

(1)人民法院已经受理或审理办结的房地产纠纷。

(2)涉及离婚、收养、监护、继承、析产、赠与的房地产纠纷。

(3)涉及落实政策问题的房地产纠纷。

(4)经过公证机关公证后发生争议的房地产纠纷。

(5)依法应当由行政机关处理的房地产纠纷。

(6)机关、团体、企业、事业单位内部分房的房屋纠纷。

(7)驻军内部的房屋纠纷。

(五)房地产仲裁程序

1.申请

房地产仲裁申请人向仲裁机关申请仲裁,应当递交申请书,并按照被申请人数提交副本。仲裁申请书应当注明以下事项:申请人的名称、住所、法定代表人的姓名和职务;被申请人的名称、住所、法定代表人的姓名和职务;申请的事实和理由。

当事人申请房地产仲裁必须符合下列条件:

（1）有仲裁协议。仲裁协议是指房地产纠纷双方当事人自愿将纠纷交给房地产仲裁机构解决的协议。仲裁协议应包括请求仲裁的意思表示、仲裁事实及选定的仲裁庭成员。

仲裁庭可由 3 名仲裁员或一名仲裁员组成。由 3 名仲裁员组成的，设首席仲裁员，由双方当事人共同推举或共同委托仲裁委员会指定，另外两名仲裁员分别由双方当事人各推荐 1 名。1 名仲裁员的，由双方当事人共同推举或共同委托仲裁委员会指定。

（2）房地产纠纷案件属于房地产仲裁管辖的范围。

（3）申请人是与本案有直接利害关系的当事人。

（4）有明确的被申请人、具体的申请请求和事实根据。

（5）房地产纠纷既未向法院起诉，也未经仲裁机关作出仲裁裁决。

（6）未超过仲裁时效。房地产纠纷案件的仲裁时效为 1 年。

2. 受理

房地产仲裁委员会自收到仲裁申请之日起 5 日内，认为符合受理条件的，应当受理，并通知当事人；认为不符合受理条件的，应当书面通知当事人不予受理，并说明理由。

3. 审理

（1）开庭

仲裁应当开庭进行，但一般仲裁不公开进行。当事人协议公开的，可以公开进行，但涉及国家秘密的除外。

仲裁委员会应当在仲裁规则规定的期限内将开庭日期通知双方当事人。当事人有正当理由的，可以在仲裁规则规定的期限内请求延期开庭。是否延期，由仲裁庭决定。当事人应当对自己的主张提供证据。

仲裁庭认为有必要收集的证据，可以自行收集。在证据可能灭失或者以后难以取得的情况下，当事人可以申请证据保全。当事人申请证据保全的，仲裁委员会应当将当事人的申请提交证据所在地的基层人民法院。

当事人在仲裁进程中有权进行辩论。辩论终结时，首席仲裁员或者独任仲裁员应当征询当事人的最后意见。

仲裁庭应当将开庭情况记入笔录。笔录由仲裁员、记录人员、当事人和其他仲裁参与人签名或者盖章。

（2）和解

当事人申请仲裁后，可以自行和解。达成和解协议的，可以请求仲裁庭根据和解协议做出裁决书，也可以撤回仲裁申请。当事人达成和解协议，撤回仲裁申请后反悔的，可以根据仲裁协议申请仲裁。

（3）调解

仲裁庭在做出裁决前，可以先行调解。当事人自愿调解的，仲裁庭应当调解。调解不成的，应当及时作出裁决。调解达成协议的，仲裁庭应当制作调解书或者根据协议的结果制作裁决书。调解书由仲裁员签名，加盖仲裁委员会印章，送达双方当事人。调解书与裁决书具有同等法律效力。

4. 裁决

裁决应当按照多数仲裁员的意见做出，少数仲裁员的不同意见可以记入笔录。仲裁庭不能形成多数意见时,裁决应当按照首席仲裁员的意见做出。

裁决书应当写明仲裁请求、争议事实、裁决理由、裁决结果、仲裁费用的负担和裁决日期。裁决书由仲裁员签名,加盖仲裁委员印章。裁决书自作出之日起发生法律效力。

5.执行

当事人应当履行裁决。一方当事人不履行的,另一方当事人可以依照民事诉讼法的有关规定向人民法院申请执行。

6.撤销仲裁裁决

根据《仲裁法》的规定,当事人提出证据证明仲裁裁决有下列情况之一的,可以向仲裁委员会所在地的中级人民法院申请撤销仲裁裁决:

(1)没有仲裁协议的。

(2)裁决的事项不属于仲裁协议的范围或者仲裁委员会无权仲裁的。

(3)仲裁庭的组成或者仲裁程序违反法定程序的。

(4)裁决所依据的证据是伪造的。

(5)对方当事人隐瞒了足以影响公正裁决的证据的。

(6)仲裁员有索贿、徇私舞弊、枉法裁决行为的。

当事人申请撤销裁决的,应当自收到裁决书之日起 6 个月内提出。

五、房地产民事诉讼

(一)房地产民事诉讼的概念

诉讼是指在国家审判机关主持下,在当事人及其他诉讼参与人,例如代理人、证人、翻译等共同参与下处理纠纷案件所进行的全部活动,它包括起诉、审判、执行三个阶段。

房地产民事诉讼是指公民、法人或其他经济组织,因房地产民事权利与义务产生纠纷,一方当事人向人民法院请求保护房地产权益,由人民法院予以审理、裁断的司法活动。

(二)房地产民事诉讼的特征

1.争议双方当事人的法律地位是平等的

房地产民事诉讼是由房地产民事纠纷引起的,而房地产民事纠纷是平等主体之间有关房地产权利与义务发生的争议,所以纠纷双方当事人的法律地位是平等的。

2.解决方式可以是调解、撤诉及反诉

房地产民事诉讼的主体是民事主体,而民事主体对自己的民事权利都有自由裁量权,诉讼过程中,纠纷双方可以在法院的调解下和解,原告撤诉。被告认为自己的房地产权益被侵犯,也可以在诉讼过程中反诉。

3.实行谁主张,谁举证

在房地产民事诉讼过程中,实行主张权利的一方负有举证责任。

(三)房地产民事诉讼的原则

1.当事人平等原则

当事人平等原则是指房地产民事诉讼当事人有平等的诉讼权利,人民法院应当保障和便于当事人行使诉讼权利,对当事人在适用法律上一律平等。

根据《中华人民共和国民事诉讼法》(简称《民事诉讼法》)第八条的规定,当事人平等

原则包含以下内容：

(1)双方当事人的诉讼地位完全平等。

(2)双方当事人有平等行使诉讼权利的手段,同时人民法院平等地保障双方当事人行使诉讼权利。

(3)对当事人在适用法律上一律平等。

2.辩论原则

房地产民事诉讼中的辩论是指双方当事人在人民法院的主持下,有权就房地产案件的事实和争议的问题,各自陈述自己的主张和根据,互相进行辩驳和论证。辩论原则贯彻在整个诉讼过程中,双方当事人都可行使辩论权,通过辩论、论证事实,维护自己的主张,人民法院通过当事人的辩论,核实证据,查明案件事实,做出正确裁判。

辩论原则的基本内容包括：

(1)辩论权的行使贯穿诉讼的整个过程,并不限于开庭审理阶段,更不会仅指法庭辩论。

(2)辩论的内容既包括程序事项,也包括实体争议。

(3)辩论的形式既可以是口头的,也可以是书面的。

3.调解原则

调解分为诉讼外的调解和诉讼中的调解。诉讼外的调解主要是人民调解;其次是仲裁中的调解及其他行政性调解。诉讼中的调解又称法院调解,是指在审判人员的主持下,房地产纠纷双方当事人就争议的问题,本着相互谅解的精神进行协商,或者通过协商对权利与义务问题达成一定协议的诉讼行为。

4.处分原则

处分原则是指房地产民事诉讼当事人有权在法律规定的范围内,处分自己的民事诉讼权利。在房地产民事诉讼中,当事人处分的权利有两大类:一是基于实体法律关系而产生的民事实体权利;二是基于民事诉讼法律关系所产生的诉讼权利。主要体现在以下三个方面：

(1)权利主体在起诉时可以自由确定请求司法保护的范围和选择保护的方法。

(2)在诉讼开始后,原告可以变更诉讼请求:既可以将诉讼请求部分或全部撤回,代之以另一诉讼请求,也可以扩大(追加)或缩小(部分放弃)请求范围。

(3)在诉讼中,原告可以全部放弃其诉讼请求,被告可以部分或全部承认原告的诉讼请求;当事人双方可以达成或拒绝达成调解协议。

需要注意,中国民事诉讼中当事人的处分权不是绝对的,中国法律在赋予当事人处分权的同时,也要求当事人不得违反法律规定,不得损害国家的、社会的、集体和公民个人的利益,否则,人民法院将代表国家实行干预,即通过司法审判确认当事人某种不当的处分行为无效。

5.人民检察院监督民事诉讼原则

《民事诉讼法》第十四条规定,人民检察院有权对民事审判活动实行法律监督。根据这一原则的要求,人民检察院实行监督的内容主要有两个方面:其一,监督审判人员贪赃枉法、徇私舞弊等违法行为;其二,对人民法院作出生效判决、裁定是否正确、合法进行监督。

(四)房地产民事审判的主要制度

1. 两审终审制度

两审终审制度是指一个民事案件,经过两个审级法院运用一审和二审程序进行审判,即宣告审判终结的制度。两审终审制是案件的审级制度,即案件在地方各级人民法院作为一审审结后,还以经过第二个审级的审判,第二个审级为案件的最终审级。

两审终审制两种情况例外:最高人民法院作为第一审法院所作的裁判,当事人不能上诉;人民法院按特别程序审理的案件所作的判决,当事人不能上诉。

2. 公开审判制度

公开审判是指人民法院审理民事案件,除法律规定的情况外,审判过程和内容应向群众公开,向社会公开;不公开审判的案件,应当公开宣判。

根据《民事诉讼法》的规定,公开审判也有例外。在特殊情况下,如果实行公开审判,可能造成消极的社会影响,甚至可能给国家造成难以弥补的损失,那么就不宜公开,不宜公开审判的案件有以下几种:

(1)涉及国家机密的案件。国家机密是一个广义的概念,包括党的机密、政府的机密和军队的机密以及各种技术和业务秘密。

(2)涉及个人隐私的案件。主要是男女关系方面和个人生活方面不愿公开张扬的案件。

(3)离婚案件和涉及商业秘密的案件,当事人申请不公开审理的。这类案件常涉及当事人生理及性生活方面的情况,或者涉及当事人的商业利益,人民法院可以根据当事人的申请,决定不公开审理。

3. 合议制

合议制是人民法院组成合议庭审理民事经济纠纷案件的制度。合议制是与独任制相对的审判组织形式。合议制是由审判员与陪审员组成的审判集体对民事案件进行审理并作出裁判。独任制是由一名审判员代表人民法院对民事案件进行审理并做出判决。根据《民事诉讼法》的规定,独任制只适用于第一审人民法院审理简单的民事案件,具体来说,只有基层人民法院和它派出的法庭按简易程序审理简单的民事案件,才适用独任制。此外所有的民事案件,都应当采用合议制。

4. 回避制度

回避制度是为了保证案件公开审理而设立的一项审判制度,其内容是:人民法院审判某一民事经济案件,执行审判任务的审判人员或其他有关人员与案件具有一定利害关系,遇有法律规定的一定情形,应当主动退出该案的审理,当事人及其代理人也有权请求更换审判人员。

适用回避制度的对象有:审判人员、书记员、翻译人员、鉴定人、勘验人。适用回避制度的法定情形是:审判人员或上述其他人员是本案当事人或当事人的近亲属;审判人员或其他人员与本案当事人有其他关系;与本案有利害关系。即案件的审判结果直接关系到审判人员或其他有关人员的某种利益,在此情况下,审判人员或其他有关人员也应回避。

5.陪审制度

陪审制度的内容是人民法院审判第一审民事案件,可以由审判员、陪审员共同组成合议庭。《民事诉讼法》对陪审制度的规定非常简略,应当注意以下几点:

(1)陪审制度只适用于第一审案件,但法律并未把陪审员参加案件的审理作为审判组织的一项基本制度,不要求第一审合议庭中必须有陪审员参加。

(2)在审判员、陪审员共同组成的合议庭中,对二者的比例没有作限制性规定。

(3)依照普通程序审理的民事案件、经济纠纷案件中哪些由审判员、陪审员共同组成合议庭进行审理,法律也未作限制性规定,由人民法院根据案件的具体情况决定。

(4)陪审员在人民法院执行职务时,和审判员有同等的权利。

(五)房地产民事诉讼的管辖

管辖是指划分各级人民法院或同级人民法院受理第一审房地产民事案件的分工和权限。

1.级别管辖

级别管辖是指根据房地产案件的性质、影响的范围、案件的繁简程度,划分各级法院审理第一审房地产案件的分工和权限。

(1)基层人民法院管辖。普通第一审房地产民事案件。

(2)中级人民法院管辖。重大涉外案件、在本地区有重大影响的案件和最高人民法院确定由中级人民法院管辖的案件。

(3)高级人民法院管辖。在本辖区有重大影响的第一审民事案件。

(4)最高人民法院管辖。在全国有重大影响的案件和认为应当由其审理的案件。

2.地域管辖

(1)被告住所地人民法院管辖。对公民提起的民事诉讼由被告住所地人民法院管辖;被告住所地与经常居住地不一致的,由经常居住地人民法院管辖。同一诉讼的几个被告住所地、经常居住地在两个以上人民法院辖区的,各辖区人民法院都有管辖权。

(2)专属管辖。因不动产纠纷提起的诉讼,由不动产所在地人民法院管辖;因继承遗产纠纷提起的诉讼,由被继承人死亡时住所地或者主要遗产所在地人民法院管辖。两个以上人民法院都有管辖权的诉讼,原告可以向其中一个人民法院起诉;原告向两个以上有管辖权的人民法院起诉的,由最先立案的人民法院管辖。

3.移送管辖

人民法院发现受理的案件不属于其管辖的,应当移送有管辖权的人民法院,受移送的人民法院应当受理。受移送的人民法院认为受移送的案件依照规定不属于其管辖的,应当报请上级人民法院指定管辖,不得再自行移送。

人民法院受理案件后,当事人对管辖权有异议的,应当在提交答辩状期间提出。人民法院对当事人提出的异议,应当审查。异议成立的,裁定将案件移送有管辖权的人民法院;异议不成立的,裁定驳回。

4.指定管辖

有管辖权的人民法院由于特殊原因,不能行使管辖权的,由上级人民法院指定管辖。人民法院之间因管辖权发生争议,由争议双方协商解决;协商解决不了的,报请它们的共同上级人民法院指定管辖。

上级人民法院有权审理下级人民法院管辖的第一审民事案件,也可以把本院管辖的第一审民事案件交下级人民法院审理。下级人民法院对它所管辖的第一审民事案件,认为需要由上级人民法院审理的,可以报请上级人民法院审理。

(六)房地产民事诉讼时效

1.一般时效

一般时效是指除其他法律有特别规定的诉讼时效。《民法通则》第一百三十五条规定,向人民法院请求保护民事权利的诉讼时效期间为2年,法律另有规定的除外。超过2年,人民法院不予受理。

2.特别时效

《民法通则》第一百三十六条规定,身体受到伤害要求赔偿的、出售质量不合格的商品未声明的、延付或者拒付租金的、寄存财物被丢失或者损毁的,诉讼时效为1年。超过1年,人民法院不予受理。

3.最长时效

《民法通则》第一百三十七条规定,诉讼时效期间从知道或者应当知道权利被侵害时起计算。但是,从权利被侵害之日起超过20年的,人民法院不予保护。有特殊情况的,人民法院可以延长诉讼时效期间。

综上所述,一般时效和特别时效是从权利人知道或者应当知道自己的权利被侵害之日起计算,而最长时效则是从权利人的权利被侵害之日起计算。同时,《民法通则》第一百三十九条规定,在诉讼时效期间的最后6个月内,因不可抗力或者其他障碍不能行使请求权的,诉讼时效中止。从中止时效的原因消除之日起,诉讼时效期间继续计算。第一百四十条规定,诉讼时效因提起诉讼、当事人一方提出要求或者同意履行义务而中断。从中断时起,诉讼时效期间重新计算。

(七)当事人在房地产民事诉讼中的权利和义务

房地产民事案件当事人在诉讼中享有以下权利:

(1)请求司法保护、委托代理人和申请回避的权利。

(2)收集、提供证据,进行辩论,查阅和复制本案有关的材料、法律文书等权利。

(3)请求调解、双方自行和解、提起上诉的权利。原告有权放弃或变更诉讼请求,被告有权承认或者反驳诉讼请求以及提起反诉。

(4)申请强制执行的权利。

房地产民事案件当事人在诉讼中应承担以下义务:

(1)依法行使诉讼权利的义务。

(2)遵守法庭秩序和诉讼秩序的义务。

(3)自觉履行发生法律效力的判决书、裁定书和调解书的义务。

(八)房地产民事诉讼程序

根据《民事诉讼法》的有关规定,对房地产民事案件审理的主要程序如下:

1.起诉

房地产民事案件的起诉必须符合《民事诉讼法》第一百零八条的有关规定:

（1）原告是与本案有直接利害关系的公民、法人和其他组织。

（2）有明确的被告。

（3）有具体的诉讼请求、事实和理由。

（4）属于人民法院受理民事诉讼的范围和受诉人民法院管辖。

起诉的方式有口头起诉和书面起诉两种，书面起诉应递交起诉状，并按被告人数提交副本。起诉状应当记明下列事项：

（1）当事人的姓名、性别、年龄、民族、职业、工作单位和住所，法人或者其他组织的名称、住所和法定代表人或者主要负责人的姓名、职务。

（2）诉讼请求和所根据的事实与理由。

（3）证据和证据来源、证人姓名和住所。

2.受理

人民法院收到起诉状或者口头起诉，经审查认为符合起诉条件的，应当在7日内立案，并通知当事人；认为不符合起诉条件的，应当在7日内裁定不予受理；原告对裁定不服的，可以提起上诉。

3.审理前的准备

人民法院应当在立案之日起5日内将起诉状副本发送被告，被告在收到诉状副本之日起15日内提出答辩状。被告提出答辩状的，人民法院应当在收到之日起5日内将答辩状副本发送原告。被告不提出答辩状的，不影响人民法院审理。人民法院对决定受理的案件，应当在受理案件通知书和应诉通知书中向当事人告知有关的诉讼权利义务，或者口头告知。合议庭组成人员确定后，应当在3日内告知当事人。

4.开庭审理

人民法院审理民事案件，应当在开庭3日前通知当事人和其他诉讼参与人。公开审理的，应当公告当事人姓名、案由和开庭的时间、地点。开庭审理包括法庭调查、法庭辩论、法庭调解、合议庭评议和裁判等内容。

法庭调查按照下列程序进行：

（1）当事人陈述。

（2）告知证人的权利与义务，证人作证，宣读未到庭的证人证言。

（3）出示书证、物证和视听资料。

（4）宣读鉴定结论。

（5）宣读勘验笔录。

法庭辩论按照下列程序进行：

（1）原告及其诉讼代理人发言。

（2）被告及其诉讼代理人答辩。

（3）第三人及其诉讼代理人发言或者答辩。

（4）互相辩论。

法庭辩论终结，由审判长按照原告、被告、第三人的先后顺序征询各方最后意见。

判决前能够调解的，还可以进行调解，调解不成的，应当及时判决。

5. 第二审程序

当事人不服地方人民法院第一审判决的,有权在判决书送达之日起 15 日内向上一级人民法院提起上诉;当事人不服地方人民法院第一审裁定的,有权在裁定书送达之日起 10 日内向上一级人民法院提起上诉。上诉应当递交上诉状。上诉状应包括:当事人的姓名、法人的名称及其法定代表人的姓名或者其他组织的名称及其主要负责人的姓名;原审人民法院名称、案件的编号和案由;上诉的请求和理由。

第二审人民法院对上诉案件,经过审理,按照下列情形,分别处理:

(1)原判决认定事实清楚,适用法律正确的,判决驳回上诉,维持原判决。

(2)原判决适用法律错误的,依法改判。

(3)原判决认定事实错误,或者原判决认定事实不清,证据不足,裁定撤销原判决,发回原审人民法院重审,或者查清事实后改判。

(4)原判决违反法定程序,可能影响案件正确判决的,裁定撤销原判决,发回原审人民法院重审。

第二审人民法院对不服第一审人民法院裁定的上诉案件的处理,一律使用裁定。

第二审人民法院审理上诉案件,可以进行调解。调解达成协议的,应制作调解书,由审判人员、书记员署名,加盖人民法院印章。调解书送达后,原审人民法院的判决即视为撤销。

第二审人民法院的判决、裁定是终审的判决、裁定。

6. 执行程序

执行程序是保证人民法院的裁判能够顺利得以执行,保证当事人合法权益得以实现的法律程序。执行分为申请执行和移送执行两种。

申请执行是指当事人一方不履行生效的法律文书所确定的义务,对方当事人可以向有管辖权的人民法院提出申请,请求人民法院开始执行,以实现自己的合法权益。申请执行的期限,双方或一方是公民的为 1 年,双方都是法人或其他组织的为 6 个月。

移送执行是指人民法院的判决、裁定和调解书发生效力之后,由审理该案的审判人员将案件直接交付执行人员执行。

执行措施是由法律明文规定的强制执行的方式,包括:冻结、划拨存款;扣留、提取收入;查封、扣押、拍卖、变卖财产;搜查隐匿财产;强制迁出房屋;强制退出土地等。

第三节　房地产行政纠纷的处理

房地产行政纠纷是指公民、法人或其他经济组织等对房地产行政管理机关及其工作人员的具体行政行为不服而产生的纠纷。房地产行政管理机关主要指城市规划的行政主管机关,房屋、土地的行政主管机关和城市建设行政主管机关。这些具体行政行为包括扣留、吊销或拒发房屋建设、施工和土地的使用、规划等许可证和执照,对房地产建设使用、交易中的违法行为进行罚款、没收、拆除、查封等。

一、房地产行政复议

(一)房地产行政复议的概念

房地产行政复议是指管理相对人认为房地产行政机关的具体行政行为侵犯了其合法权益而提出复议申请,由有权复议的行政机关对复议申请进行审查和裁决的行政行为。

(二)房地产行政复议的特征

1.是一种行政监督行为

房地产行政复议是房地产上级行政机关对其下级机关做出的具体行政行为的一种监督行为。

2.其客体是房地产行政管理中的具体行政行为

根据《中华人民共和国行政复议法》(简称《行政复议法》)及相关房地产法律、法规的有关规定,有下列情形之一的,公民、法人或者其他组织可以申请行政复议:

(1)对行政机关作出的警告、罚款、没收违法所得、没收非法财物、责令停产停业、暂扣或者吊销许可证、暂扣或者吊销执照、行政拘留等行政处罚决定不服的。

(2)对行政机关作出的限制人身自由或者查封、扣押、冻结财产等行政强制措施决定不服的。

(3)对行政机关作出的有关许可证、执照、资质证、资格证等证书变更、中止、撤销的决定不服的。

(4)认为行政机关侵犯合法的经营自主权的。

(5)认为符合法定条件,申请行政机关颁发许可证、执照、资质证、资格证等证书,或者申请行政机关审批、登记有关事项,行政机关没有依法办理的。

(6)申请行政机关履行保护人身权利、财产权利、受教育权利的法定职责,行政机关没有依法履行的。

(7)认为房地产行政机关的其他具体行政行为侵犯其合法权益的。

3.不适用调解制度

房地产行政管理机关在房地产管理活动中,是代表国家行使行政管理权的,是在依法行政,没有权利任意改变行政决定。

(三)房地产行政复议的程序及时效

1.提起申请

公民、法人或者其他组织应当在知道具体行政行为之日起 60 日内提出行政复议申请。因不可抗力或者其他正当理由耽误法定申请期限的,申请期限自障碍消除之日起继续计算。

行政复议的申请人可以是公民、法人或者其他组织,有权申请行政复议的公民死亡的,其近亲属可以申请行政复议。有权申请行政复议的公民为无民事行为能力人或者限制民事行为能力人的,其法定代理人可以代为申请行政复议。有权申请行政复议的法人或者其他组织终止的,承受其权利的法人或者其他组织可以申请行政复议。行政复议的被申请人是作出具体行政行为的行政机关。

申请人申请行政复议,可以书面申请,也可以口头申请;口头申请的,行政复议机关应当场记录申请人的基本情况、行政复议请求、申请行政复议的主要事实、理由和时间。

对县级以上地方各级人民政府工作部门的具体行政行为不服的,由申请人选择,可以向该部门的本级人民政府申请行政复议,也可以向上一级主管部门申请行政复议。

2. 受理

行政复议机关收到行政复议申请后,应当在 5 日内进行审查,对不符合《行政复议法》规定的行政复议申请,决定不予受理,并书面告知申请人;对符合《行政复议法》规定、但是不属于本机关受理的行政复议申请,应当告知申请人向有关行政复议机关提出。

法律、法规规定应当先向行政复议机关申请行政复议、对行政复议决定不服再向人民法院提起行政诉讼的,行政复议机关决定不予受理或者受理后超过行政复议期限不作答复的,公民、法人或者其他组织可以自收到不予受理决定书之日起或行政复议期满之日起 15 日内,依法向人民法院提起行政诉讼。

3. 行政复议决定

行政复议机关应对被申请人作出的具体行政行为进行审查,按照下列规定作出行政复议决定:

(1)具体行政行为认定事实清楚,证据确凿,适用依据正确,程序合法,内容适当的,决定维持。

(2)被申请人不履行法定职责的,决定其在一定期限内履行。

(3)具体行政行为有下列情形之一的,决定撤销、变更或者确认该具体行政行为违法:主要事实不清、证据不足的;适用依据错误的;违反法定程序的;超越或者滥用职权的;具体行政行为明显不当的。

行政复议机关作出行政复议决定,应当制作行政复议决定书,并加盖印章。行政复议决定书一经送达,即发生法律效力。

(四)行政赔偿

行政机关及其工作人员在行使行政职权时,有下列情形之一的,受害人有权向国家申请行政赔偿:

(1)违法拘留或者违法采取限制公民人身自由的行政强制措施。

(2)非法拘禁或者以其他方法非法剥夺公民人身自由的。

(3)以殴打等暴力行为造成公民身体伤害或者死亡的。

(4)违法使用武器、警械造成公民身体伤害或者死亡的。

(5)造成公民身体伤害或者死亡的其他违法行为。

(6)违法实施罚款、吊销许可证和执照、责令停产停业、没收财物等行政处罚的。

(7)违法对财产采取查封、扣押、冻结等行政强制措施的。

(8)违反国家规定征收财物、摊派费用的。

(9)造成财产损害的其他违法行为。

赔偿申请人要求行政赔偿的,应先向承担赔偿义务机关提出,也可以在申请行政复议或提起行政诉讼时一并提出。对于两个以上共同承担赔偿义务的机关,赔偿申请人可以向其中的任何一个机关要求赔偿,应承担赔偿义务的机关应先予赔偿。

二、房地产行政诉讼

(一)房地产行政诉讼的概念

房地产行政诉讼是指管理相对人认为房地产行政机关的具体行政行为侵犯了其合法权益而向人民法院起诉;或不服行政复议机关的复议决定向人民法院起诉,由人民法院依法审理和裁断的司法行为。

(二)房地产行政诉讼的特征

1.原、被告恒定不变

房地产行政诉讼只能由行政管理相对人提出,做出具体行政行为的房地产行政机关无权提起房地产行政诉讼。

2.通过审查行政行为合法性的方式解决争议

房地产行政诉讼只能审查房地产行政行为的合法性,而不能审查房地产行政行为的适当性。

3.不适用调解制度

房地产行政纠纷的一方为房地产行政管理机关,而房地产行政管理机关在房地产管理活动中,是代表国家行使行政管理权的,是在依法行政,没有权利任意改变行政决定。

4.被告对具体行政行为负举证责任

为保护行政管理相对人的权益,在房地产行政诉讼过程中,行政管理机关负有举证责任。

5.以撤销和维持原判为主要形式

人民法院经过审理,对符合法律规定的具体行政行为判决维持;对不符合法律规定的具体行政行为判决撤销或者部分撤销。

(三)房地产行政诉讼的受理范围

根据《行政诉讼法》及房地产法律、法规的有关规定,人民法院受理公民、法人和其他组织对下列具体行政行为不服提起的诉讼:

(1)对拘留、罚款、吊销许可证和执照、责令停产停业、没收财物等行政处罚不服的。

(2)对限制人身自由或者对财产的查封、扣押、冻结等行政强制措施不服的。

(3)认为行政机关侵犯法律规定的经营自主权的。

(4)认为符合法定条件申请行政机关颁发许可证和执照,行政机关拒绝颁发或者不予答复的。

(5)申请行政机关履行保护人身权、财产权的法定职责,行政机关拒绝履行或者不予答复的。

(6)认为行政机关违法要求履行义务的。

(7)认为行政机关侵犯其他人身权、财产权的。

人民法院不受理公民、法人或者其他组织对下列事项提起的行政诉讼:

(1)房地产行政法规、规章或者房地产行政机关制定、发布的具有普遍约束力的决定、命令。

(2)房地产行政机关对行政机关工作人员的奖惩、任免等决定。

（3）法律规定由行政机关最终裁决的具体行政行为。

（四）房地产行政诉讼的管辖

1.级别管辖

《行政诉讼法》规定：

（1）基层人民法院管辖第一审行政案件。

（2）中级人民法院管辖下列第一审行政案件：对国务院各部门或者省、自治区、直辖市人民政府所作的具体行政行为提起诉讼的案件及本辖区内重大、复杂的行政案件。

（3）高级人民法院管辖本辖区内重大、复杂的第一审行政案件。

（4）最高人民法院管辖全国范围内重大、复杂的第一审行政案件。

2.地域管辖

《行政诉讼法》规定：

（1）房地产行政案件由最初作出具体行政行为的行政机关所在地人民法院管辖。经复议的案件，复议机关改变原具体行政行为的，也可以由复议机关所在地人民法院管辖。

（2）对限制人身自由的行政强制措施不服提起的诉讼，由被告所在地或者原告所在地人民法院管辖。

（3）因不动产提起的行政诉讼，由不动产所在地人民法院管辖。

两个以上人民法院都有管辖权的案件，原告可以选择其中一个人民法院提起诉讼。原告向两个以上有管辖权的人民法院提起诉讼的，由最先收到起诉状的人民法院管辖。

人民法院发现受理的案件不属于自己管辖时，应当移送有管辖权的人民法院。受移送的人民法院不得自行移送。

有管辖权的人民法院由于特殊原因不能行使管辖权的，由上级人民法院指定管辖。

人民法院对管辖权发生争议的，由争议双方协商解决。协商不成的，报其共同上级人民法院指定管辖。

（五）房地产行政诉讼的时效

《行政诉讼法》规定，申请人不服复议决定的，可以在收到复议决定书之日起 15 日内向人民法院提起诉讼，复议机关逾期不作决定的，申请人可以在复议期满之日起 15 日内向人民法院提起诉讼。法律另有规定的除外。公民、法人或者其他组织直接向人民法院提起诉讼的，应在知道做出具体行政行为之日起 3 个月内提出，法律另有规定的除外。

公民、法人或者其他组织因不可抗力或者其他特殊情况耽误法定期限的，在障碍消除后的 10 日内，可以申请延长期限，由人民法院决定。

（六）房地产行政诉讼程序

1.起诉

对属于人民法院受案范围的行政案件，公民、法人或者其他组织可以先向上一级行政机关或者法律、法规规定的行政机关申请复议，对复议不服的，再向人民法院提起诉讼；也可以直接向人民法院提起诉讼。

提起行政诉讼应当符合下列条件：

（1）原告是认为具体行政行为侵犯其合法权益的公民、法人或者其他组织。

（2）有明确的被告。

(3)有具体的诉讼请求和事实根据。

(4)属于人民法院受案范围和受诉人民法院管辖。

2. 受理

人民法院接到起诉状,经审查,应在 7 日内立案或者做出裁定不予受理。原告对裁定不服的,可以提起上诉。

3. 审理

人民法院应在立案之日起 5 日内,将起诉状副本发送被告。被告应在收到起诉状副本之日起 10 日内向人民法院提交出具体行政行为的有关材料,并提出答辩状。人民法院应在收到答辩状之日起 5 日内,将答辩状副本发送原告。

人民法院公开审理行政案件,但涉及国家秘密、个人隐私和法律另有规定的除外。人民法院审理行政案件,由审判员组成合议庭,或者由审判员、陪审员组成合议庭。合议庭的成员,应是 3 人以上的奇数。当事人认为审判人员与本案有利害关系或者有其他关系可能影响公正审判的,有权申请审判人员回避。

4. 判决

人民法院经过审理,认为具体行政行为证据确凿,适用法律、法规正确,符合法定程序的,判决维持。

对具体行政行为存在以下情况的判决撤销或者部分撤销,并可以判决被告重新作出具体行政行为:主要证据不足的;适用法律、法规错误的;违反法定程序的;超越职权的;滥用职权的。

对被告不履行或者拖延履行法定职责的,判决其在一定期限内履行。

对显失公正的行政处罚,可以判决变更。

5. 二审程序

当事人不服人民法院第一审判决的,有权在判决书送达之日起 15 日内向上一级人民法院提起上诉。当事人不服人民法院第一审裁定的,有权在裁定书送达之日起 10 日内向上一级人民法院提起上诉。逾期不提起上诉的,人民法院的第一审判决或者裁定发生法律效力。

人民法院审理上诉案件应在收到上诉状之日起 2 个月内做出终审判决。有特殊情况需要延长的,由高级人民法院批准,高级人民法院审理上诉案件需要延长的,由最高人民法院批准。

人民法院审理上诉案件,按照下列情形分别处理:

(1)原判决认定事实清楚,适用法律、法规正确的,判决驳回上诉,维持原判。

(2)原判决认定事实清楚,但适用法律、法规错误的,依法改判。

(3)原判决认定事实不清,证据不足,或者由于违反法定程序可能影响案件正确判决的,裁定撤销原判,发回原审人民法院重审,也可以查清事实后改判。当事人对重审案件的判决、裁定,可以上诉。

人民检察院对人民法院已经发生法律效力的判决、裁定,发现违反法律、法规规定的,有权按照审判监督程序提出抗诉。

6.执行

当事人必须履行人民法院发生法律效力的判决、裁定。

公民、法人或者其他组织拒绝履行判决、裁定的,行政机关可以向第一审人民法院申请强制执行,或者依法强制执行。

行政机关拒绝履行判决、裁定的,第一审人民法院可以采取以下措施:

(1)对应归还的罚款或者应当给付的赔偿金,通知银行从该行政机关的账户内划拨。

(2)在规定期限内不履行的,从期满之日起,对该行政机关按日处50～100元人民币的罚款。

(3)向该行政机关的上一级行政机关或者监察、人事机关提出司法建议。接受司法建议的机关,根据有关规定进行处理,并将处理情况告知人民法院。

(4)拒不履行判决、裁定,情节严重构成犯罪的,依法追究主管人员和直接责任人员的刑事责任。

公民、法人或者其他组织对具体行政行为在法定期限内不提起诉讼又不履行的,行政机关可以申请人民法院强制执行,或者依法强制执行。

复习思考题

1.试简述房地产纠纷及其种类。

2.何谓房地产民事纠纷?其解决方式有哪几种?

3.试简述房地产民事诉讼的概念及特征。

4.何谓房地产仲裁?其原则及基本制度是什么?

5.房地产民事诉讼的原则及基本制度是什么?

6.何谓房地产行政纠纷?其解决方式有哪几种?

7.试简述房地产行政诉讼的受理范围。

8.中国法律对房地产诉讼、仲裁及行政复议的时效是如何规定的?

9.试简述房地产行政复议的概念及特征。

10.试简述房地产行政诉讼的概念及特征。